RIEMANN
VERLAG

ernst pöppel & beatrice wagner

dummheit

warum wir heute
die einfachsten dinge
nicht mehr wissen

RIEMANN
VERLAG

Verlagsgruppe Random House FSC® N001967
Das für dieses Buch verwendete FSC®-zertifizierte Papier
Super Snowbright liefert Hellefoss AS, Hokksund, Norwegen.

2. Auflage
Originalausgabe

Umschlaggestaltung: Stephan Heering, Berlin
Bildredaktion: Annette Mayer
Satz: EDV-Fotosatz Huber/Verlagsservice G. Pfeifer, Germering
Druck und Bindung: GGP Media GmbH, Pößneck
Printed in Germany
ISBN 978-3-570-50159-7
www.riemann-verlag.de

Den Enkeln David Alexander, Andrew Turner,
Lukas William, Sebastian Alexander,
Katharina Julie Bettina, Eliana Emily Tatjana,
Dominik Georg, David Frederic;
mögen euch zu viele Dummheiten erspart bleiben.

Ernst Pöppel

Für meine Tochter Coco, in der Hoffnung,
dass sie nicht zu viele Fehler und Dummheiten
der vorangegangenen Generationen ausbaden muss.

Beatrice Wagner

Inhalt

2. Schnelligkeit macht dumm, denn in der Langsamkeit liegt die Kraft

3. Fehlender Perspektivwechsel macht dumm, denn jede Medaille hat zwei Seiten

4. Viele Freunde machen dumm, denn sie überfordern unser Gehirn

5. Sich nicht zu entscheiden ist dumm, weil man dann nehmen muss, was übrig bleibt

6. Expertendenken macht dumm, denn es steht dem eigentlichen Problem fern

7. Lesen macht dumm, denn wir vernachlässigen unsere fünf Sinne

Vorwort

> *»Zwei Dinge sind unendlich, das Universum und die menschliche Dummheit, aber bei dem Universum bin ich mir noch nicht ganz sicher.«*
>
> Albert Einstein

Hat Einstein Recht? Man könnte es meinen, nach einem einzigen Blick in die Zeitung: Zwei kleine Länder schaffen es seit Jahrzehnten nicht, sich zu einem Friedensabkommen durchzuringen, lieber zerstören sie sich gegenseitig. Über Jahrmillionen entstandene Schönheiten der Natur werden innerhalb von wenigen Jahren dem Profit geopfert. Die Banken haben aus der Krise nichts gelernt, sie scheffeln weiterhin Geld wie bisher. Unsere Politiker sind auch nicht immer die kompetentesten Menschen, die ein Land hervorgebracht hat. Ein Mann war zu Unrecht in der Psychiatrie eingesperrt, und keiner wollte es zunächst ändern. … Es läuft so viel schief, dass einem täglich nach der Morgenlektüre schlecht werden könnte.

Aber man selbst ist ja auch nicht besser. Jeder von uns könnte in seinem Leben viel mehr erreichen und bleibt doch hinter seinen Möglichkeiten zurück: Wir verletzen Menschen aus unserem Umfeld, pflegen unseren inneren Schweinehund, lassen uns von

Finanzberatern die falschen Geldanlagen aufschwatzen und bekommen nicht einmal unsere Beziehungen richtig hin.

Und da sollen wir Menschen, mit all unseren Defiziten, die Krone der Schöpfung sein? Wir Autoren sagen energisch: Nein, Menschen sind eine Fehlkonstruktion! Menschen sind von Natur aus in sehr vielen Bereichen schlichtweg dumm.

Nach vielen Treffen, bei denen wir uns immer wieder darüber beklagt haben, was erneut um uns herum und in unseren Leben schiefgelaufen ist, nachdem wir schon müde wurden festzustellen, wie es in der großen und kleinen Politik menschelt, haben wir uns entschieden, der Dummheit endlich auf den Grund zu gehen. So ist dieses Buch entstanden.

Wir haben viele Beispiele von Dummheit gesammelt und analysiert. Dazu gehören gescheiterte Großprojekte, über die ganz Deutschland den Kopf schüttelt. Dazu gehört die Einsamkeit, die viele empfinden, obwohl sie doch Hunderte von Freunden in den sozialen Netzwerken haben. Dazu gehört, dass wir unserem eigenen Entscheidungsvermögen nicht mehr trauen, sondern auf zweifelhafte Experten hören. Oder dass wir jahrelang in unglücklichen Situationen verharren, weil wir zu keiner Entscheidung fähig sind. Dazu gehört auch, dass wir immer mehr Faktenwissen ansammeln, aber immer weniger Zusammenhänge verstehen.

Schließlich sind wir zu folgendem Schluss gekommen: Der Mensch ist von Natur aus schon fehlerhaft, aber darüber hinaus ist er so dumm, dass er seine Fehler immer weiter betont, anstatt seine Stärken auszuspielen. Wir versuchen uns an Leistungssteigerungen in allen Bereichen, obwohl wir doch schon vielerorts an unsere Grenzen gelangt sind. Menschen sind keine Computer, die sich beliebig aufrüsten lassen. Sie haben ihre natürlichen physiologischen Grenzen. Diese lassen sich ausweiten, aber nicht uferlos. Zumindest wenn man nicht an anderer Stelle einen viel höheren Preis dafür zahlen will.

Auf der anderen Seite schätzen wir das, was wir können, als nicht so wichtig ein: Wir haben ein intuitives Wissen, das wir ergänzend zum expliziten Wissen einsetzen könnten, um eine Situation umfassender zu beurteilen. Wir könnten einen Perspektivwechsel vornehmen, um ein Problem von allen Seiten her zu beleuchten. Wir könnten ein neues Bildungskonzept erstellen, das uns besser in der Welt verankert. Wir könnten die Umwelt, in der wir leben, wieder unmittelbar beobachten, anstatt alles immer nur indirekt über das Internet und über Zeitungen aufzunehmen. Wir könnten – kurz gesagt – wieder mehr Mensch sein, dessen Stärke gerade in der breiten Anlage vieler Kompetenzen liegt.

Die vermeintlich explosionsartige Wissenszunahme der letzten Jahrzehnte und Jahrhunderte ist übrigens kein Argument gegen unsere Überzeugung, dass der Mensch eine Fehlkonstruktion ist. Wir glauben, viel zu wissen – doch in Wahrheit werden wir immer dümmer. Zwar können wir heute bereits Flugzeuge bauen, die nahezu 1 000 Personen befördern. Wir können die Kernspaltung in Atomkraftwerken steuern und den Zeitpunkt des Urknalls berechnen, falls es ihn gegeben haben sollte. Allerdings kann niemand von uns all dies alleine. Die individuelle Wissensmenge eines jeden Einzelnen hat sich in den letzten 1 000 Jahren nicht vergrößert, nur umverteilt. Wir leben vielmehr in einer Gemeinschaft, die herausragende Leistungen nur zusammen erreicht.

Wie aber ist es um die Intelligenz des Einzelnen bestellt? Könnten wir heute noch in der Wildnis überleben? Könnten wir das Wetter lesen, einen Bären mit Pfeil und Bogen erlegen und uns mit Arzneimitteln, die in der Natur zu finden sind, selbst helfen? Vor Tausenden Jahren war es überlebensnotwendig, dass jeder Einzelne all dies konnte. Heute würde so gut wie niemand längere Zeit unter Steinzeitbedingungen überleben. Und das ist nicht der einzige Bereich, in dem wir immer dümmer anstatt klüger werden. Kaum jemand hat nämlich begriffen, was emotionale Intelligenz bedeutet. Und wer hat schon eine Ahnung von der Intelligenz der Langsamkeit?

Bevor wir Sie auf die Expedition ins Reich der menschlichen Dummheit schicken, noch ein paar Sätze zum Aufbau dieses Buches: In den ersten sieben Kapiteln erfahren Sie anhand von Beispielen und Analysen ausgemachter Dummheiten mehr über die Prinzipien unseres Hirns, die es uns oft so schwer machen, klug zu handeln und zu entscheiden. Außerdem geben wir Ihnen Tipps, was Sie selbst tun können, um Dummheitsfallen zu entgehen. In Kapitel acht finden Sie eine Zusammenfassung und eine darüber hinausgehende Vertiefung der wissenschaftlichen Hintergründe. Hier gehen wir darauf ein, warum der Mensch eine Fehlkonstruktion der Natur ist. Und Kapitel neun bietet Ihnen mit einem kommentierten Überblick über die Literatur zur Dummheit viele Anregungen zur weiterführenden Lektüre.

Noch eine Anmerkung zum Stil: Wenn zwei unterschiedliche Menschen, wie es die beiden Autoren sind, zusammen ein Buch schreiben, können sie nicht immer die »Wir-Form« verwenden. Denn »wir« sind zwei Individuen mit unterschiedlichen Erfahrungen. Deswegen haben wir uns dazu entschieden, über uns selbst aus der Vogelperspektive zu schreiben. So kommt es zu Sätzen wie: »Ernst Pöppel erkannte durch seine Forchung …«, oder »Beatrice Wagner traf in ihrer Praxis …«.

Und nun hoffen wir, dass Sie in diesem Buch viel über die wahren menschlichen Kompetenzen erfahren und dass Ihnen dieses Wissen vielleicht hilft, dem ewigen »schneller, höher, weiter« unserer Gesellschaft andere Werte entgegenzusetzen.

Ernst Pöppel & Beatrice Wagner

1

Zu viel Wissen macht dumm, denn wir verlernen zu denken

Wer einen hohen Intelligenzquotienten hat, der ist klug. Und wer nicht, der ist dumm. Ist das wirklich so? Was ist eigentlich Dummheit und was Intelligenz? Sind schlechte Schulnoten ein Beweis für Dummheit und ein breites Allgemeinwissen ein Zeichen für Intelligenz? War Einstein hochbegabt? Und was bringt uns eigentlich das PISA-Ranking? Zeit, mit einigen Vorurteilen aufzuräumen.

IQ-Tests – Intelligenz ist das, was der Intelligenztest misst

Äsop mit drei Jahren

Als Alice zwei Jahre und neun Monate alt war, arbeitete sie spielend eine Serie von Mathebüchern für Fünfjährige durch. Mit drei sprach sie fließend und sehr gewählt ihre Muttersprache Russisch und zudem die Fremdsprache Englisch. Außerdem konnte sie perfekt lesen – nach Aussage ihrer Mutter sogar die Tierfabeln von Äsop, über deren tieferen Sinn man immerhin erst einmal nachdenken muss. Doch das Denken war und ist kein Problem für das Mädchen. Vom Hochbegabten-Club Mensa in Großbritannien wurde sie im Jahr 2013 auf einen IQ von 162 getestet – der liegt damit angeblich höher als der von Albert Einstein (160), Napoleon (145), Sigmund Freud (156) und der des ehemaligen US-Präsidenten Bill Clinton (137). Auch andere Kinder und Jugendliche der jüngsten Zeit machen Schlagzeilen, weil ihr IQ über 160 liegen soll, wenngleich nicht bereits mit drei Jahren.

Aber was hat es eigentlich auf sich mit der Intelligenz und der Dummheit? Lassen sich die Intelligenzquotienten tatsächlich so einfach vergleichen? Und wie aussagekräftig ist der IQ tatsächlich für das Denkvermögen eines Menschen?

Was der Intelligenztest aussagt

Mit einem IQ-Test kann man die Intelligenz eines Menschen bestimmen. Was aber ist eigentlich Intelligenz? Darüber gibt es verschiedene Auffassungen. Das ursprüngliche Konzept der Intelligenz hat der

Franzose Alfred Binet erstellt, der eine Reihe von Testaufgaben mit verschiedenen Schwierigkeitsstufen entwickelte, etwa Labyrinthe lösen, Perlen auffädeln, Figuren abzeichnen, Worte nachsprechen. Damit wollte er den Entwicklungsstand von Kindern feststellen. Wer die Aufgaben schneller und besser löste, war intelligenter. Der deutsche Psychologe William Stern entwickelte aus diesem Konzept eine Maßeinheit, um die Intelligenz verschiedener Menschen vergleichbar zu machen: den Intelligenzquotienten. Damals, im Jahr 1912, berechnete man ihn folgendermaßen: Intelligenzalter dividiert durch Lebensalter plus 100. Das Intelligenzalter war ein künstlicher Wert, pro gelöster Aufgabe gab es zwei Punkte. Wenn ein Kind ein Intelligenzalter von 12 Jahren hat, aber tatsächlich nur 10 Jahre alt ist, dann wird 12 durch 10 dividiert, was 1,2 ergibt. Das wird mit 100 multipliziert; das Kind hat also einen IQ von 120. Die 100 wurde eingeführt, damit der Wert leichter zu verstehen ist.

Einige der heute gebräuchlichsten Tests gehen auf den US-amerikanischen Psychologen David Wechsler zurück. Sie heißen HAWIE-R: Hamburg-Wechsler-Intelligenztest für Erwachsene (R = revidierte Form), HAWIK-R für Kinder, Hannover-Wechsler-Intelligenztest für das Vorschulalter. »Alle Wechsler-Tests sind unterteilt in einen Verbalteil zur Erfassung der sprachlich-theoretischen Intelligenz und in einen Handlungsteil, um die praktisch konkrete Intelligenz zu bestimmen«, erklärt Erich Kasten in seinem Lehrbuch »Medizinische Psychologie, Medizinische Soziologie«. Die Tests beinhalten zum einen Power-Aufgaben mit ansteigendem Schwierigkeitsgrad, diese Aufgaben können ohne Zeitbegrenzung gelöst werden. Zum anderen gibt es auch Speed-Aufgaben mit etwa gleichem Schwierigkeitsgrad und knapper Zeitbegrenzung. Gemessen wird: Allgemeines Wissen, Allgemeines Verständnis, Zahlennachsprechen, Rechnerisches Denken, Gemeinsamkeiten finden, Wortschatz, Zahlen-Symbol-Test, Bilderordnen, Bilderergänzen, Mosaik-Test und Figuren legen.

Der Durchschnitt der Testergebnisse liegt bei einem IQ von 100. Man geht von einer Standardabweichung von +/– 15 Prozent aus, das heißt, etwa zwei Drittel aller Menschen haben einen IQ zwischen 85 und 115 – das ist also die Norm. Die Menschen darunter gelten als minderbegabt – oder flapsig gesagt als dumm; die darüber zunächst als talentiert und ab 130 als hochbegabt. In der Psychologie ist die »Dummheit« etwas anders definiert: Der IQ-Bereich von 70 bis 90 stellt eine Übergangszone dar, die in der Psychologie als Lernbehinderung bezeichnet wird. Ab einem IQ von weniger als 70 spricht man von Intelligenzminderung, Minderbegabung, Schwachsinn oder Oligophrenie. Etwa 5 Prozent der Gesamtbevölkerung weisen nach der psychologischen Definition eine Intelligenzminderung auf.

Ein IQ-Test muss immer wieder normiert werden. Dazu werden große Zahlen von Probanden, also 30 000 bis 50 000, durchgemessen. Die Ergebnisse, die genau in der Mitte liegen, erhalten die Bezeichnung IQ = 100. Offenbar werden die Menschen stetig intelligenter – zumindest nach Definition des Intelligenztests; dieses Phänomen wird als Flynn-Effekt bezeichnet. Deshalb ist ein gemessener IQ aus dem Jahr 1953 nicht mit dem gemessenen IQ aus dem Jahr 2013 zu vergleichen.

Doch warum brauchen wir überhaupt Intelligenztests? Trotz aller Fortschritte der Neurowissenschaften ist es bisher nicht gelungen, den »Sitz« oder die physische Entsprechung der Intelligenz im Gehirn selbst zu finden. Zwar hat es immer wieder Versuche gegeben, über die Größe des Gehirns oder die Anzahl beziehungsweise das Aussehen seiner Windungen eine Aussage darüber zu machen, ob jemand mehr oder weniger intelligent ist (ein Beispiel hierzu stellen wir im Literaturverzeichnis vor: »Über den physiologischen Schwachsinn des Weibes«, von Paul Julius August Möbius), aber alle derartigen Versuche sind völlig fehlgeschlagen. Auch Einsteins Gehirn unterscheidet sich anatomisch nicht von denen anderer Menschen, das zeigte die postmortale Untersuchung. Vielmehr werden die verschiedenen Äußerungsformen dessen, was man als Intelligenz bezeichnet und anhand von IQ-Tests misst, durch Faktoren bestimmt, die nicht an einzelne Hirnareale oder Prozesse in diesen gebunden sind, sondern jeweils raum-zeitliche Muster repräsentieren, das heißt, während eines Zeitauflaufs entstehen und verändern sich verschiedene Aktivierungsmuster. Im Hinblick auf bestimmte Leistungen ist es zwar möglich, Korrelationen zur Größe bestimmter Areale herzustellen: Klavierspieler und vermutlich auch Masseure haben dort vergrößerte Areale, wo die Finger im Gehirn vertreten sind. Bei Taxifahrern sind die Areale vergrößert, die etwas mit räumlicher Wahrnehmung zu tun haben.

Das Argument kann man jedoch nicht umdrehen: Wenn jemand irgendwo eine größere Ausprägung hat, folgt daraus nicht, dass er oder sie ein guter Taxifahrer oder ein begnadeter Pianist ist. Es ist nicht einmal sicher, dass die Vergrößerung eines Areals notwendig ist, um eine besondere Leistung zu erzielen, denn vielleicht stecken viel eher biochemische Prozesse dahinter. Vermutlich wird es eines Tages möglich sein, durch lokale Messung neurochemischer Prozesse in verschiedenen Hirnregionen, die für bestimmte Intelligenzleistungen zuständig sind, einen tieferen Einblick in die individuelle Intelligenzstruktur zu bekommen.

Verein für Hochbegabte

Ernst Pöppel wollte die Sache mit dem Intelligenzquotienten einmal genau wissen und hat fünf verschiedene IQ-Tests absolviert. Die Ergebnisse reichten von 105, was knapp über dem Durchschnitt von 100 liegt, bis 145, also hochbegabt. Das 145er-Ergebnis erzielte Pöppel in den USA, wo die Obergrenze bei 190 liegt. In Deutschland liegt bei vergleichbaren Tests die Obergrenze bei 145. »Darüber hinaus gibt es zu wenig Probanden, um solch hohe Testergebnisse valide zuzuordnen«, erzählt Matthias Moehl von Mensa in Deutschland e. V. (MinD). Mensa ist ein weltweiter Verein für hochbegabte Menschen, in den man ab einem IQ von 130 eintreten darf. 110 000 Menschen aus allen Alters- und Bevölkerungsgruppen haben dies weltweit geschafft, 10 000 davon leben in Deutschland.

Albert Einstein (1879–1955) gehörte dem im Jahr 1946 gegründeten Verein nicht an. »Er hat, soweit wir wissen, auch nie einen IQ-Test gemacht, und somit ist es reine Kaffeesatzleserei, ihm postmortal einen Intelligenzquotienten zuzuschreiben«, kritisiert Moehl. Einstein war offenbar nicht einmal besonders gut in Mathematik, das hat er selbst zugegeben. Bei der Entwicklung der mathematisch höchst anspruchsvollen allgemeinen Relativitätstheorie unterstützte ihn daher seine Studienkollegin und erste Ehefrau Mileva Marić. »Einsteins große Leistung war, sich von den Dogmen und Zwängen der damaligen Physik zu befreien. Er hat kreativ zerstört und alles in Frage gestellt. Hierbei ist hohe Intelligenz eventuell sogar hinderlich, was sicher auch bei manchen Hochbegabten zu beobachten ist«, meint Moehl. Viele sind beispielsweise brillant darin, technische Details zu durchdringen oder besonders schnell zu denken und zu rechnen. Solche Eigenschaften werden bei einem IQ-Test schließlich auch gemessen.

»Für Einstein aber kam es darauf an, das bereits vorhandene Wissen zu einer neuen Weltanschauung zusammenzukomponieren. Wer es nicht schafft, sich von Details zu lösen, kann so etwas nie zustande bringen«, sagt Moehl. Auch Stephen Hawking gelte übrigens nicht als Schnellrechner, doch er habe unglaublich viel Überblick und Phantasie. Das werde mit IQ-Tests aber nicht gemessen. Beim IQ-Test gehe es vielmehr darum, sich innerhalb vorgefertigter Strukturen und Gegebenheiten schnell zurechtzufinden. Wem das gut gelänge, der habe einen hohen IQ. Aber auch wenn ein solcher als erstrebenswerte Eigenschaft gilt, so sagt er doch nichts über den Wert des Menschen aus. »Das kann man mit Sport gut vergleichen«, so Moehl im Interview mit Beatrice Wagner. Auch ein begnadeter Sportler, der in der Öffentlichkeit ein hohes Ansehen habe, sei deshalb nicht automatisch auch ein guter Mensch und rechtschaffener Bürger. Fälle wie Uli Hoeneß oder Jan Ullrich zeigen das, und auch unter den hochintelligenten Menschen gibt es solche, die ihre Fähigkeiten für fragwürdige oder sogar kriminelle Zwecke einsetzen.

Laut Moehl ist es zudem kritisch, Kleinkinder von zwei oder drei Jahren auf ihre Intelligenz hin zu testen. In diesem Alter kann der gemessene IQ stark schwanken, weil die kindliche Entwicklung große Sprünge macht. »Insofern ist es problematisch, den IQ eines Kleinkindes mit dem eines Erwachsenen zu vergleichen, denn möglicherweise befindet sich das Kleinkind zum Messzeitpunkt nur gerade in einem Entwicklungsschub. Der hohe IQ ist dann einzig und allein auf den temporären Entwicklungsvorsprung zu den Gleichaltrigen zurückzuführen«, gibt Matthias Moehl zu bedenken.

Zerstörte Schulkarrieren – zu dumm oder nur zu wenig gefördert?

Aus der Praxis: Zwischen debil und knapp vor hochbegabt

Die Geschichte der zwölfjährigen Anni aus Bayern zeigt uns, wie stark IQ-Werte schwanken können, sogar innerhalb von Minuten. Sie war zunächst keine Leuchte, nicht einmal in der Hauptschule. Dort gab es schon wieder eine Fünf in der »Ex«. Anni lacht trotzig. »Schule ist doch eh scheiße.« Zuhause pfeffert sie die Schulbücher in eine Ecke und läuft in ihr Zimmer. Erst einmal Facebook checken. »Wie war es denn, Schatz?« Die Mutter traut sich irgendwann doch in das heilige Reich ihrer Tochter. »Hast du die Mathearbeit zurück?« »Ja.« Das Mädchen schaut nicht einmal auf. »Und, was hast du bekommen?« »Na, was wohl? Eine Fünf natürlich.« Keine Regung im Gesicht. Nur die Finger flitzen weiter über die Tastatur, um die Nachrichten der Freunde zu beantworten. »Wollen wir nachher zusammen lernen?«, bietet die Mutter vorsichtig an. »Nein. Lass es einfach, o.k.? Ich bin zu dumm für die Hauptschule. Ich kann ja immer noch zu Aldi an die Kasse.«

»Finden Sie sich bitte damit ab. Ihre Tochter ist eine klassische Hauptschülerin. Sie soll dort ihren Weg gehen, sich bewähren, dann hat sie noch viele Chancen«, versuchte die Direktorin einer staatlichen Realschule der Mutter klarzumachen, bei der sie ein Vorstellungsgespräch für ihre Anni erwirkt hatte. Denn sie kennt ihre Tochter auch ganz anders: neugierig, kreativ, wissbegierig.

»Eine Fünf in allen Hauptfächern und in Ethik. In Ethik? Darin hat doch jeder zumindest eine Drei!« Auch der Direktor einer privaten Realschule schüttelte den Kopf. Solche Fälle kennt er zur

Genüge – überspannte ehrgeizige Eltern, die nicht wahrhaben wollen, dass ihr Kind bestenfalls durchschnittlich begabt ist.

Schließlich absolvierte Anni einen Intelligenztest bei einem Schulpsychologen. Das Ergebnis sah bereits auf den ersten Blick katastrophal aus. Der Schulpsychologe, der ihr über die Schulter schaute, wollte es nicht glauben. »Schau dir das doch noch einmal an, das kannst du besser«, versuchte er Anni zu motivieren. Diese war erstaunt. Da traute ihr jemand tatsächlich etwas zu? Sie nahm den Stift zur Hand und überflog die Aufgaben noch einmal. Und verbesserte sie. Dies brachte ihr einen IQ-Wert von 128 ein. Ohne die Nachbearbeitung hätte er bei 80 gelegen. »Da sehen Sie einmal, in welcher Spanne sich ein IQ bewegen kann, zwischen debil bis knapp vor hochbegabt. Entscheidend ist, ob Motivation vorhanden ist«, erzählte der Psychologe begeistert Annis Mutter. Nachdem er Anni den Test erklärt hatte, habe das Mädchen zunächst mit einer Art schulischer Prüfung gerechnet, die sie sich sowieso nicht zutraute. Dementsprechend fielen ihre Resultate aus. Erst als sie daran glaubte, den Test bestehen zu können, und sich dementsprechend anstrengte, gelang ihr eine hervorragende Leistung.

Das war der Wendepunkt in Annis Leben. Sie wurde von einer privaten Realschule angenommen und zweifelte nicht mehr daran, dass sie dem Schulstoff gewachsen war. Die Fünfer in der Hauptschule, das Stigma der dummen Schülerin – alles ging wie ein böser Spuk vorbei. Einser, Zweier und Dreier zierten nun Annis Zeugnis. Und man fragt sich: Woran lag es, dass niemand das Potenzial der Schülerin erkannte? Waren die Lehrer blind? Sind die Lehrpläne schlecht? Sind die Verantwortlichen für die Lehrpläne dumm, weil sie die falschen Regeln aufstellen, nach denen Schüler bewertet werden?

Offenbar treffen alle drei Punkte zu, so Ernst Pöppel: »Es gibt bei uns keinen Platz für Schüler, die nicht nach dem Bildungsplan lernen können. Sie gehen einfach unter, wenn sie nicht Glück haben, wie Anni aus unserer Geschichte. Es wird wahnsinnig viel geistiges Potenzial verschleudert, nur weil unser Bildungsplan so dämlich ist.«

Offenbar gibt es zwei Formen von Dummheit. Einmal diejenige, von der Anni zunächst betroffen schien und die aus einem geringen geistigen Leistungsvermögen resultiert. Und dann diejenige, die wenig mit dem IQ zu tun hat. Diese zweite Form von Dummheit geht auf die Verweigerung zurück, den Menschen so zu erkennen, wie er eigentlich ist, mit all seinen Schwächen und Stärken, Begrenzungen und Potenzialen. Nicht nur Schulkarrieren werden auf diese Art und Weise beinahe oder sogar ganz zerstört.

Aus der Praxis: Wie unbedachte Bemerkungen einen Lebensweg zerstören können

Auch dem heute 45-jährigen Claudio Keil ging es so. Seine Mutter konnte wenig mit ihm anfangen, und so landete er bei seinen Großeltern in einem Dorf im Schwarzwald. Diesen war es vor allem wichtig, dass der Kleine funktionierte – sonst gab es Arrest im dunklen Keller. In der Pubertät nahm ihn der Vater, der in einer Stadt wohnte, zu sich, doch das Verhältnis war nicht gerade von Herzlichkeit geprägt. Der Vater ließ ihn viel allein. Trotzdem fand Claudio endlich Freunde, die zu einer Art Ersatzfamilie wurden. Claudio versuchte, sich Respekt und Anerkennung unter ihnen zu verschaffen, und passte sich ihrem Auftreten an: lange Haare, Lederjacke, Zigaretten, Alkohol, später auch harte Drogen. Die Freunde schlossen sich einer bekannten Motorradgang an, Claudio machte dort »Karriere«. Wer sich ihm in den Weg stellte, wurde weggebügelt. Er hatte zwei sogenannte »Boxer« an seiner Seite – Mitglieder, die nur dazu da waren, Claudio zu beschützen und auf seine Feinde loszugehen.

Ein Lehrer hatte diese Laufbahn früh vorhergesehen: »Keil, aus dir wird sowieso nichts«, sagte er dem unsicheren Jungen, als der noch Schüler war und um die Anerkennung seines Vaters warb. Und aus Trotz schien sich der Spruch zu bewahrheiten, nach dem

Motto: »Wenn ihr mich sowieso nicht wollt, dann mache ich euch das Leben wenigstens zur Hölle.« Claudio war gefürchtet – bis es ihn eines Tages bei einer Schießerei fast selbst erwischt hätte. Das war der Anlass für eine Lebensbilanz: »Wenn du jetzt draufgegangen wärst, hättest du dann wirklich ein erfülltes Leben gehabt? Du ruinierst deine Gesundheit, stehst ständig mit einem Fuß im Knast und setzt dein Leben aufs Spiel. War es das, was du dir erträumt hattest? Wolltest du nicht einmal Ingenieur werden?«

Nach unserer Definition von Intelligenz und Dummheit hat Claudio sich von hier an intelligent verhalten. Er hat die Zeichen richtig gedeutet und beschlossen, sein Leben radikal zu verändern. Er verließ den Schwarzwald, hörte mit den Drogen auf, ließ sich einen gefälligen Haarschnitt verpassen und begann, an einer Fachhochschule zu studieren. Sich selbst an seinen eigenen Haaren aus dem Sumpf herauszuziehen war schwer, doch er fand neue Freunde, die ihm halfen. »Mich trieb an, dass ich ansonsten bald die Erdbeeren von unten gesehen hätte«, erklärte Claudio. Vielleicht wäre sein Weg anders verlaufen, hätte ihn der Lehrer nicht so vernichtend abgeurteilt. »Ich habe es mir nicht anmerken lassen, aber es hat mir damals viel ausgemacht. Im Nachhinein würde ich sagen, dass es eine dumme Aussage war, denn er kannte mich noch gar nicht. Hilfreicher wäre es gewesen, wenn jemand auch das Gute in mir gesehen hätte und nicht nur das Schlechte«, so Claudio Keil, der sich seinen Traum erfüllt hat und heute als Maschinenbauingenieur bei einer namhaften Firma arbeitet.

Wir sind soziale Wesen, die darauf angewiesen sind, von anderen Menschen Rückmeldung zu bekommen. Wir werden durch andere geformt, indem sie uns zu verstehen geben, welches Verhalten akzeptabel ist und welches nicht. Daran passen wir uns nach dem Trial-and-Error-Prinzip an. Die Lehrer von Anni und Claudio haben den Kindern vor allem deutlich gemacht, was sie nicht können. Sie würdigten ihre Schüler herab. Motivation aber erhält man, wenn man ein Ziel vor Augen hat, das erreichbar scheint. Wenn das Selbstvertrauen von Kindern und Jugendlichen jedoch zerstört wird, können sie keine Kräfte mehr entwickeln, um die Herausforderungen in der Schule zu bestehen. Schüler brauchen also eine Anerkennung ihrer Leistungen.

Über zwei Arten von Dummheit

»Diese höhere Dummheit ist die eigentliche Bildungskrankheit«, sagte der Schriftsteller Robert Musil 1937 in seinem Vortrag »Über die Dummheit«. Tatsächlich sind die beiden Formen von Dummheit, die wir gerade kennengelernt haben, sehr verschieden. Während die eine tatsächlich auf einen niedrigen Intelligenzquotienten zurückzuführen ist und in der heutigen Pädagogik aus Gründen der Stigmatisierung nicht mehr mit dem Begriff »dumm« bezeichnet wird, geht es bei der anderen Form von Dummheit um die Weigerung, etwas wahrzunehmen, was offenbar der Fall ist. Musil: Es gibt »eine ehrliche und schlichte Dummheit und eine andere, die, ein wenig paradox, sogar ein Zeichen von Intelligenz ist. Die erstere beruht eher auf einem schwachen Verstand, die letztere eher auf einem Verstand, der bloß im Verhältnis zu irgend etwas zu schwach ist, und diese ist die weitaus gefährlichere.«

Um die zweite Form der Dummheit geht es in diesem Buch, und sie zu beschreiben ist eine beinahe unendliche Aufgabe. Anni und Claudio haben Lehrer erlebt, die ignorierten, dass auch Schüler, die nicht folgsam und fleißig sind, ein intellektuelles Potenzial haben, welches es zu erwecken gilt. Beginnen wir damit, uns die Dummheit in unserem Bildungssystem, die »eigentliche Bildungskrankheit«, genauer anzuschauen.

PISA und Co. – der Ranking-Wahnsinn

Brauchen Schulen und Universitäten die Anerkennung von außen genauso wie Anni und Claudio? Oder läuft hier nicht etwas aus dem Ruder und führt womöglich erst zur Bildungsdummheit, wenn es nur noch um vergleichbare Zahlen und möglichst gute Werte geht? Anerkennung suchen derzeit viele Schulen und Universitäten, und zwar in Form eines hohen Platzes bei einem Ranking. Das bekannteste heißt PISA (Programme for International Student Assessment) und basiert auf den Schulstudien der OECD. Ein Pendant auf universitärer Ebene ist das weltweite Uniranking der TIMES (genauer: TIMES Higher Education – THE). Beide Rankings können zu absurden Situationen führen. Das sehen wir uns nun am Beispiel von PISA und dem jungen Studenten Kim aus Südkorea an.

Reproduktive versus kreative Intelligenz

Südkorea befindet sich regelmäßig in der Spitzengruppe bei der PISA-Auswertung. Im Jahr 2009 erreichte das Land in Mathematik Platz 4, Deutschland Platz 16. In den Naturwissenschaften kam Südkorea auf Platz 6, Deutschland auf Platz 13. In puncto Leseverständnis sah es so aus: Südkorea Platz 2, Deutschland Platz 20. Der südkoreanische Student Kim war nicht nur ein glänzender Schüler gewesen, sondern hatte auch das Studium der Neurowissenschaften mit Bravour zum Abschluss gebracht und kam zu einem Doktorandenstudiengang nach Deutschland. Im Humanwissenschaftlichen Zentrum der Ludwig-Maximilians-Universität München erhielt er die Chance, unter Ernst Pöppel zu promovieren. Kim hatte ein unglaublich großes Wissen. Er kannte die Funktionsbereiche des Gehirns, die Arbeitsweise der Neuronen, die Anatomie der kleinsten Hirnwindungen und was sich noch alles an Geheimnissen unter unserer Schädeldecke verbirgt. Aber es war eine rein reproduktive Intelligenz. In der kreativen Phase als Wissenschaftler war er ein absoluter Versager. Er konnte sich keine ungewöhnlichen Zusammenhänge vorstellen, keine neuen Studien designen, keine eigenen Ideen entwickeln. Ein junger Wissenschaftler, randvoll mit Wissen – und trotzdem dumm?

»Das ist die PISA-Dummheit«, kritisiert Ernst Pöppel. »Es ist Dummheit, wenn wir nur solche Schüler produzieren, die in Mathe, Naturwissenschaften und im Lesen gut sind, in den Disziplinen eben, die mit PISA getestet werden.« Dahinter steht ein völlig missverstandenes Bild vom Menschen. Denn der Mensch braucht auch soziale Intelligenz, emotionale Intelligenz, er wendet sich den Künsten, den Geisteswissenschaften oder dem Sport zu. In der bayerischen Verfassung § 131 ist sogar festgelegt, dass junge Menschen in allen Anlagen gefördert werden sollen. In Absatz 1 steht explizit, dass es in den Schulen auch um Herzensbildung gehen soll. »Wenn wir das Bildungssystem nur danach ausrichten, uns im PISA-Ranking zu verbessern, lassen wir die vielen anderen Qualitäten eines Menschen verkommen. Und damit machen wir die Gesellschaft kaputt«, so Pöppel. Denn es kommt für eine stabile Gesellschaft nicht darauf an, dass wir alle gut in Mathe, Physik, Chemie und Lesen sind. Es braucht auch Menschen, die kreativ sind und neue Ideen haben. Es braucht Menschen, die den Zusammenhalt in der Gesellschaft fördern. Es braucht Menschen, die inspirieren, unterhalten, integrieren. Diese Fähigkeiten aber kommen durch die PISA-Dummheit zu kurz. Unsere Gesellschaft wird zu einem System von möglichst funktionalen Menschen ummodelliert, die sich am besten unauffällig in den Mainstream einordnen. Das ist nicht von Vorteil.

Kim aus Südkorea ist ein gutes Beispiel dafür, dass die rein reproduktive Intelligenz nichts Neues schafft. Und ein Blick auf die Hochschulen zeigt: Die reine Ansammlung von Wissen, das angepasste Denken und der Mainstream werden auch bei uns mittlerweile gewollt und gefördert. Ein Hinweis dafür ist die Wissensabfrage mithilfe der Multiple-Choice-Fragen, die immer mehr eingesetzt werden. Je mehr Fakten ein Student weiß und je vertrauter er mit dem Instrument der Multiple-Choice-Fragen ist, desto besser wird er voraussichtlich seine Prüfungen bestehen. Und was kann er dann? Er hat, wie ein Lexikon, jede Menge Fakten parat. Aber kann er sie deswegen auch sinnvoll zusammenfügen? Befähigt eine große Anzahl von Fakten, dass man sich der Welt vertraut fühlt? Oder brauchen wir nicht vielmehr auch eine Landkarte des Wissens, um die Einzelfakten einordnen zu können?

Ein Wissen, das über das spezielle Fachwissen hinausgeht, also ein Orientierungswissen. Was aber ist damit gemeint? Nach dem Bildungskonzept von Ernst Pöppel sollte jeder Mensch in einem Gebiet so sehr Spezialist sein und ein in die Tiefe gehendes Wissen besitzen, dass niemand ihm in diesem Bereich ein X für ein U vormachen kann. Darüber hinaus sollte er sich aber auch auf breiter Ebene orientieren können, also auch einen gewissen Einblick in Wissensbereiche fernab des eigenen Fachgebiets haben. Wer also beispielsweise geisteswissenschaftlich veranlagt ist und hier ein tiefes Spezialwissen besitzt, sollte sich auch mit einem grundlegenden naturwissenschaftlichen, mathematischen oder statistischen Wissen schmücken. Letzteres ist das Orientierungswissen.

Ein solches Orientierungswissen aber wird kaum mehr in Universitäten vermittelt, was auch an der Faulheit und Dummheit derer liegt, die es besser wissen könnten. Und so kommt es, dass etwa ein Urologe seinem Patienten erklärt: »Ich habe beim Ultraschall der Prostata auch auf Ihre Leber geschaut, aber ich will mir kein internistisches Urteil anmaßen.« Der Mensch als Puzzle aus verschiedenen Organen, für die verschiedene Experten zuständig sind, welche nicht über »ihr« Organ hinausschauen. Ist das wirklich mit der von uns täglich erlebten Realität vom Menschen als Ganzes vereinbar?

Professor Pöppel sagt: Wer viel weiß, ist nicht automatisch intelligent

Vor 10 Jahren hatte Ernst Pöppel am renommierten Massachusetts Institute of Technology (MIT) die unglaubliche Gelegenheit, im Hause seines Mentors Hans Lukas Teuber Privatunterricht von dem berühmten russischen Neuropsychologen Alexander Romanovich Lurija (1902–1977) zu erhalten. Pöppel schätzt Lurija bis heute sehr und würde sich sogar als seinen wissenschaftlichen Enkel bezeichnen, so sehr hat er Pöppels Arbeit als Neurowissenschaftler geprägt: »Ich sehe es als eine meiner Lebensaufgaben an, eine Kategorisierung von psychischen Funktionen zu erstellen. Zu dieser Idee inspirierte mich Alexander Lurija, der erstmals wissenschaftlich darüber nachdachte, ob es nicht möglich sei, psychische Funktionen auf ähnliche Weise zu kategorisieren, wie es den Chemikern mit ihrer Tabelle von Elementen gelungen ist. Psychische Funktionen könnten doch auch auf logische Weise dargestellt und zueinander in Beziehung gebracht werden? Lurija ist diese Darstellung nie gelungen und mir bislang auch nicht. Doch ich habe die Hoffnung noch nicht aufgegeben, dass ein solches System möglich ist.«

Der russische Neuropsychologe Alexander Romanovic Lurija auf einem Foto der Lomonosov-Universität in Moskau.

Als Psychologieprofessor beschäftigte sich Lurija in den 1930er-Jahren mit der Zwillingsforschung sowie mit Untersuchungen über das Denken und Sprechen. Parallel dazu studierte er Medizin. Im Zweiten Weltkrieg behandelte er als Sanitätsoffizier hirnverletzte Soldaten an einer Neurochirurgischen Klinik im Ural. Hier konnte er täglich beobachten, welche Schädigungen am Gehirn welche Funktionsausfälle und Denkstörungen hervorrufen. Lurija versorgte nicht nur die Patienten medizinisch, sondern schuf zudem aus seinen Beobachtungen einen neuen Wissenschaftszweig, der heute international etabliert ist: die Neuropsychologie. Diese beschäftigt sich mit psychischen Störungen, die durch Schädigungen und -Anomalien des Hirns verursacht werden. Damit verfolgt sie einen ganz anderen Ansatz als die Tiefenpsychologie, die psychische Störungen unter anderem auf frühkindliche Traumata zurückführt.

Heute weiß man, dass Traumata ebenfalls Auswirkungen auf die Funktionsweise von Neuronen im Gehirn haben. Somit lässt sich sowohl der tiefenpsychologische Ansatz von Freud als auch der neurobiologische Ansatz von Lurija begründen. Laut Pöppel werden in der Neuropsychologie diese beiden Ansätze gekonnt zusammengebracht.

Lurija legte schließlich die Grundlage für die Rehabilitation von Funktionen bei hirngeschädigten Patienten, wie sie heute in dem weltbesten Rehabilitationszentrum von Hirntraumata in Moskau von Victor Markowich Shklovski betrieben wird. Und auch in Deutschland ist Lurija präsent: In den Kliniken Schmieder am Bodensee, wo schwerste Gehirnschädigungen ebenfalls erfolgreich therapiert werden, wurde zusammen mit der Universität Konstanz das Lurija Institut gegründet, in dem die wissenschaftlichen Grundlagen für die Restitution von Funktionen nach Hirnschäden genauer untersucht werden.

Zum Weiterlesen

Lurija, Alexander R.: Der Mann, dessen Welt in Scherben ging. Zwei neurologische Geschichten. Rowohlt Taschenbuch Verlag, Reinbek bei Hamburg 1992, Originalausgabe 1968.

Allgemein bekannt wurde Lurija durch zwei herausragende psychologische Einzelfallstudien. In der einen Studie untersuchte er einen Patienten mit einem ungewöhnlich ausgeprägten Gedächtnis, die zweite handelt von einem Mann mit einer traumatischen Hirnverletzung. Beide Fälle zusammen sind in dem Buch »Der Mann, dessen Welt in Scherben ging« veröffentlicht worden. Und wer jetzt an den Neurowissenschaftler Oliver Sacks denkt, dessen bekanntestes Buch den Titel »Der Mann, der seine Frau mit einem Hut verwechselte« trägt, ist nicht etwa nur dem Marketingtrick eines Verlages aufgesessen. Sacks wurde tatsächlich von Lurija zu seinen neurologischen Fallerzählungen inspiriert.

Inselbegabungen

Aber was hat Lurijas Forschung mit dem Zusammenhang von Wissen und Dummheit zu tun? Ganz einfach: Der in Bezug auf seine Merkfähigkeit so begabte Patient (Lurija nannte ihn S.), den Lurija in seiner Studie beschrieb, war in gewisser Weise ein Genie – aber dennoch lebensuntüchtig. Er konnte alles behalten, was man ihm sagte, vor allem Zahlen und Daten. Er war ein sogenannter Savant, eine Inselbegabung. Das heißt, seine Leistungen auf einem Gebiet waren überdurchschnittlich groß, die anderen Bereiche dagegen deutlich schlechter ausgeprägt. Dieser Patient merkte sich alles, aber im Grunde genommen konnte er einfach nicht vergessen. Wie Lurija schreibt, geht die Unfähigkeit des Vergessens mit einem Mangel an Abstraktionsfähigkeit einher. Lurijas Patient konnte jedes Detail behalten, aber er war unfähig, diese Details in bestimmte Kontexte zu stellen. Er konnte also nicht abstrahieren. Dies zeigt eine Aussage von S. am 14.9.1936, die Lurija in seiner Studie festhielt:

> »Im vorigen Jahr hat man mir eine Aufgabe vorgelesen: ›Ein Händler hat so und so viele Meter Stoff verkauft …‹ Sobald ›Händler‹ und ›verkauft‹ ausgesprochen sind, sehe ich ein Geschäft, sehe ich den Händler hinter dem Ladentisch stehen; nur sein Oberkörper ist zu sehen. Er handelt mit Textilien, und ich sehe Stoffe, sehe ein Kontorbuch und alle Einzelheiten, die mit der Aufgabe überhaupt nichts zu tun haben, und mir bleibt das Wesentliche nicht im Gedächtnis.«

Viel Wissen zu haben bedeutet also nicht, dieses Wissen auch einsetzen zu können. Wenn man alles behält, dann kann die Fähigkeit, Abstraktionen zu bilden, unterentwickelt sein – so war es auch in dem von Lurija beschriebenen Fall. Abstraktionen vereinfachen das Leben, denn sie beschleunigen unser Handeln. Wer sich in Details verliert, braucht oft sehr lange, um eine Entscheidung zu treffen. Abstraktionen sind somit eine kreative Müllbeseitigung von vermutlich überflüssigen Informationen im Gehirn.

In diesem Sinne war der überkompetente Patient besonders dumm und lebensuntüchtig. Warum also legen Lehranstalten so viel Wert auf die Vermittlung von Fakten, die doch wenig nützen, wenn man sie nicht auch in einen Kontext einordnen kann? Der Irrtum liegt in der Annahme, großes Faktenwissen sei mit großer Intelligenz und Befähigung gleichzusetzen. Aber Beispiele wie dieses zeigen uns deutlich: Wer viel weiß, ist nicht automatisch produktiv und kompetent.

Medizinstudium – das böse Erwachen kommt zum Schluss

Mit Multiple-Choice zum Erfolg?

Betrachten wir einmal die Ausbildung von Medizinern. Auch hier finden wir jede Menge Dummheit. Das scheint erst einmal verwunderlich, denn wer einen Studienplatz für Medizin bekommt, hat im Allgemeinen einen hervorragenden Notendurchschnitt in seinem Abitur. Doch wie werden diese Studenten im Verlauf des Studiums geprüft? Man versucht, mit Multiple-Choice-Fragen die medizinische Kompetenz zu erfassen. Sie alle kennen Multiple-Choice-Fragen von der Führerscheinprüfung. Es stehen drei oder vier Antworten zur Verfügung, eine davon muss angekreuzt werden. So werden also Medizinstudenten, die Studenten mit den besten Abis deutschlandweit, konditioniert. Sie dürfen nicht selbst denken und analysieren, sondern lernen auf Multiple-Choice-Fragen hin. Wie wollen die wohl später ihre Patienten behandeln, wenn es keine vorgefertigten Antwortmöglichkeiten gibt?

Das Ganze war einmal gut gedacht, wurde aber dumm umgesetzt. Es ist gewissermaßen eine Konsequenz der 1968er-Revolution, als sich ein großes Misstrauen den Professoren gegenüber entfaltete. Bis dahin gab es nur mündliche Prüfungen, und man versuchte, ein objektives System einzuführen, das von individuellen Bewertungen, subjektiven Meinungen oder gar Bestechlichkeit losgelöst ist. Die Lehre wurde daraufhin so ausgerichtet, dass für die Studierenden der Medizin sowie der Pharmazie ein sogenannter Gegenstandskatalog maßgeblich wurde. Damit wird der Prüfungsinhalt der Staatsexamina bezeichnet. Weil es diese Gegenstandskataloge gibt, unterrichten viele Professoren nicht mehr das, was sie selbst für wichtig halten, sondern sie orientieren sich an dem, was Kommissionen festgelegt haben.

Und viel schlimmer: Eigentlich ist der Unterricht selbst gar nicht mehr nötig – die meisten Studenten betreiben ein Selbststudium und lernen anhand des Gegenstandskatalogs und der veröffentlichten Prüfungsfragen, die regelmäßig aktualisiert werden, rein prüfungsorientiert. Vorlesungen werden nur noch dann besucht, wenn es sich um Pflichtveranstaltungen handelt. Das ist der erste Fehler. Und der zweite: Die Prüfungsfragen beziehen sich auf Wissen, das ungefähr zehn Jahre zuvor aktuell war. Die Erkenntnisse des letzten Jahrzehnts sind weder in Lehrbüchern noch in Gegenstandskatalogen enthalten. Das bedeutet, die Dynamik des Entstehens von Wissen, die Bewertung neuer Erkenntnisse durch Forschung wird von den Studierenden nicht mehr live miterlebt. Durch das reine Lernen aus Büchern entsteht die Illusion eines kanonischen Wissens. Gerade die modernen Erkenntnisse in Epigenetik, Immunologie oder Placebo-Therapie sind in den Büchern aber nicht enthalten und werden daher von den Studenten nicht zur Kenntnis genommen.

Der Unterricht ist nicht mehr anschaulich, konkret und praktisch ausgerichtet, sondern hat sich in einen Bereich des Virtuellen verlagert. Das wirkt sich nicht nur auf der Ebene der reinen Vermittlung von Inhalten aus, sondern betrifft auch einen weiteren Wert der akademischen Ausbildung – nämlich die Kompetenzen und Inkompetenzen eines Professors kennenzulernen, ihn als Person zu erleben und sich dadurch auch menschlich zu schulen. Die Studierenden werden nicht auf ihren Arztberuf vorbereitet, sondern lediglich darauf, ihr Examen zu bestehen, das heißt: möglichst viele der Multiple-Choice-Fragen richtig zu beantworten.

Wenn sie das Studium nach einigen Jahren erfolgreich abgeschlossen haben und immer noch Arzt werden wollen, beginnt erst die eigentliche Ausbildung zum ärztlichen Handeln. Dann kommt das böse Erwachen. Viele der angehenden Ärzte sind hilflos gegenüber den Patienten, können sich kaum in sie hineinfühlen und wissen auch nicht so recht, wie sie sie bei einem schweren Krankheitsschicksal unterstützen können. Am schwersten tun sich hier oft diejenigen, die aufgrund ihrer guten Abiturnote Medizin gewählt haben – nicht aus Berufung, sondern weil sie ihre Chance nicht verstreichen lassen wollten, dieses Elitefach zu studieren. Doch plötzlich entdecken sie, dass sie für den Beruf gar nicht geeignet sind. Häufig ist es dann aber zu spät, noch einmal etwas anderes zu studieren.

Das heißt also: Die Universitäten nehmen durch den Numerus clausus möglicherweise sogar eine negative Selektion vor, indem sie die Studenten nicht aufgrund ihrer Befähigung zum Arztberuf auswählen, sondern aufgrund eines Abischnitts, der letztendlich wenig über die wahren Talente eines Menschen aussagt. Auch dies ist ein Beispiel für vermeidbare Dummheit.

Chirurgen sind Handwerker

Ernst Pöppel schildert dieses Phänomen aus seinem Alltag: »Ich bin vor einiger Zeit von einem bedeutenden Professor für Chirurgie um Hilfe gebeten worden. Der war verzweifelt über die jungen Ärzte, die von ihm an einer deutschen Universität in das Fachgebiet der Chirurgie eingeführt werden wollten. Viele von ihnen hatten zwei linke Hände und waren für den handwerklichen Bereich völlig ungeeignet. Sie hatten sehr gute Abschlussnoten – doch niemand hatte ihnen im Laufe des Studiums gesagt, dass in der Chirurgie, insbesondere bei endoskopischen Operationen, manuelle Fertigkeiten notwendig sind. Und damit nicht genug: Auch Teamfähigkeit und soziale Kompetenz werden benötigt, um gemeinsam mit den Kollegen die Patienten zu betreuen.

Der Professor beriet sich mit Ernst Pöppel, wie es möglich wäre, die Studierenden rechtzeitig zu warnen, damit sie ihre Zeit nicht für die Ausbildung zu einem Beruf vergeuden, der für sie völlig ungeeignet ist. Mit einem kurzen Hinweis ist es hier ja nicht getan. Daher ist derzeit ein größeres Projekt in Planung. Bis dahin könnte (so der Tipp von Ernst Pöppel) der Chirurg seine Kandidaten im persönlichen Gespräch zu anderen Bereichen befragen – etwa ob sie Sport treiben, ob sie sich sozial engagieren und warum sie Medizin studiert haben –, um zumindest einige Anhaltspunkte über die motorische und soziale Kompetenz der Studierenden zu erhalten. Doch dieses Beispiel zeigt uns wieder einmal, dass gute Prüfungsergebnisse nichts über die tatsächliche Qualifikation für einen speziellen Beruf aussagen.

Wie fatal die Auswirkungen dieser negativen Auswahl sind, sehen wir derzeit anhand der Medizin-Skandale, die immer wieder die Schlagzeilen füllen. Ob es nun um billig hergestellte und offensichtlich gesundheitsschädigende Brustimplantate, falsche Organspende-Vergaben aufgrund von gefälschten Krankenakten, erfundene Krebsstudien zum Promoten eines bestimmten Schmerzmittels oder um Billigzahnersatz zu überhöhten Preisen geht – so mancher Mediziner hat sich schon auf Kosten seiner Patienten bereichert. Dass überhaupt so viele Menschen ein Studium der Medizin absolvieren konnten, ohne sich wirklich für das Wohlergehen der Menschen einsetzen zu wollen, während viele Berufene nicht einmal zum Studium zugelassen werden, sehen wir als Ausdruck organisatorischer Dummheit. Indem man versucht hat, ein scheinbar objektives Kriterium zu finden und jedem, der die nötige Intelligenz mitbringt, ein Medizinstudium zu ermöglichen, hat man ein höchst ungerechtes System etabliert. Denn in der Praxis ist das zu kurz gedacht, geradezu dumm: Die Menschen sind eben nicht alle gleich, sie haben unterschiedliche Anlagen, Fähigkeiten und Talente. Und diese müssen unterschiedlich gefördert werden.

Die Patienten quittieren diese Dummheit auf ihre eigene Weise. Sie wandern aus dem System der Schulmedizin aus und vertrauen sich den Heilern an. Und so erleben Heilpraktiker und alternative Verfahren seit Jahren einen immensen Aufschwung, der auf der Sehnsucht der Menschen beruht, ernst genommen und verstanden zu werden. Die meisten Erkrankungen – Studien zufolge gut die Hälfte – sind funktionelle Störungen, bei denen die

Schulmedizin sowieso keine Ursache finden kann. Hier ist der Heiler wichtig, der auch auf Lebensumstände und Sorgen des Patienten eingeht und damit aufgrund eines erweiterten Placeboeffekts oft viel größere Heilungserfolge hat.

Wissenschaftsbetrug – wenn dem Weltbild zuliebe die Fakten gefälscht werden

Äpfel und Birnen

Äpfel und Birnen lassen sich schlecht vergleichen, erst indem man Kriterien festlegt, kann man beurteilen, was besser ist. Bewertet man die Saftigkeit, gewinnt die Birne. Ist Knackigkeit der ausschlaggebende Punkt, steht der Apfel an erster Stelle. Doch bei Rankings wird dieses einleuchtende Prinzip regelmäßig außer Acht gelassen. Ob es nun um die besten Ärzte, die besten Universitäten, die besten Orte, um zu entspannen, oder die besten Reisen geht – es wird eine Vergleichbarkeit vorgetäuscht, die gar nicht existiert. Wie soll eine Universität, die viele originelle Neurowissenschaftler für die Forschung hervorbringt, an einer anderen Universität gemessen werden, deren Ziel es ist, Ingenieure mit einem praktischen Wissen für den Markt auszustatten?

Mit diesem Problem hat sich der US-amerikanische Wissenschaftstheoretiker Thomas S. Kuhn befasst. In seinem Hauptwerk »Die Struktur wissenschaftlicher Revolutionen« führt er zum besseren Verständnis den Begriff des Paradigmas ein. Paradigmen sind Weltanschauungen, die wir nicht hinterfragen. Dass sich die Sonne um die Erde dreht, war eine solche Weltanschauung. Dass nichts schneller ist als das Licht eine andere, die bis in die jüngste Zeit galt. Solche Paradigmen bestimmen die Richtung von Forschung und Lehre an Universitäten. Es geht dann nur noch darum, weitere Beweise für das Paradigma zu finden, noch bestehende Unklarheiten zu beseitigen und aus dem bestehenden Annahmegerüst neue Gesetze herzuleiten. »Hierzu kann man auch Mainstream-Forschung sagen«, meint Ernst Pöppel. »Mainstream ist das Schwimmen mit dem Strom. Originelle Ideen passen nicht hinein.«

Ungewöhnliche Ideen, die abseitig oder schwer nachvollziehbar sind, werden von wissenschaftlichen Journalen oft nicht zur Veröffentlichung angenommen. Und da die Zahl der Veröffentlichungen bei einem Ranking den Wert einer Universität mitbestimmt, sind originelle Untersuchungen folglich gar nicht unbedingt erwünscht. Die Forscher beschneiden sich vorauseilend bereits beim Denken. »Anstatt an sich selbst zu glauben, lässt man seinen Selbstwert durch das Ranking beeinflussen – und das bildet ja wieder nur das Ansammeln von immer mehr Fakten im Mainstream ab«, so Pöppel. Forscher und Wissenschaftler werden dazu animiert, möglichst nur in gewohnten Bahnen weiterzudenken. Auch dies ein Hinweis auf Dummheit, wo man sie am allerwenigsten erwartet.

Zum Weiterlesen

Kuhn, Thomas S.: Die Struktur wissenschaftlicher Revolutionen. Suhrkamp, Frankfurt 1996.

Thomas S. Kuhn beschreibt in diesem Werk sein berühmt gewordenes Konzept des »Paradigmas«: Wissenschaftliche Arbeit findet immer in einem bestimmten Rahmen statt, den man auch als »Mainstream« bezeichnen kann. Dieses Paradigma muss nicht unbedingt bewusst sein, im Gegenteil: Meist wissen Wissenschaftler gar nicht, dass sie alles aus einer bestimmten Perspektive betrachten, die nicht mehr hinterfragt wird. (Aber das geht nicht nur Wissenschaftlern so – dasselbe gilt für Politiker, Unternehmer, Manager, Kirchenvertreter, Gewerkschaftler, Reisende, für jeden.) Es ist unmöglich, wie Thomas Kuhn feststellt, Vertreter eines bestimmten wissenschaftlichen Paradigmas von einem neuen Gedanken zu überzeugen. Sie müssen erst »wegsterben«, damit dieser neue Gedanke sich durchsetzen kann.

Wenn man davon ausgeht, dass die Schaffenszeit eines Wissenschaftlers, der eingebettet in ein bestimmtes Paradigma forscht, etwa 30 Jahre beträgt, dann bedeutet dies, dass innerhalb eines Forschungsbereichs höchstens drei Paradigmen in einem Jahrhundert wirksam sein können. Die Trägheit des menschlichen Geistes ist also für wirkliche Innovationen nicht gerade hilfreich. Und warum sollte auch immer etwas Neues passieren? Ist der Fortschritt, den wir immer beschwören, wirklich eine »heilige Kuh« oder nur das »goldene Kalb«? Schützt uns unsere Beschränktheit nicht sogar vor einem zu schnellen Fortschritt?

Im Sog des Mainstreams

Man wundert sich immer wieder, wie viele Wissenschaftler betrügen und abschreiben. Erinnern wir uns: Das universitäre Denken wird vom Mainstream geprägt, und so liegen alle neuen Hypothesen immer sehr nah beieinander. Fast kann man die Ergebnisse von Studien und Experimenten im Voraus vermuten. Manche Wissenschaftler und Forscher schreiben aus strategischen Gründen ihre Doktorarbeit oder ihr wissenschaftliches Paper, noch bevor sie ihre Untersuchungen überhaupt abgeschlossen haben. In diesen Rohbau werden dann nachträglich einfach die gemessenen Zahlen eingefügt. Im schlimmsten Fall werden diese Zahlen sogar künstlich kreiert; dann nämlich, wenn die Datenlage den Erwartungen nicht entspricht. Sprechen alle Erhebungen und Meinungen ringsherum für einen gewissen Sachverhalt, scheint es einfacher, seine Zahlen zu frisieren, als aufgrund der »unpassenden« Zahlen das bestehende Paradigma zu hinterfragen.

Um viel mehr als ein paar gefälschte Zahlen geht es in einem der größten Skandale in der modernen Wissenschaft: 2004 behauptete der südkoreanische Tiermediziner Hwang Woo-suk, einen menschlichen Embryo geklont zu haben. Ein Durchbruch, der in zahlreichen Science-Fiction-Szenarien bereits vorweggenommen worden war. Trotzdem schien es nicht unwahrscheinlich, schließlich hatte die Wissenschaft bereits bewiesen, dass Schafe und Kälber klonbar sind. Doch 2006 stellte sich heraus, dass es sich bei den Ergebnissen des bis dahin gefeierten Forschers um eine Totalfälschung gehandelt hatte und alle Ergebnisse durch Manipulation zustande gekommen waren. Wie sehr das Bemühen um ein gefälschtes Ergebnis den Blick für die wahre Innovation vernebeln kann, zeigt die Ironie des Schicksals: 2007 wurde bekannt, dass es im Rahmen von Hwang Woo-suks Forschungen tatsächlich zu einem Durchbruch bei der Erzeugung von Stammzellen gekommen war. Diesen tatsächlichen Erfolg hatte Woo-suk allerdings nicht einmal bemerkt.

Und wie kam es zu dem Skandal um den US-amerikanischen Psychologen und Verhaltensforscher Marc Hauser? Er hatte mehrfach die Ergebnisse von Experimenten mit Affen gefälscht, um seine Hypothesen über moralisches Verhalten beim Menschen zu untermauern. Tiere, insbesondere Affen, werden in unserer Gesellschaft derart vermenschlicht, dass es uns plausibel erscheint, dass auch diese eine Fähigkeit zur Selbstwahrnehmung oder ein Gespür für Sprache haben. Und zwar nicht nur die Menschenaffen, bei denen das tatsächlich nachweisbar ist, sondern auch sehr viel einfachere Gattungen. Wenn so etwas bewiesen wäre, könnte man aus dem Verhalten der Tiere Rückschlüsse auf die Moral des Menschen ziehen, dachte sich Marc Hauser – und machte unergiebige Beobachtungen für seine Hypothese passend. Dies musste auch die Universität Harvard, an der Hauser lehrte, einräumen und benannte im August 2010 acht Fälle von Fehlverhalten. Hauser wurde daraufhin für ein Jahr in unbezahlten Urlaub entlassen.

Das betrügerische Verhalten des Universitätsprofessors ist sicher ein Skandal. Aber ein anderer Skandal ist es, dass trotzdem weiterhin lieber das veröffentlicht wird, was in das allgemeine Weltbild passt! Denn Hauser hatte auf Druck von außen ein Experiment mit seinen Affen wiederholt und seine vormaligen Ergebnisse nicht bestätigen können. Auch diese Ergebnisse veröffentlichte er. Dennoch wurde die Originalarbeit bis heute 40 Mal von anderen Forschern zitiert, die gescheiterte Replikation aber nur zehnmal – das recherchierte der bekannte Psychologieprofessor Gordon Gallup. So ist es definitiv nicht nur der schlechten Moral des Forschers zu verdanken, sondern auch der Denkträgheit der Masse, weshalb es leichter ist, Erwartetes zu bestätigen, als Unerwartetes zu beweisen. Oder im Hellen zu suchen, als im Dunkeln zu forschen, wie es Paul Watzlawick in seinem Buch »Anleitung zum Unglücklichsein« mit einem netten Witz beschreibt: Ein betrunkener Mann kriecht nachts auf der Erde im Schein einer Straßenlaterne herum und sucht seinen Schlüssel. Ein Polizist zeigt sich hilfsbereit und sucht mit. Der Schlüssel ist unauffindbar. Schließlich fragt der Polizist, ob der Mann den Schlüssel ganz sicher hier verloren habe. Der Mann antwortet: »Nein, nicht hier, sondern da drüben. Aber dort ist es so dunkel, da sehe ich ja gar nichts.«

Auch in der Wissenschaft sucht man manchmal lieber im gut einsehbaren Bereich. Nicht erwartete Zahlen, abseits vom hellen Schein der bestätigten Wissenschaft, könnten ja einen Hinweis auf einen Paradigmenwechsel geben. Will man das? Oder vielleicht doch lieber schnell ein paar Daten frisieren? Viele solcher Betrügereien werden aufgedeckt, aber nicht alle. Und vor allem wird das System als solches nicht in Frage gestellt, im Gegenteil: Es bestätigt sich immer wieder selbst. Das führt dazu, dass man nur noch Erwartungen überprüft und nach Bestätigungen sucht und nicht mehr nach Falsifikationen. Sich selbst zu widerlegen ist aber genau das, was ein Wissenschaftler versuchen sollte. Erst wenn ihm dies nicht gelingt, kann er davon ausgehen, dass seine Hypothese hieb- und stichfest ist. Aber obwohl die Verfahren der Falsifikation in der Wissenschaft bekannt sind, dauert es oftmals sehr lange, bis Betrügereien aufgedeckt werden. Teilweise liegt dies einfach an der Flut von Publikationen. Ein flächendeckendes Nachprüfen ist schlichtweg unmöglich.

Tipp!
Das Kreative und das Kritische in zwei Zeitfenstern behandeln

Das gesellschaftliche System ermutigt also geradezu zu Betrügereien. Man schwimmt in einem Strom von akzeptierten Meinungen, in dem man nicht aneckt, und deshalb ist es wahnsinnig schwer, etwas wirklich Neues zu entdecken und dies anderen mitzuteilen. Aber es gibt auch eine gute Nachricht: Sie können sich selbst darin schulen, bestehende Meinungen nicht einfach zu übernehmen, sondern einen Schritt weiter zu denken. Versuchen Sie doch nur einmal als Gedankenspielerei, Argumente für die gegenteilige Meinung zu finden. Dazu gehört Kreativität.

Der Blick auf das Neue wird stark eingeengt, wenn Sie den potenziellen Rezipienten im Kopf haben. Denn der könnte einen Erwartungsdruck in Ihnen aufbauen, der mit der Angst verknüpft ist, nicht gut genug zu sein. Um die Angst während des Schaffensprozesses abzulegen, ist es hilfreich, das Kritische und das Kreative in zwei unterschiedlichen Zeitfenstern zu behandeln. Schreiben Sie zuerst einmal einen neuen Gedanken, einen Plan, ein Buchkapitel fertig. Lassen Sie sich dabei alle Freiheiten der Welt, spinnen Sie herum, schreiben Sie auch die scheinbar aberwitzigsten Gedanken nieder. Erst danach schauen Sie sich das Erdachte und Geschriebene selbst kritisch an oder geben es einem Freund zum Lesen. So müssen Sie sich im kreativen Zeitfenster nicht mit den kritischen Gedanken belasten, sondern erst, wenn Sie über die Resonanz nachdenken. (Diese und weitere Anregungen zur Kreativität finden Sie in dem Buch »Von Natur aus kreativ« von Ernst Pöppel und Beatrice Wagner, Näheres dazu siehe Literaturverzeichnis Kapitel 9.)

Bloß nicht anders sein

Wie stark unser Bedürfnis ist, mit unserer Meinung nicht abzuweichen, hat der Sozialpsychologe Solomon E. Asch bereits in den 1950er-Jahren mit seinen Konformitätsexperimenten gezeigt. Stellen Sie sich vor, Sie sehen vier Linien, drei davon kurz und eine deutlich länger. Was würden Sie auf die Frage antworten, ob die vier Linien gleich lang sind? Natürlich würden Sie dies verneinen. Doch in Aschs Experiment gaben die Probanden meist zur Antwort, alle vier Linien seien gleich lang. Wie kam das?

Gefragt wurde in einer Vierergruppe. Drei der Probanden waren in das Experiment eingeweiht, sie sollten behaupten, die Linien seien gleich lang. Der eigentliche und echte Proband, der als Letzter befragt wurde, war dann so verwirrt, dass er begann, an seinen Sinnen zu zweifeln. Er traute sich nicht, den anderen zu widersprechen.

Wir fühlen uns schnell einem sozialen Druck ausgeliefert, wenn wir etwas tun oder denken, was aus dem Rahmen fällt. Anpassungsdummheit ist in vielen gesellschaftlichen Runden zu beobachten. Man sitzt freundschaftlich mit einem Glas Bier oder Wein zusammen, und mit einem Mal tischt der Wortführer eine haarsträubende These auf: etwa dass alle Araber Islamisten sind oder alle Chinesen geschäftstüchtig oder alle Politiker korrupt. Und obwohl man es besser weiß, hält man den Mund, um des lieben Friedens willen.

Medien – wie die Vereinfachung von Sachverhalten zur Verdummung führt

Holzschnittmeinungen in mundgerechten Happen

Wie kommen Menschen eigentlich auf die Idee, solche verallgemeinernden Behauptungen aufzustellen? Warum sollte es zu komplizierten Sachverhalten, die das gesellschaftliche Leben betreffen, immer nur zwei oder drei Meinungen geben, je nachdem, wie sich die Parteienlandschaft gerade zusammensetzt? Hier kommen wir zur medialen Dummheit. Journalisten und Redakteuren ist es nicht möglich, Sachverhalte in ihrer ganzen Komplexität abzubilden. Also vereinfachen sie und inszenieren Meinungen. Dies geschieht etwa, indem man Gallionsfiguren auswählt, deren Kompetenz gemeinhin anerkannt ist und die zu allen wichtigen Punkten befragt werden. Diese werden in Fernsehdiskussionen vom Moderator gern auf bestimmte Positionen festgenagelt. Für Zwischentöne bleibt oft kein Platz, die Zeit reicht nur für holzschnittartige Positionen. Und es ist durchaus praktisch für die Zuschauer und Zeitungsleser, Meinungen in mundgerechten Happen serviert zu bekommen und den Gallionsfiguren, Parteien und im Extremfall den Demagogen hinterherzulaufen.

Oder ist es einfach dumm? Wer noch daran zweifelt, dass sich auch absurde verallgemeinernde Meinungen übergreifend durchsetzen können, muss nur ein wenig in der Geschichte zurückblicken – etwa zu dem Moment 1943, als Goebbels auf die Frage »Wollt ihr den totalen Krieg« jubelnde Zustimmung erhielt.

Ein Thema, das immer wieder medial aufgeputscht wird, ist die Kommunikation zwischen Mann und Frau. Frauen, das ist unsere Ansicht, sind doch mittlerweile stark und selbstbewusst genug, ein Kompliment von einer schmierigen Avance zu unterscheiden. Im ersten Fall kann man sich freuen und den zweiten Fall auf bayerisch »ned amoi ignoriern« – also komplett ignorieren. Denn schmierige Komplimente kommen von Chauvis, die es gewohnt sind, dass man ihnen nachläuft. Ignoriert zu werden ist für sie die Höchststrafe. Eine Ausnahme ist natürlich die Situation, wenn zwischen Mann und Frau ein Hierarchiegefälle besteht, etwa im Beruf oder in der sozialen Stellung. Das Ausnutzen einer Machtposition muss unbedingt unterbunden werden.

Es gibt aber auch Situationen, in denen gar nicht mehr so klar ist, wer in der Machtposition ist und wie er oder sie diese nutzt. Während des Schreibens dieser Zeilen fand die Diskussion über das Verhalten von FDP-Fraktionschef Rainer Brüderle statt, der einer Sternjournalistin mit Aufreißersprüchen zu nahe trat. Damit wurde eine hitzige Diskussion in Gang gesetzt, in der es um die Kommunikation zwischen Mann und Frau über den konkreten Fall hinaus ging – und die vielleicht mehr verkompliziert als geklärt hat, sodass man den Eindruck gewinnen konnte, jede Äußerung sorgfältig abwägen zu müssen, bevor man sie laut ausspricht. »Um sich zu schützen, verliert man die Spontaneität und kontrolliert sich. Alles, was man spontan sagt, kann in einen Kontext gestellt werden, der das Gesagte verzerrt«, mokiert sich Ernst Pöppel. Nach dieser Genderdiskussion fragte er sich allen Ernstes, ob er es noch wagen dürfe, einer Frau einfach so aus heiterem Himmel ein Kompliment zu machen. Eine Französin auf einem Kongress fragte er daher sogar vorher um Erlaubnis. Und wenn sich im Aufzug eines Hotels eine einzelne Frau befindet, überlegt er sich dreimal, ob er mit einsteigt. »Charme ja, Chauvi nein, aber die Grenze liegt für jeden woanders.« Das führt dazu, dass man immer kontrollierter redet und jedes Wort auf die Goldwaage legt, aus Angst, es könnte aus dem Zusammenhang gerissen und in einen falschen Kontext gestellt werden«, so Ernst Pöppel. Kommunikation hat immer einen gestischen, non-verbalen Bezug, man teilt eine gemeinsame Gegenwart, man versteht sich im direkten Dialog, auch wenn nicht immer die richtigen

Worte gewählt werden. Und ohne diesen Bezug können die Worte später ganz anders klingen.

Zum Weiterlesen

Conrad, Joseph: Über mich selbst. Einige Erinnerungen. Fischer Taschenbuch, Frankfurt 1982.

Gleich in der »ungezwungenen Vorrede« liest man die ernüchternden Sätze eines weitgereisten Mannes, der zuerst Seemann war, bis er mit 31 Jahren die Macht des Wortes entdeckte. Dies führt er später genauer aus: »Wer zu überreden sucht, sollte sein Vertrauen nicht auf das durchschlagende Argument setzen, sondern auf das treffende Wort. Die Macht des Schalls ist stets größer gewesen als die Macht der Vernunft.« Diese Chance haben Demagogen immer wieder genutzt, und wir lassen uns durch unsere Wortgläubigkeit verführen. »Wollt ihr den totalen Krieg« schreit Goebbels, als der Zweite Weltkrieg schon längst verloren war, und alle brüllen begeistert »Ja«, als besäßen sie keinen Verstand. Und sie besaßen keinen Verstand, und wir, die wir uns heute darüber wundern, hätten womöglich in derselben Situation (vielleicht nicht alle) begeistert mitgeschrien.

Tipp!
Den eigenen Verstand schulen

Müssen wir dem häppchenweisen Vorservieren von Meinungen nun tatenlos zusehen? Oder können wir hier unsere Intelligenz anstrengen, um das Prinzip des Nachläufertums zu erkennen? Dem Big-Five-Persönlichkeitsmodell von Allport und Odberg zufolge sind wir mit einer wertvollen Eigenschaft ausgestattet, die dies ermöglicht: der Offenheit gegenüber neuen Erfahrungen und Ideen. Diese Offenheit können Sie trainieren, indem Sie genau zuhören, auch auf Zwischentöne und den Kontext des Gesagten achten. Und dann immer eine kleine Pause zwischen dem Hören und

Ihrer Reaktion darauf zulassen. Dieser Hiatus gibt Ihnen die Zeit zum Nachdenken, bevor Sie sich vielleicht von dem Tonfall eines Redners mitreißen lassen.

Zum Weiterlesen

Gehlen, Arnold: Der Mensch. Seine Natur und seine Stellung in der Welt. Aula, Wiebelsheim 2009.

Was könnte den Menschen von anderen Lebewesen unterscheiden? Der Soziologe Gehlen meinte, es sei der »Hiatus«, die Pause zwischen dem Auftreten eines Bedürfnisses und seiner Befriedigung. Dieses zeitliche Intervall sei beim Menschen, verglichen mit anderen Lebewesen, besonders lang. Mit dem Hiatus werde ein zeitlicher Rahmen geschaffen, innerhalb dessen der Mensch sich kulturell entfalten könne. Das mag zunächst sehr positiv klingen, doch gibt es auch eine Gegensicht der Dinge: Es ist diese Pause, in der wir auch all die Torheiten begehen, die uns auszeichnen – denken wir an die vielen missglückten Entscheidungen, die wir nach vielem Nachdenken treffen, im persönlichen Leben, im politischen Rahmen, beim wirtschaftlichen Handeln. Die Tatsache, dass wir in dieser Pause von uns selbst Abstand nehmen, eine Außenperspektive zu uns selbst einnehmen, nachdenken und planen können, heißt nicht, dass die Resultate immer gut und richtig sind. Vielleicht muss man ein neues »Pausenbewusstsein« entwickeln, eine »Hiatus-Sensitivität«, denn das Intervall zwischen dem Wollen und dem Tun kann sowohl zu lang als auch zu kurz sein und so die Richtigkeit oder den Zeitpunkt einer Entscheidung gefährden. Es geht immer darum, den rechten Augenblick zu erwischen, doch meist verpassen wir ihn.

Um uns immer wieder an das Selbstdenken zu erinnern, können wir den kleinen Text »Beantwortung der Frage: Was ist Aufklärung?« von Immanuel Kant aus dem Jahr 1784 auf den Nachttisch legen und jeden Abend darin lesen. Darin schreibt er: »Es ist so bequem, unmündig zu sein. Habe ich ein Buch, das für mich Verstand hat, einen Seelsorger, der für mich Gewissen hat, einen Arzt, der für mich die Diät beurteilt, usw., so brauche ich mich ja nicht selbst zu bemühen. Ich habe nicht nötig zu denken, wenn ich nur bezahlen kann; andere werden das verdrießliche Geschäft schon für mich übernehmen.«

Diesen Zustand hält Kant aber nicht für erstrebenswert, vielmehr appelliert er: »Habe Mut, dich deines eigenen Verstandes zu bedienen!« Und an anderer Stelle sagt er in einer berühmten Anmerkung: »Selbstdenken heißt den obersten Probierstein der Wahrheit in sich selbst (in seiner eigenen Vernunft) suchen; und die Maxime, jederzeit selbst zu denken, ist die Aufklärung.« Den preußischen Universitäten (an einer davon, der Universität Königsberg, war auch Kant tätig) musste man das Selbstdenken im 18. Jahrhundert allerdings erst einmal nahelegen.

Jahrhundertelang war es nämlich der Auftrag von Universitäten gewesen, nützliche Bürger und Diener des Staates hervorzubringen. Bis Friedrich der Große zum Umdenken aufrief: »Der geschärfte Befehl zum Selbstdenken. Ein Erlaß des Ministers v. Fürst an die preußischen Universitäten im Mai 1770«. Hinter dieser Schrift stand die Idee der Aufklärung. Die Untertanen sollten nicht länger durch Druck und Strafen zum Gehorsam gezwungen werden, sondern aus Einsicht den richtigen Weg wählen. Und tatsächlich nahmen daraufhin theologische und philosophische Disputierübungen zu, bei denen man lernt, sich eine Meinung zu bilden und sie zu vertreten. Verbürgt ist dies zumindest für die Universität Königsberg.

Heute ist das Recht auf Meinungsfreiheit sogar im Grundgesetz verankert. Wollen wir dieses Geschenk, das die Väter der Aufklärung und der Demokratie für uns erkämpft haben, wirklich so ohne Weiteres der Dummheit, Faulheit und Feigheit opfern? Hoffentlich nicht! Sie werden in diesem Buch noch viele Beispiele für Dummheitsfallen finden – und Strategien, wie Sie diese umgehen können.

Professor Pöppel sagt: Paradoxerweise wissen wir immer weniger, je mehr Wissen wir anhäufen

Wissen ist das Geschäft der Forschung. Aber indem man immer mehr weiß, verringert sich nicht etwa das Nichtwissen, ganz im Gegenteil: Es steigt überproportional. Je größer der Fortschritt, desto größer auch der Abstand zu unserem ursprünglichen Wissen, zu dem, wie der Mensch gemeint ist. Wäre es eine Konsequenz daraus, die Forschung komplett zu vermeiden und einen radikalen Verzicht auf neue Erkenntnisse zu erzwingen? Kann das eine Lösung für unsere Probleme sein?

In der Geschichte ist dies oft genug geschehen. Warum zerstörten die Chinesen um 1430 alle Schiffe nach den Expeditionen des großen Admirals Cheng He? Er hatte mit der größten Flotte, die jemals existierte, die Welt bereist. Er kam bis nach Afrika, und das Wissen über andere Welten nahm immer mehr zu. Vielleicht gefährdete dieses Wissen die Stabilität des Systems, sodass man mit den Schiffen auch die Möglichkeit zerstörte, weitere Expeditionen zu betreiben und neue Erkenntnisse zu gewinnen. Warum wurden während des Naziregimes alle Bücher verbrannt? Vermutlich weil in ihnen zu viel Wissen repräsentiert war, das den Bürgern eine differenzierte Meinung ermöglichte und so das System instabil machte. Warum sind diktatorische Systeme so darauf aus, den Zugang zu Wissen zu beschränken und neue Erkenntnisse zu verhindern? Warum wurden Bibliotheken geschlossen oder sogar verbrannt? Vielleicht geht es dabei gar nicht so sehr um die Sprengkraft des Wissens selbst, sondern darum, dass jede Antwort neue Fragen und Zweifel nach sich zieht. Wer viel weiß, der erkennt auch, dass hinter jeder vermeintlichen Gewissheit viele weitere Unsicherheiten lauern. Derjenige wird keinem Regime blind vertrauen.

Max Planck war vor über 100 Jahren der Meinung, die Physik sei am Ende angelangt, man habe endlich alle Fragen beantwortet. Daraufhin ging es mit der Physik aber erst richtig los, zum Beispiel in der Quantenmechanik, der Relativitätstheorie und auch der Kosmologie. Irgendwann gelangt man an den Punkt, an dem man trotz eines großen Wissens nicht weiter in die Geheimnisse der Natur eintauchen kann. Das Weltall aber übersteigt unser Vorstellungsvermögen. Wir haben akzeptiert, dass die Naturgesetze, an die wir auf der Erde gebunden sind, nicht auf das Weltall zu übertragen sind: der gekrümmte Raum, die Zeit als vierte Dimension, die Unendlichkeit. Die Natur übersteigt unser Vorstellungs- und Begriffsvermögen, weshalb wir niemals zu einem Abschluss von Erkenntnissen kommen können.

2

Schnelligkeit macht dumm, denn in der Langsamkeit liegt die Kraft

»Zeit ist Geld« – so lautet ein geflügeltes Wort in der Wirtschaft. Geprägt hat es Benjamin Franklin, der Gründungsvater der USA, in seiner Schrift »Ratschläge für junge Kaufleute« (1748). Aktualisiert wurde es kürzlich von Klaus Schwab, dem Gründer des jährlich stattfindenden Weltwirtschaftsforums in Davos, als er sagte: »Nicht der Große frisst den Kleinen, sondern der Schnelle den Langsamen.« Das gilt überall: Wer ein neues Produkt zuerst herausbringt, hat einen klaren Vorteil gegenüber der Konkurrenz. Wer die Antwort am schnellsten parat hat, siegt bei der Quizshow. Wer als Erster ins Ziel sprintet, gewinnt die Goldmedaille. Und so bemühen wir uns mehr und mehr um Schnelligkeit. In vielen Bereichen sind wir bereits an unsere Grenzen gelangt, hier ist die Geschwindigkeit nach menschlichem Ermessen nicht weiter steigerbar.
Doch von wegen: Nun geht es erst richtig los!

Börsenhandel – Gewinnmaximierung in Nanosekundenschnelle

Von der Steinzeit zur Hochfrequenztechnologie

Am 28.11.2012 stürzte der Goldpreis an der schwedischen Börse innerhalb weniger Sekunden um 30 Dollar ab. Urplötzlich wurden von vielen Stellen große Mengen an Gold verkauft, knapp die Hälfte des durchschnittlichen Jahresertrags einer Goldmine. Gold ist eine stabile Wertanlage, normalerweise kommt ein solch extremer Preiseinbruch nicht vor. Am selben Tag wurde eine gigantische Order für Index-Derivate im Wert von 460 Billionen schwedischen Kronen getätigt, dem 131-fachen des schwedischen Bruttoinlandprodukts. An der Börse herrschte Chaos – aber warum? »Das ist durch eine hohe Anzahl computergenerierter Aufträge zu erklären. Diese werden so rasend schnell in den Markt gegeben, dass die Absender Effekte auslösen, die sie selbst gar nicht beabsichtigt haben. Aber aufgrund der Geschwindigkeit, in welcher der Prozess nun abläuft, wird der gesunde Menschenverstand außer Gefecht gesetzt, ein regulierendes Eingreifen ist unmöglich. Dadurch kann es immer wieder zu kurzfristigen Verwerfungen kommen«, erklärt Stefan Armbruster, Geldanlage- und Derivate-Experte der Deutschen Bank.

Die meisten der heutigen computergenerierten Aufträge laufen nämlich mit Hochfrequenztechnologie. Das sperrige Wort wird in der Börsensprache mit HFT abgekürzt und bedeutet, dass Verkauf und Einkauf an der Börse von Hochleistungscomputern getätigt werden, welche anhand ihrer eingespeisten Algorithmen blitzschnell berechnen, wo Vorteile zu erwarten sind. Dann reagieren sie entsprechend mit Kauf oder Verkauf. Ein Hochfrequenzhandel hat nichts mehr mit dem traditionellen Börsenhandel zu tun, dessen Bilder wir alle noch im Kopf haben: Makler, die sich vor Ort an der Börse treffen, mit Papieren hektisch in der Luft wedeln und laut Preise hin und her rufen – für Insider erscheint dies wie ein Vorgehen aus der tiefsten Steinzeit.

»Heute führen HFT-Computer den Börsenhandel sozusagen selbstständig durch. Die Reaktionszeiten werden in Mikro- und Nanosekunden gemessen. Es wird versucht Preisdifferenzen, die teilweise nur für winzigste Sekundenbruchteile vorhanden sind, auszunutzen«, erklärt Armbruster. Mikrosekunden und Nanosekunden? Moment, ist das nicht unglaublich wenig? Eine Mikrosekunde ist eine millionstel Sekunde. Und eine Nanosekunde ist sogar nur eine milliardstel Sekunde. Kann man in solchen Zeitspannen überhaupt Handel betreiben?

Im Kampf gegen die natürliche Geschwindigkeitsgrenze

Man kann. »Bei dem mikro- und nanosekundenschnellen Handel geht es in den seltensten Fällen um langfristige Anlagen, sondern nur um ein kurzzeitiges Hin- und Herschieben von Aktien«, erklärt Armbruster. Wenn ein Computer eine Aktie zum Wert von 35,83 Euro an der Madrider Börse einkauft und eine nicht spürbare Zeitdifferenz später für 35,86 Euro an der Londoner Börse wieder verkauft, hat er einen Gewinn von 3 Cent gemacht. Verschiebt er 500 000 Aktien gleichzeitig, liegt der Gewinn schon bei 15 000 Euro. Der Börsenhändler, in dessen Auftrag der Computer handelt, hat also 15 000 Euro in einer Zeitspanne verdient, die er nicht einmal wahrnehmen kann.

»Für den Menschen gibt es eine natürliche Geschwindigkeitsgrenze. Er braucht allein eine 30stel Sekunde, um Veränderungen auf dem Bildschirm wahrzunehmen. Das sind 30 000 Mikrosekunden«, verdeutlicht Ernst Pöppel. Und während der Mensch noch dabei ist, das Gesehene zu verarbeiten und zu bedenken, hat der Hochleistungscomputer das Geld vielleicht schon weitere zehn Mal hin- und hergeschoben und den Gewinn maximiert. »Ihr Vorteil ist, dass sie dies völlig emotionslos tun und zudem schneller, als es jeder Mensch könnte. So geben sie bis zu 250 Handelsaufträge pro Sekunde«, schreibt Frank Stocker in einer Analyse für die Zeitung *Die Welt* am 1.12.2012.

Je schneller der Computer ist und je besser der Algorithmus, mit dem er entscheidet, desto mehr Profit springt dabei heraus. Oft wird nicht einmal richtiger Handel betrieben. Supercomputer nutzen ihre Schnelligkeit auch, um Käufe vorzutäuschen. Sie geben einen immens großen Kauf in Auftrag, was die anderen Supercomputer registrieren und dann ebenfalls das besagte Wertpapier ordern. Noch währenddessen aber streicht der erste Anleger seine Order wieder. Das Nachsehen hat, wer einen weniger schnellen Hochleistungscomputer besitzt. Das alles geht natürlich nicht nur während der üblichen Geschäftszeiten vor sich, sondern nonstop. Denn wie immer irgendwo auf der Welt Tag ist, so ist immer irgendwo auf der Welt eine Börse geöffnet. 24 Stunden täglich, sieben Tage die Woche.

(K)eine Chance auf Rückbesinnung?

Und das ist immer noch nicht das Ende des Geschwindigkeitswettbewerbs. Um noch ein paar Mikrosekunden einzusparen und dem Konkurrenten die besten Angebote vor der Nase wegzufischen, stehen die Rechner heutzutage meist in unmittelbarer Nähe der Börsensysteme. Denn jeder Kilometer Datenleitung kostet immerhin eine hundertstel Millisekunde, also den hundertsten Teil einer tausendstel Sekunde. Wenn nun aber Computer und Börse räumlich gesehen immer näher zusammenrücken – sähe die logische Konsequenz dann nicht so aus, eines Tages den ganzen Handel in einem gigantischen Super-Großrechner ablaufen zu lassen? Der Computer würde quasi mit sich selbst handeln und andauernd in irrwitzigen Geschwindigkeiten riesige Aufträge hin und her schieben. Ein rasender Stillstand, der viel Energie kostet. Und während der Computer mit sich selbst beschäftigt wäre, hätten die Menschen endlich wieder Zeit, das zu tun, was ihnen guttut: langsam an einem schönen Sommerabend mit dem Partner über die Straße schlendern und das Verliebtsein genießen. Ein Buch in Ruhe zu Ende lesen. Mit den Kindern herumtoben. In Ruhe einen langen Spaziergang durch den Wald machen. Und vor allem: das Smartphone ausschalten, statt noch schnell E-Mails zu checken. Wie schön!

Die Erfüllung dieses Traumes scheint jedoch in weiter Ferne zu liegen. Und ob es je dazu kommt, dass wir uns freiwillig wieder rückbesinnen? »Es ist auch in anderen Bereichen und im Privatleben so, dass eine weitere Computerisierung stattfindet, das wird auf jeden Fall so weitergehen«, prognostiziert Stefan Armbruster von der Deutschen Bank. Nur wie dies im Detail aussieht, das ist ein anderes Thema. »Es kann gut sein, dass der reine Hochfrequenzhandel durch die Finanztransaktionssteuer nicht mehr rentabel ist und schließlich eingestellt wird. Doch das heißt nicht etwa, dass wir dann von den elektronisch eingespielten Orders zum traditionellen Zustand zurückkehren werden«, so Armbruster. Er ist sogar der Meinung, der Automatisierungsgrad in der Finanzindustrie sei geradezu rückständig, wenn man ihn mit dem in der Automobilindustrie vergleicht. »Da hat sich in den letzten 20 Jahren bedeutend mehr getan. Somit stehen der Finanzindustrie noch sehr viel mehr Entwicklungsmöglichkeiten offen, nicht nur was den Börsenhandel angeht«, erklärt der Experte.

Professor Pöppel sagt: Geschwindigkeit kommt uns teuer zu stehen

»Nicht die Computer sind das Schlechte, sondern die Ziele der Algorithmen, nach denen sie entscheiden. Dabei geht es nur um den Profit. Es geht nicht um Nachhaltigkeit, es geht nicht um soziale Gerechtigkeit, es geht nicht um Krieg oder Frieden. Und das ist dumm!«, sagt der Hirnforscher Ernst Pöppel dazu. Die Schnelligkeit, mit der die Computer handeln, bringt der Gesellschaft keinen Vorteil. Einige Händler verdienen damit erstaunlich viel Geld, aber das war es auch schon. Die meisten Menschen haben nichts davon.

»Natürlich sind die Algorithmen, mit denen die Computer agieren, von Menschen konzipiert. Schade, dass wir nicht klug genug sind, den Computern zu befehlen, nur Wertpapiere solcher Unternehmen zu ordern, die auch langfristig sinnvoll sind. Das sind solche, die die Erde und die Menschen nicht ausbeuten, kein Gift in die Luft pusten und nachhaltig produzieren. Hier macht also die Schnelligkeit dumm, weil sie kurzfristigen finanziellen Gewinn verspricht, ohne aber die Begrenztheit natürlicher Ressourcen und die Realität unserer Lebensbedingungen zu berücksichtigen«, erklärt Ernst Pöppel.

Geschwindigkeit macht aber nicht nur im globalen Denken dumm, sondern auch im individuellen. Denn fast jeder von uns strebt nach »mehr«. Mehr Erfolg, mehr Macht, mehr Prestige, mehr Geld, mehr Schönheit. Dass man sich Ziele setzt und versucht, im Leben etwas zu erreichen, ist nur allzu menschlich. Aber auf der oberflächlichen Jagd nach »mehr« gehen Freude, wahre Interessen und Werte allzu oft verloren. Dumm ist auch, dass der finanzielle Wohlstand nicht mit einem Wohlstand an Zeit einhergeht. Stattdessen wird, zumindest auf den ersten neun Zehnteln des Karrierewegs, der Erfolg meist mit Zeitdruck, Gehetztsein, Überarbeitung und dem vernichtenden Gefühl, sowieso nie alles erledigen zu können, teuer erkauft.

Burnout – der rasende Stillstand

Aus der Praxis: Vom Zwang, alles gleichzeitig erledigen zu wollen

Werden Geschwindigkeit und Zeitdruck allzu groß, kommt es nicht nur bei dem Börsencomputer der Zukunft zum »rasenden Stillstand«, sondern auch bei uns Menschen. »Erschöpfungsdepression« oder »Burnout« heißt dieser Zustand, der – früher gar nicht bekannt – seit einigen Jahren die Schlagzeilen prägt. Eine den Autoren bekannte Journalistin, die sich nicht namentlich outen möchte, hat diesen Zustand selbst erlebt. »Ich saß vor meinem Laptop und in mir tobten die Bilder. Was muss ich noch alles erledigen? Wie schaffe ich das? Wie bekomme ich alles gleichzeitig auf die Reihe?« Irgendwann war sie nicht mehr dazu fähig, eine Aufgabe nach der anderen abzuarbeiten, sondern versuchte, alles gleichzeitig zu machen. »Während ich einen Artikel schrieb, fiel mir ein, dass ich dringend eine Überweisung tätigen muss. Und während ich mir schnell etwas zu essen zubereitete, habe ich zwischendurch einen Termin mit dem Zahnarzt oder einem Interviewpartner vereinbart. Das Nudelwasser ist oft genug übergekocht, was mich dann wieder geärgert hat.« Je mehr der Druck zunahm, desto stärker ließ die Produktivität nach. Eine einzige Seite zu verfassen dauerte plötzlich Stunden.

Zu diesem Zeitpunkt hätte sie vielleicht die Notbremse ziehen und sich wieder mehr um sich selbst kümmern können. Aber es geschah, was typisch für einen Burnout ist: Man versucht mit unglaublicher Kraft, noch mehr aus sich herauszupressen. »Und dann ging es irgendwann einfach nicht mehr. Ich rotierte zwischen lauter unnützen Tätigkeiten. Ich checkte die Facebook-Neuigkeiten, las mich durch den Newsticker der Tagesschau und die Nachrichten von Spiegel Online durch, verglich sie mit dem New Yorker, überprüfte online meinen Kontostand, rief die E-Mails ab. Das alles wiederholte ich x-mal hintereinander. Ich war zehnmal pro Tag auf meinem Girokonto, habe mich 20 Mal durch die Nachrichten geklickt, die ich aber schon alle kannte, und habe 100 Mal die E-Mails abgerufen. Bei Facebook war ich sowieso permanent online und bekam live mit, wenn jemand einen Status von mir ›geliked‹ hat. Dann war ich glücklich, es tat sich etwas.«

Mit anderen Worten: Die Journalistin schien beschäftigt, brachte jedoch zu dieser Zeit gar nichts mehr zustande. Zu sehr war sie in einem Muster gefangen, das sie Bewegung und Aktivität in überwiegend nutzlosen Aktionen suchen ließ. Auch dies ein rasender Stillstand. »Ich war total erschöpft und machte nur noch Dinge, die nichts bewirkten. Wie verrückt das ist, habe ich schon durchschaut. Doch zur Ruhe kommen und ausspannen, das konnte ich nicht. Ich wusste nicht mehr, wie das geht.«

Dieser extreme Zustand hielt zum Glück nur ein paar Wochen an. »Das Gefühl der Überforderung hat schon länger gedauert. Aber dieses verrückte Szenario, dass man macht und macht und macht, ohne dass das alles einen Sinn ergibt, das habe ich zum Glück recht bald wieder einstellen können. Vor allem deshalb, weil ich zu einer Therapeutin ging, die mit mir die Realitätstherapie durchgeführt hat«, so die Journalistin. Eine Realitätstherapie? Klingt gut. Aber wie geht das?

Tipp!
Zauberwort Komplexitätsreduktion

Die Realitätstherapie bedeutet, sich mit der Wirklichkeit auseinanderzusetzen, wie sie tatsächlich und objektiv ist. Das heißt sich klarzumachen, dass man sich Ziele setzen muss, die erreichbar sind. Meist aber sind Ziele, berufliche wie private, nicht auf direktem Wege zu erreichen, sondern nur in einzelnen Etappen. Diese kann man klar definieren, um nicht vor dem großen Berg, der noch zu besteigen ist, in Schockstarre zu verharren. Außerdem ist es wichtig zu wissen, was unsere übergeordneten Ziele sind, auf die wir uns konzentrieren wollen. Was will ich eigentlich in meinem Leben? Was sind meine höheren Ziele? Wie kann ich diese erreichen? Was muss ich dafür über Bord schmeißen? Das waren die Fragen, die die Journalistin sich selbst beantworten sollte. Oft kommt dabei früher oder später heraus, dass man manche Ziele aus den falschen Gründen anstrebt.

Komplexitätsreduktion heißt das Zauberwort bei einem rasenden Stillstand. Das bedeutet, aus den vielen Möglichkeiten des Lebens einige herauszusuchen und sich auf diese zu konzentrieren. Dies geht nur über Priorisierung und über Pausen. Auch wenn man das Gefühl hat, der Arbeitsberg sei unüberwindbar groß, sollte man sich zunächst einmal hinsetzen und den Berg in Etappen unterteilen, die man sich einzeln vornimmt. Geht man dann an die Arbeit, sollte man alle 90 Minuten eine Gedankenpause von etwa 15 Minuten machen. Und außerdem bedeutet Komplexitätsreduktion auch, sich von manchen vermeintlichen Verpflichtungen zu lösen, denen wir nur aus Schuldgefühlen oder emotionaler Abhängigkeit zugestimmt haben.

Professor Pöppel sagt: Es gibt kein Sparbuch für Zeit

Im Alltag geht die Konzentration auf unsere übergeordneten Ziele oftmals unter, denn wir sind es gewöhnt, die Dinge möglichst schnell zu erledigen, ohne zwischendurch innezuhalten und uns zu fragen, ob das, was wir gerade tun, eigentlich wichtig und sinnvoll ist. Stattdessen hasten wir den Anforderungen hinterher, denn der Wunsch, Zeit zu »sparen«, ist tief in uns verankert, wie auch das folgende Erlebnis von Ernst Pöppel zeigt.

Vor einigen Jahrzehnten ging er einmal mit einem japanischen Kollegen in Tokio zu einem Termin. Die beiden Herren waren rechtzeitig aufgebrochen, doch der Weg schien recht weit zu sein – zumindest gemessen an der Tatsache, dass man sich nicht auf einer Wanderung befand, sondern mit Anzug und feinen Schuhen auf den Straßen einer Metropole. »Lassen Sie uns ein Taxi nehmen, dann sind wir schneller dort«, schlug Ernst Pöppel vor. Doch der japanische Geschäftsmann war gar nicht angetan von dieser Idee, sondern antwortete: »Aber was machen wir dann mit der gewonnenen Zeit?« Der Deutsche wiederum schaute ihn sprachlos an, weil er nicht verstand, was der andere meinte.

Später wurde Ernst Pöppel die volle Bedeutung dieser schlichten Frage bewusst: Je mehr Zeit man einsparen will, indem man etwas zu schnell macht, desto mehr Zeit wird vernichtet. Anstatt zum Beispiel die 20 Minuten Fußweg zu nutzen, um sich mit dem Geschäftsmann schon einmal in Ruhe auf den gemeinsamen Termin einzustimmen, hätte man die Zeit zerstückelt. Ein Taxi heranwinken, einsteigen, das Ziel nennen, fahren, bezahlen, aussteigen – diese Aktionen müssen gemacht werden. Dann ist man vielleicht zehn Minuten eher vor Ort, aber zum Preis von 20 Minuten zerstückelter Zeit, die man stattdessen für kontemplatives Gehen und Denken hätte nutzen können. Diese Art der Zeitvernichtung ist überall und jederzeit zu beobachten. Innerhalb eines Unternehmens oder eines Forschungsinstituts gibt es Menschen, die rennen den Gang entlang zu einem nächsten Termin, während andere gemessenen Schrittes schreiten.

In der Goethestraße, an der das Institut für Medizinische Psychologie der Universität München liegt, lassen sich sogar drei verschiedene Zeitkonzepte beobachten. Um vom Hauptbahnhof ins Institut zu kommen, muss man nämlich die Goethestraße ein gutes Stück entlanggehen. Besonders auf den ersten 700 Metern befinden sich viele türkische Lebensmittelläden, deren Auslagen – voll mit Aprikosen, Trauben, Tomaten, Zucchinis – den Bürgersteig stellenweise stark verengen. Und diese Stellen üben eine magische Anziehungskraft auf diejenigen aus, die »Zeit haben« oder deren Zeitkonzept eher besonnen geprägt ist, so zum Beispiel Mütter, die sich mit ihren Kinderwägen treffen, südländisch aussehende

Männer, die zusammenstehen, sich laut und angeregt unterhalten und rauchen. Für einen Teil der Menschen ist die Goethestraße wie ein Basar, für den man Zeit mitbringt. Wer »keine Zeit hat« oder wem die alltägliche Hetze in Fleisch und Blut übergegangen ist, der hastet in rasendem Zickzack um das Warenangebot, sich unterhaltende Menschengruppen oder schlendernde Passanten herum, immer ein bisschen vor sich hin schimpfend wegen der vermeintlichen »Trödelei« der anderen. Und dann gibt es eine dritte Gruppe, die der Schreitenden. Selbst wenn sie unter Zeitdruck sind, verhalten sie sich getreu der alten japanischen Lebensweisheit: »Wenn du es eilig hast, mache einen Umweg, und wenn du keine Zeit hast, mache eine Pause!«

Langsam schreiten, gut denken

»Jene, die rennen, transportieren sich doch nur von A nach B. Früher war ich auch so. Doch mittlerweile versuche ich bei allem, was ich tue, mich in der Gegenwart zu verankern. Also gehen und mir dabei bewusst sein, dass ich gehe. Ich koste die Sekunden und Minuten aus. Das Gegenwartsfenster, das wir alle besitzen, befähigt uns dazu, genau in der Zeit zu leben, in der wir uns gerade befinden«, erzählt Ernst Pöppel, während seine Koautorin Beatrice Wagner eher zum Typus »rasender Reporter« gehört. »Wenn man langsam geht, lässt es sich dabei gut denken«, erklärt er. Für ihn ist es notwendig, sich vor einer Sitzung oder einer Vorlesung zu sammeln – am besten, indem er die Strecke dorthin zu Fuß zurücklegt, ohne Begleitung und natürlich auch ohne zu telefonieren. Er geht dann alle Punkte noch einmal im Geiste durch und vergegenwärtigt sie sich. In der Sitzung oder Vorlesung hat er dann alles präsent und kann mit Sicherheit und Selbstbewusstsein auftreten.

Nach vielen Jahren, während derer Pöppel Vorlesungen in Medizinischer Psychologie gehalten hat, reichte die kurze Wegstrecke von sieben Minuten zwischen Büro und Hörsaal aus, um sich vorzubereiten. »Die Vorlesung habe ich natürlich auf der Grundlage des in Jahrzehnten angesammelten Wissens gehalten. Aus dem, was ich davon jeweils den Studenten vermitteln wollte, habe ich eine Struktur erstellt und mir diese bildhaft vorgestellt. Und so gelang es mir jedes Mal, die 90 Minuten Vorlesung in freier Rede zu halten, was für die Studenten sowieso besser verständlich ist als ein abgelesener Vortrag«, erklärt Pöppel.

Natürlich bedarf es, um einen Sachverhalt 90 Minuten lang zu erläutern, ohne dabei zu stocken und sich zu verzetteln, auch einer hohen Selbstkontrolle und vorausschauender Zeitplanung. Aber eine bewusste Vorbereitungszeit, in der wir uns aus der allgemeinen Hetze ausklinken und entschleunigen, hilft uns, notwendiges Wissen aus dem inneren Archiv bereitzustellen, Probleme zu überdenken oder neue Ansätze zu finden.

Zeitmanagement – auf der Flucht vor der rollenden Informationslawine

Verona Pooth, eine Meisterin der Konzentration

Im Jahr 2003 diskutierten Verona Pooth und Ernst Pöppel auf einem Podium die Frage der Motivation. Anlass war eine Veranstaltung der Felix Burda Stiftung zur Darmkrebsvorsorge. Nach der einstündigen anstrengenden Diskussion wurde die Entertainerin von Reportern umzingelt – jeder TV-Sender, jeder Rundfunksender, jede Zeitung wollte sie interviewen. Hier zeigte Verona Pooth (damals noch Feldbusch), Fähigkeiten, die nicht dem Bild entsprachen, das man so häufig mit ihr verbindet: Sie beherrschte die vorausschauende Planung perfekt. Eine Frage nach der anderen prasselte auf sie herein, die Sekundenzeiger der Journalisten tickten, schnelle Antworten waren gefragt. »Frau Feldbusch, haben Sie vor, zur Darmkrebsvorsorge zu gehen? Bitte hierher schauen, für ein 90-Sekunden-Take.« »Wie können Menschen glücklich sein, Frau Feldbusch? Wir haben 60 Sekunden.« Oder sogar: »Warum findet man eigentlich, dass Sie dumm sind? Bitte antworten Sie in 30 Sekunden.« Manchmal war ein einzelner Satz gefragt, manchmal ein längeres Statement. Doch egal, wie hektisch es um sie herum zuging, Verona Pooth ließ sich nicht aus der Ruhe bringen. Sie wurde nicht hektisch, sondern beantwortete eine Frage nach der anderen, präzise und immer in der gewünschten Länge. Die Antworten so zeitgenau auf den Punkt zu bringen ist eine intellektuelle Höchstleistung und nur möglich mit völliger Konzentration auf die Gegenwart. Diese Präsenz im Jetzt ist genau die Fähigkeit, mit der wir dem Schnelligkeitswahn, der zur Dummheit führt, begegnen können.

Tipp!
Die kreative Inszenierung

Doch so modern und aktuell sie auch erscheinen, diese Erkenntnisse sind nicht neu. Schon in der Ode 11 von Horaz, geschrieben vor über 2000 Jahren finden, sich die berühmten Worte »carpe diem«. Nutze den Tag und – so möchten wir Autoren ergänzen – inszeniere ihn kreativ. Denn das kreative Inszenieren ist ein wirksames Gift gegen die Schnelligkeitsdummheit. Es bedeutet, sich die Freiheit zu nehmen, in einem bestimmten Zeitraum ungestört nachzudenken und sich in dieser Zeit unerreichbar zu machen. Telefonanrufe können schließlich auch einmal vom Anrufbeantworter oder der Mailbox angenommen werden, E-Mails ein Weilchen warten, bevor sie gelesen und beantwortet werden müssen.

Diese wertvolle Zeit sollten Sie nutzen, um sich mit Konzentration einer einzigen Sache zu widmen. Episoden der Hochkonzentration können wechseln mit Episoden des Abhakens kleinerer Aufgaben wie E-Mails checken, Termine vereinbaren, schnell zwischendurch die Waschmaschine anschmeißen oder eine Notiz ablegen. Schließlich müssen auch diese schnellen Arbeiten erledigt werden. Aber man sollte ihnen nicht den Raum geben, der für die »heilige Zeit« der Konzentration gedacht ist. Multitasking, das heute so gern als Allheilmittel gegen den Zeitdruck angepriesen wird, ist nämlich faktisch gar nicht möglich. Unser Gehirn kann sich immer nur auf eine Sache gleichzeitig konzentrieren. Und es braucht viele Minuten, um nach einer Störung von nur einer Minute während einer hochkonzentrierten Phase wieder in den gleichen tiefen Denkzustand zu gelangen. Der vermeintlich zeitsparende Versuch, Aufgaben gleichzeitig abzuarbeiten, raubt uns also Zeit und Effizienz.

Viele kreative Menschen flüchten aus dem äußeren Zeitregime, indem sie sich ihre konzentrierte Zeit schon um fünf Uhr morgens einrichten. Dann ist die Hauptgedankenarbeit bereits getan, wenn ein paar Stunden später mit der normalen Bürozeit auch die Aktivitäten des sozialen Systems einsetzen. Diese stürmen in Form von Nachrichten auf Facebook, Twitter und Co., E-Mails, SMS oder Telefonanrufen auf uns ein und fordern sehr energisch Aufmerksamkeit. Ständig piepst, blinkt oder klingelt es irgendwo. In dem Moment, in dem wir versuchen, alles wahrzunehmen und auch noch darauf zu reagieren, werden diese Aktivitäten zu Zeitdieben.

Natürlich könnten wir uns dem Zeitdiebstahl auch einfach entziehen, doch dazu gehört eine unglaubliche Ichstärke. Menschen sind von Natur aus neugierig und wollen nicht, dass ihnen etwas entgeht. Wenn eine E-Mail eingetroffen ist, ist sofort die Neugierde geweckt. Man will wissen, wer geschrieben hat, was es Neues gibt – und schon ist man aus seiner eigentlichen Beschäftigung herausgerissen. Dann kann man auch genauso gut diese E-Mail schnell erledigen. Durch diese wachsende Informationslawine prasseln immer mehr Details auf uns ein – und im schlimmsten Fall droht sie uns komplett zu überrollen. Sofort auf diese Zeitdiebe zu reagieren ist die schlimmste Form der Zeitvernichtung, denn man verliert dabei sich selbst. Trotzdem – oder vielleicht gerade deshalb – haben die modernen Kommunikationsmittel zu einem neuen Suchtverhalten geführt.

Aber die Befriedigung der Neugierde wird bezahlt durch den Verlust an Konzentration. Das, was wir eigentlich machen wollten, wird zugunsten einer kurzfristigen Ablenkung aufgegeben. Damit bleibt jedoch auch die Belohnung aus, die sich einstellt, wenn wir eine Aufgabe gut gelöst haben. Statt des tiefen Belohnungsgefühls erhalten wir lediglich einen kurzfristigen Kick, etwa wenn unser Status auf Facebook geliked wird oder wenn eine Nachricht eintrifft, die wir nur allzu gern sofort beantworten. Wir werden also mehr und mehr süchtig nach diesen schnellen Kicks. Bei manchen Menschen kann das so weit führen, dass sie einen Großteil des Tages vor dem Computer verbringen und darauf lauern, dass jemand sie kontaktiert. Passiert online nichts, fühlen sie sich bereits vernachlässigt.

Das ist ein deutliches Anzeichen für ein Suchtverhalten, genau wie beim Alkohol. Wer suchtgefährdet ist, wird spätestens am ersten Abend »ohne« ziemlich unruhig, das Verlangen steigert sich, man kann eigentlich nur noch an seinen Wein oder sein Bier denken – oder eben an sein Smartphone oder seinen Computer. Dieses »Craving«, das intensive Verlangen nach einem Stoff, empfinden viele User am Wochenende, wenn es wenig neue Statusmeldungen in der Facebook-Neuigkeitenleiste gibt, keine Nachrichten über WhatsApp (einen sogenannten Instant Messenger), wenn keine SMS oder E-Mails eintrudeln und niemand anruft. Es stellt sich eine neue Art von Einsamkeit ein, eine Verzweiflung darüber, dass niemand versucht, Kontakt aufzunehmen. Das bedeutet aber nur, dass man für sich gar nicht mehr existiert, sondern sich nur noch über das Kommunikationsverhalten definiert. Die eigene Existenz muss permanent durch die Nachrichten anderer bestätigt werden. Die besondere Dummheit zeigt sich hier in der Aufgabe des eigenen Ich, im Verlust von Identität. (Was die Menge dieser Nachrichten und die hohe Anzahl der Facebookfreunde mit uns machen, das führen wir in Kapitel 4 noch genauer aus. Hier in diesem Kapitel geht es vor allem um die Schnelligkeit.)

Wer heutzutage kommuniziert, erwartet meist eine schnelle Antwort. Wie oft bekommen wir eine zweite, schon fast unverschämte E-Mail, nur weil wir auf die erste nicht sofort reagiert haben? Der Unterschied zu Zeiten, in denen Briefe die einzige Möglichkeit waren, über größere Entfernungen miteinander Kontakt zu halten, ist enorm. Briefe sind immer mindestens einen Tag unterwegs, je nach Situation und Entfernung auch mehrere Tage oder Wochen. Man wusste nie, ob das Geschriebene zum Zeitpunkt des Lesens noch Gültigkeit hatte. Ein Soldat, der einen

Feldbrief an seine Liebste geschrieben hat, konnte schon tot sein, während sie voller Erwartung den Umschlag aufriss. Im Gegensatz zur Briefkultur ermöglicht die Kultur der Gleichzeitigkeit in Online-Chats die Gewissheit, dass alles Gesagte jetzt für diesen Moment gilt. Die Frage ist nur, ob diese Geschwindigkeit von Vorteil ist, da sie die Menschen einander näherbringt – oder ob die Schnelligkeit Nähe nur simuliert und daher ebenfalls dumm ist? Ein kleiner Ausflug in die Hirnforschung kann uns helfen, diese Frage zu beantworten.

Ausflug in die Hirnforschung: Nicht alle Gefühle ticken gleich schnell

Wenn wir uns die Zeitkonstanten ansehen, die den menschlichen Geist kennzeichnen, dann stellen wir fest, dass manche Wahrnehmungsprozesse und Handlungen in einem engen Zeitfenster verwirklicht werden. Man hört etwas, man sieht etwas, man liest etwas – und man reagiert sofort. Oft handeln wir schneller, als wir darüber nachdenken können, denn ein Gefühl zeigt uns, was wir von einer Situation zu halten haben. Bekommt eine Frau Angst, wenn etwa in der S-Bahn eine Gruppe bedrohlich aussehender Männern auf sie zukommt, dann hat sie irgendwann verinnerlicht: Eine solche Situation ist gefährlich – und steigt aus. Wer sich über andere ärgert, mag im Innern denken: Der andere Mensch ist dir feindselig gesonnen, greif ihn lieber an, bevor er dir etwas tut. Ekel heißt: Finger weg, iss das bloß nicht, dir wird sonst speiübel. Und Überraschung sagt uns: Vorsicht, alle Antennen ausfahren, du gerätst jetzt in eine völlig unvertraute Situation.

Diese Emotionen – Angst, Ärger, Ekel, Überraschung – bauen sich sehr schnell auf und geben uns die Möglichkeit, notfalls in Sekundenbruchteilen zu handeln. Vielleicht analysiert die S-Bahn-Passagierin erst anschließend, dass die bedrohlich aussehenden Männer einfach nur muskulöse Bauarbeiter waren, die auf einem Richtfest ein bisschen zu viel getrunken haben. Aber das konnte sie nicht wissen, es hätte auch eine Vorstadtgang sein können. Also lieber nichts wie weg. Es ist besser, sich einmal zu irren, als eine gefährliche Situation nicht rechtzeitig zu erkennen, weil man erst das Pro und Kontra durchrechnet. Die Pathways im Gehirn, das heißt die schnellen Wege von der Wahrnehmung zur Reaktion, laufen also nicht über die rationale bewusste Kontrolle, sondern sind schneller als unser Verstand. Allerdings gibt es parallel dazu eine Umschaltstation im Thalamus, welche dazu dient, die Wahrnehmungen zu bewerten. Doch diese Analyse dauert länger, bis dahin sind die Pathways schon im Reaktionsmodus angelangt.

Anders verhält es sich mit Gefühlen, die nicht unmittelbar überlebensnotwendig sind, wie Mitleid, Liebe, Freude, Hass. Diese bauen sich erst langsam auf, manchmal erst über Monate und Jahre. Bei Mitleid muss man sich erst in die Situation des anderen hineinversetzen. Auch Liebe entsteht nicht spontan: Liebe auf den ersten Blick gibt es nicht, hier handelt es sich um ein Verliebtsein, gepaart mit einer Ahnung, den Traumpartner gefunden zu haben, was sich dann im Nachhinein bestätigen mag – oder auch nicht. Hass braucht ebenfalls einen Nährboden, um zu gedeihen. Aber wenn er einmal aufgebaut wurde, wie etwa der Hass der radikalen Islamisten auf die westliche Lebensart, dann reicht der kleinste Reiz, und die Stimmung explodiert. Wie kommt das eigentlich?

Emotionale Reaktionen, egal ob sie spontan entstehen oder sich erst langsam aufbauen, haben eines gemeinsam: Sie alle sind bereits als Muster im Gehirn gespeichert. Sie sind immer schon da, werden jedoch erst durch bestimmte Reize enthemmt. Diese Enthemmung oder Disinhibition besitzt einen gewissen Schwellenwert. Beim ersten freundlichen Wort verfallen wir nicht direkt in Zuneigung, beim ersten unfreundlichen Wort nicht direkt in Ärger. Damit die Enthemmung eintritt, müssen sich die Reize zu einer bestimmten Summe addieren. Bei überlebenswichtigen Gefühlen müssen nur wenige Reize zusammenkommen, um die Enthemmung auszulösen und eine Reaktion hervorzurufen. Bei Gefühlen, die nicht so sehr auf Schnelligkeit angewiesen sind, braucht es viele Reize.

Allerdings weiß jeder, dass sich einige Menschen schneller ärgern oder sich eher freuen als andere. Dafür ist unter anderem unsere Lebenserfahrung verantwortlich: Weil die Welt nicht voraussagbar ist, sind wir von Geburt an mit vielen Möglichkeiten im Gehirn ausgestattet, manche von ihnen aktivieren wir, andere nicht. In den ersten zehn Lebensjahren wird unsere Hirnstruktur an die Welt angepasst: Japaner verlieren z. B. die Fähigkeit, den Unterschied zwischen l und r zu hören, weil er in ihrer Sprache nicht bedeutsam ist. Diese frühe Anpassung der Architektur des Gehirns an die Welt wird als Prägung oder Imprinting bezeichnet. Das Imprinting hat Einfluss darauf, ob sich der Schwellenwert, an dem Gefühle enthemmt werden, nach oben oder nach unten verändert – so reagieren wir in der einen Situation duldsamer, in der anderen impulsiv. Und ein anderer Mensch reagiert wieder anders, abhängig von den Erfahrungen, die er gemacht hat. Auch die Erfahrung nach dem Imprinting spielt eine Rolle: Wenn man seine Aggressionen immer schon unterdrücken musste, zum Beispiel in einer unglücklich verlaufenden Ehe, dann senkt sich der Schwellenwert. Irgendwann löst ein einziges falsches Wort die Enthemmung aus.

Kommen wir noch einmal zur Liebe und auf den Feldpostbrief des Soldaten an seine Liebste zuhause zurück: Wenn man wartet, baut sich ein bestimmtes Potenzial auf, die Hoffnung auf Erfüllung wird immer größer, schließlich zittert man einem Brief förmlich entgegen. Dadurch senkt sich der Schwellenwert für Gefühle. Liebe ist Erwartungsmanagement. Wenn die Erfüllung zu schnell kommt, dann hat der Schwellenwert keine Chance, sich zu senken, und die Liebe wird sich nicht so entfalten, wie es ihr möglich wäre.

Es braucht also seine Zeit, emotional bedeutsame Nachrichten zu verarbeiten. Etwa so, als müsste erst etwas in unserem Inneren denken und fühlen, damit wir Neuigkeiten auf der Gefühlsebene überhaupt realisieren können. Wer auf die Nachricht, dass ein Freund gestorben ist, unmittelbar mit einem Kondolenzschreiben reagiert, zeigt damit nicht, dass er besonders traurig ist, sondern dass er diesen Brief vom Tisch haben will. Eine Beileidsbekundung, die erst geschrieben wird, wenn die Nachricht emotional angekommen ist, ist wesentlich ehrlicher und aufrichtiger als eine schnell verfasste Reaktion. Ähnliches gilt für ein Liebesgeständnis: Wer reflexartig auf ein »Ich liebe dich« mit »Ich dich auch« antwortet, hat sich eventuell nur dazu hinreißen lassen, vorschnell etwas auszudrücken, was erst im Entstehen begriffen ist oder was vielleicht gar nicht entstehen will. Ein Liebesbrief, der nach Wochen beantwortet wird, ist authentischer als die spontane Replik. Zu warten zeugt auch von Ichstärke und von Ichnähe, nicht aber von Gefühllosigkeit. Allerdings erwartet man auf einen Brief auch selten eine sofortige Antwort, im Gegensatz zu einer E-Mail. Schnelligkeit jedoch vernichtet Liebe.

Denken wir noch einen Schritt weiter: Wir schreiben immer weniger Briefe, werden immer ungeduldiger, alles muss immer noch schneller und schneller gehen. Das bedeutet, dass unsere Gefühle durch den rasanten Informationsfluss nicht mehr erreicht, sondern nur noch simuliert werden. Und doch wird auf die Frage »Liebst du mich noch?« eine schnelle und bejahende Antwort erwartet. Das ist eine Konvention, an die Menschen sich halten. Wer würde darauf schon mit »Nein« antworten oder erst einmal für Minuten nachdenklich den Kopf von einer Seite zur anderen wiegen? Dabei wäre es doch gerade bei dieser Frage manchmal durchaus notwendig, zunächt nachzudenken und sich mit der Beantwortung Zeit zu lassen. Durch den Zwang zur Schnelligkeit entsteht eine virtuell simulierte Welt des emotionalen Miteinanders. Instant Happiness tritt an die Stelle echter Gefühle, wie der folgende Abschnitt zeigt.

Die Legende vom geteilten Leid

Kennen Sie diese Seiten im Internet, auf denen öffentlich, aber anonym gebeichtet wird? Auf Webseiten wie www.Beichthaus.com oder www.onlinebeichte.net legen Zigtausende User Geständnisse ab. Zum Beispiel: »Ich habe die Mutter meiner Freundin im Porno gesehen, es war mir peinlich, aber ich habe ihn mir trotzdem angeschaut und niemandem was gesagt.« Oder: »Ich war Telefonjoker bei ›Wer wird Millionär‹ und habe absichtlich falsch geantwortet.« Wem will man so etwas beichten? Den Freunden oder Verwandten? Bei denen ist man wahrscheinlich untendurch. Dem Priester im Beichtstuhl? Das machen die wenigsten. Dann bleibt oft nur noch das öffentliche Geständnis, schadenfrohes Feedback (als Buße) inklusive.

Indem man seine Taten in die Welt hinausschreibt, versucht man, sich von der quälenden Anspannung zu befreien. Durch das Teilen und Mitteilen dieser Bekenntnisse hofft man, wieder einen stabilen Zustand zu erreichen und dem Kummer zu entfliehen. Ist der Schmerz in den sozialen Netzen auf viele verteilt, dann sollte er doch nicht mehr so wehtun, oder? Schließlich sagt schon das Sprichwort: Geteiltes Leid ist halbes Leid. Gleiches gilt für das Glück: Indem wir es mit möglichst vielen Menschen gleichzeitig teilen, hoffen wir, dass es umso größer wird. Aber das ist eine Illusion. Instant Happiness gibt es nicht. Und wenn man etwas bereut, dauert es einfach eine Weile, bis man sich selbst wieder in die Augen schauen kann.

Emotionale Stabilität lässt sich nur erreichen, indem wir uns Zeit lassen. Schnelligkeit hingegen vernichtet Gefühle und echte Nähe. Und wenn wir unseren Gefühlen nicht ausreichend Zeit geben, sich zu entwickeln, und ihnen nicht nachspüren, dann werden wir sprunghaft. Unser Verhalten gleicht dann dem von Menschen mit einer formalen Denkstörung, wie etwa bei einer Schizophrenie. Hier kommt es zu einer Entkoppelung von emotionalen Bewertungen und rationalen Prozessen. Bei Betroffenen beobachtet man eine merkwürdige Dissoziation, ein assoziatives unverbundenes Denken, sprunghaft und nicht mehr eingebettet in den normalen Gedankenfluss.

Kontinuität in unserem Denken und Handeln kommt über lange Zeiträume zustande. Erst die Zeit ermöglicht es, Gefühle, Interessen und Werte zu entwickeln. Was damit gemeint ist, lässt sich gut an einem Beispiel aus der Politik verdeutlichen. Warum wächst Europa nicht so gut zusammen, wie wir es uns wünschen? Und warum nehmen wir die Europäische Union häufig als einen unsinnigen Regelapparat wahr? Dazu kommen wir jetzt.

Politik – das schizophrene Europa

Von Porree-Normen und Gurken-Verordnungen

Zum Stichjahr 2014 hatte die EU etwas Besonders geplant: In Restaurants sollte Olivenöl nicht mehr in kleinen wiederauffüllbaren Glasfläschchen oder in Metallkännchen mit Klappdeckel auf den Tisch gestellt werden dürfen, sondern nur noch in etikettierten, nicht nachfüllbaren Einwegflaschen. Hintergrund dieses Gesetzes sei – natürlich – der Verbraucherschutz. Zum Glück haben sich die EU-Bürger gewehrt, und die Vorschrift war vom Tisch, bevor sie in Kraft treten konnte. Dadurch konnte nicht nur das Flair so mancher Restaurants gerettet, sondern auch viele Abfallberge vermieden werden.

Aber nicht immer siegt der gesunde Menschenverstand gegen die Regulierungswut der EU-Bürokraten. Porree etwa darf nicht so wachsen, wie er will, nein: »Mindestens ein Drittel der Gesamtlänge oder die Hälfte des umhüllten Teils muss von weißer bis grünlich-weißer Färbung sein«, so die Verordnung (EG) Nr. 2396/2001. Allerdings reden wir hier von ganzem Porree, »diese Bestimmung gilt jedoch nicht für die Wurzeln und die Blattenden, die abgeschnitten sein dürfen«. Und hoppla, da gibt es noch was: Wenn die Wurzeln nicht abgeschnitten sind, dürfen sie noch »leicht mit Erde behaftet sein«. Nicht nur angesichts der Tatsache, dass in Deutschland laut einer Studie pro Jahr knapp 11 Millionen Kilogramm Lebensmittel weggeworfen werden (etwa zwei Drittel davon wären noch essbar), fragt man sich, ob eine solche Regulierung tatsächlich nötig ist und was mit Porree passiert, der nicht der EU-Norm entspricht.

Aber nicht nur das Lauchgemüse geriet in die Mühlen der EU-Bürokratie – Bananen und Gurken ereilte das gleiche Schicksal, hier normte die EU den idealen Krümmungswinkel. Apropos Normung, auch für Kondome gab es eine Empfehlung des Europäischen Komitees aus dem Jahr 1996. Demnach sollte das Kondom für den Europäer 17 cm lang sein und einen Durchmesser von 5,6 cm haben. Da die dazugehörigen – und zum Glück noch nicht genormten – Penisse allerdings häufig andere Maße aufweisen, wurde diese Verordnung inzwischen von einer internationalen Norm abgelöst, die eine breitere Größenvielfalt erlaubt.

Aber so absurd das auch klingt, Kondome, Gurken, Bananen sind zumindest existent. Nicht so die Seilbahnen in Berlin. Doch obwohl die Stadt bekanntlich arm an Bergen ist, hat sie inzwischen – der EU sei Dank – ein Seilbahngesetz. Ob das sinnvoll und notwendig ist, interessierte in Brüssel offenbar niemanden, als im Jahr 2002 die Standards für alle Personen-Seilbahnen Europas vereinheitlicht werden sollten. Mit dem Verweis, dass es keine Gipfel und damit auch keine Seilbahnen gebe, sträubte sich der Berliner Senat drei Jahre lang gegen die Umsetzung. Brüssel aber drohte eine Strafe von knapp 800 000 Euro an. Schließlich übernahm man das bayerische Seilbahn-Gesetz, und die Welt war wieder in Ordnung. Nur die Bürger schüttelten wieder einmal den Kopf.

Vernunft versus Gefühl

Irgendwann, so sollte man meinen, müsste unser Leben doch durchorganisiert sein. Aber noch scheint dieser Zustand längst nicht erreicht. Täglich, mit Ausnahme des Wochenendes, kommen neue Verordnungen hinzu. Normierungen, Gesetze, Kontrollen sorgen für Übersicht, aber oft genug erscheinen sie widersprüchlich, unnütz oder sogar absurd. Und viel schlimmer noch: Sie können die Menschen nicht vom Prinzip Europa begeistern, denn Emotionen bleiben völlig auf der Strecke. Auch hier muss es schnell gehen, Europa soll zusammenwachsen, und sei es nur durch eine Menge gemeinsamer Paragrafen. Aber diese Normierungswut ist dumm und kontraproduktiv. Entscheidungen brauchen ihre Zeit, und eine so weitreichende emotionale Entscheidung wie die, sich als Europäer zu fühlen und nicht nur als Deutscher oder Spanier, muss langsam reifen.

Auch hier klafft ein tiefer Riss zwischen Rationalität und Schnelligkeitsforderungen einerseits sowie der Emotionalität mit ihren langfristigen Zeitkonstanten andererseits. Die schnellstmögliche Vereinheitlichung europäischer Normen und Gesetze ist es nicht, die Ruhe ins System bringen könnte. Im Gegenteil: Die EU-Regulierungen sind getränkt von Rationalität und Logik, aber die Wünsche und Hoffnungen, die Freude und das Interesse der Bürger an einem gemeinsamen Europa bleiben außen vor. Aus der »Hoffnung Europa« wird ein Bürokratie-Irrsinn, der das Gemeinschaftsgefühl eher behindert. Im Bestreben, die Mitgliedsstaaten möglichst schnell zu vereinheitlichen, kommt es zu nicht mehr nachvollziehbaren Entscheidungen und Handlungen. Es kommt zu einer Entkopplung der beiden Hauptcharakteristika, die den Menschen ausmachen: Emotionen und Vernunft (Ratio).

In diesem Sinne könnte man die EU als ein schizophrenes System verstehen, das an einer formalen Denkstörung leidet. Wir bräuchten längerfristig eingebettete emotionale Werte, die sich in den Menschen entwickeln und festsetzen können. Stattdessen werden wir permanent durch möglichst schnelle Entscheidungsprozesse überfordert. Die Paragrafenbürokratie scheint sich um ihre eigene Achse zu drehen, ohne eine Vorstellung davon, wie der menschliche Geist arbeitet. Und leider finden wir dieses Unwissen nicht nur in der Politik, sondern auch im Privaten. Das zeigt uns nun die Geschichte von Holger und Gabi (Namen geändert). Sie kamen zur Paar- und Sexualtherapie in die Praxis von Beatrice Wagner und hatten ihre ganz eigenen Vorstellungen vom Zeitplan einer Therapie.

Aus der Praxis: Fast-Food-Therapie gewünscht

Holger und Gabi sind Ende 40, sie stehen beide im Beruf, haben zwei Kinder und sind seit über 20 Jahren ein Paar. Noch immer haben sie jeden Tag Sex miteinander. Und genau hier liegt das Problem, denn obwohl die Häufigkeit Nähe suggeriert, sind beide von Grund auf unzufrieden mit ihrem Sexualleben. Gabi ist der Sex inzwischen richtiggehend zuwider, eigentlich hat sie ihrem Mann immer nur erlaubt, mit ihr Sex zu haben, ohne selbst Lust zu empfinden. »Ich möchte ganz normalen Sex, zu einer normalen Uhrzeit und vor allem nicht mit Requisiten wie im Bordell«, meint Gabi. Und Holger wünscht sich mehr Leidenschaft und Abwechslung im Bett. Beide Partner sind am Ende ihrer Kräfte und wollen sich trennen, wenn sich nichts ändert.

Da der Druck also hoch ist, sind beide sehr motiviert für eine Therapie – aber auch sehr ungeduldig. Am liebsten würden sie täglich drei Stunden mit der Therapeutin arbeiten, damit die Welt schnell wieder in Ordnung ist. Aber Wagner erinnert: »Das Problem hat sich in 20 Jahren aufgebaut, das können wir nicht in ein paar Stunden lösen.« Eine Schwierigkeit besteht darin, dass das Ehepaar zu keinem gemeinsamen Therapieziel gefunden hat. Er will, dass sie wieder Lust hat. Sie will, dass er aufhört, sie zum Sex zu nötigen. Die beiden müssen eine neue, liebevolle Einstellung zu ihrer Ehe finden und wieder Respekt voreinander entwickeln. Falls das klappt, ist ein gegenseitiges Entgegenkommen auf freiwilliger Basis möglich. Guter Sex ist dann die Belohnung dafür. Doch zuvor müssen die beiden an sich selbst und an ihrer Einstellung zueinander arbeiten. Dies ist ein langer Weg, der Zeit und Geduld erfordert, damit sich die neuen Gefühle bilden und wachsen können. Aber genau das fällt vielen Menschen schwer: Geduld zu haben und sich selbst Zeit zu geben.

Ein ähnliches Phänomen begegnet uns in der Medizin: Patienten können es nicht abwarten, möglichst schnell »gesundrepariert« zu werden. Therapeuten und Ärzte können gar nicht oft genug darauf hinweisen, dass auch Geduld ein notwendiger Teil des Heilungsprozesses ist. Das gilt auch für die medikamentöse Behandlung. Bei der Therapie von Depressionen etwa wirken die Medikamente erst nach einigen Wochen, obwohl die Nebenwirkungen schon einsetzen. Noch extremer ist es bei chronischen Erkrankungen, denn dann müssen sich Patienten damit abfinden, dass der Zustand sich nicht bessern wird. Die Erwartung, sofort wieder gesund zu sein, nachdem man beim Arzt war, führt immer wieder zu Therapieabbrüchen, wenn sich der Erfolg nicht direkt einstellt.

Die Zukunft in der Gegenwart fühlbar machen

Mehr auf langfristige Effekte zu bauen und weniger auf Schnelligkeit ist auch das Geheimnis der Prävention. Denn ihre Grundregeln – weniger essen, weniger Alkohol, mehr Bewegung, Nikotinverzicht und regelmäßige Vorsorgeuntersuchungen – haben fast keinen unmittelbaren Effekt. Das ist demotivierend, und deswegen bleiben gute, aber anstrengende Vorsätze wie »Ab morgen jogge ich jeden Tag vor der Arbeit« im Ansatz stecken. Menschen wollen schnelle Effekte. Und sich die Belohnung unserer heutigen Bemühungen in einer fernen Zukunft vorzustellen ist praktisch unmöglich. Außerdem reicht unsere Fantasie nicht aus, sich in der Gegenwart auszumalen, wie sich die eigene Gesundheit in der Zukunft entwickeln wird. Das sind Grundprinzipien des Menschen, und die sind bei der Gestaltung präventiver Maßnahmen zu berücksichtigen. Prävention als Konzept kann nur dann funktionieren, wenn sie zu einem Nebeneffekt einer anderen Tätigkeit wird, die eine schnelle und unmittelbare Befriedigung erzeugt.

Diese »andere« Tätigkeit könnte nach einer Idee von Ernst Pöppel in einem Wettbewerb bestehen, bei dem mehrere Städte und Landkreise, ja sogar Länder gegeneinander antreten. Die sich messenden Städte, Landkreise oder Länder haben das Ziel, innerhalb eines Jahres an Gesamtgewicht ihrer Einwohner zu verlieren, die Zahl der Raucher zu verringern und den durchschnittlichen Blutdruck zu senken. Um solche Ziele zu erreichen, muss man mehr Sport machen, am besten in Gemeinschaft, man geht zusammen in Raucherentwöhnkurse, und man isst weniger und gesünder. Wenn eine Stadt gewinnt, erhalten die Einwohner Anspruch auf einen vergünstigten Krankenkassenbeitrag.

»Der Mensch funktioniert über Motivation«, begründet Pöppel sein Präventionskonzept. Motivation durch Geld ist eine der stärksten Triebfedern des menschlichen Selbst. Wer gesund lebt, wird finanziell belohnt und kommt in den Genuss von Vergünstigungen bei den Krankenkassen; wer ungesund lebt, bekommt diese Vergünstigungen nicht. Dass das gesunde Leben auch der Gesundheit zugutekommt, ist ein positiver Nebeneffekt.

Eine noch viel größere Rolle als bei der Prävention spielt der Zeiteffekt beim Umweltschutz. Wir können uns nicht vorstellen, welche Auswirkungen unserer heutigen Lebensweise sich in 100 Jahren bemerkbar machen werden. Wie wird sich das Schmelzen der Gletscher auswirken? Wie die Zerstörung der Artenvielfalt? Werden die Atomendlager noch halten? Und wie wird all dies das Leben unserer Enkel beeinflussen? Wir haben kein gegenwärtiges Bewusstsein von dem, was irgendwann einmal sein könnte. Deswegen ist es unnütz, an den Verstand zu appellieren und auf eine ferne Zukunft zu verweisen. Auch hier wäre es wichtig, unsere Gefühle einzubeziehen: Wir müssen uns emotional gegenwärtig machen, was später einmal sein könnte – die Zukunft also zur Gegenwart machen und sie in einen emotionalen Kontext einbetten. Lebensversicherungen arbeiten auf diese Weise. Wer mit 30 eine Lebensversicherung abschließt, kann sich nicht rational vorstellen, in welcher Situation er mit 70 sein wird. Aber er kann sich emotional in die Zukunft hineinfühlen und wissen, dass er auch dann abgesichert sein möchte. Dies setzen Lebensversicherungen in ihren Werbekonzepten um.

Für einen gelungenen Umweltschutz müssten wir uns ebenfalls mehr auf die emotionale Basis als auf die Faktenvorhersage konzentrieren. Helfen könnte uns dabei vielleicht auch ein

Perspektivwechsel, bei dem wir die Dinge einmal von einer anderen Warte betrachten. Mehr dazu lesen Sie im nächsten Kapitel, in dem es um Perspektiven, den fehlenden Perspektivwechsel und um den Absolutheitsanspruch der Weltreligionen geht.

3

Fehlender Perspektivwechsel macht dumm, denn jede Medaille hat zwei Seiten

Oft wundern wir uns darüber, dass andere Menschen nur ihren eigenen Standpunkt sehen – oder sehen wollen. Aber geht es uns nicht allen so? Wir halten uns nur zu gern für den Nabel der Welt – und das sorgt für Probleme. Begleiten Sie uns zu einem Ausflug nach China und in den Schachsport, um zu sehen, warum eine Fixierung auf den eigenen Standpunkt dumm ist.

Östliches und westliches Denkmodell – nichts ist nur schwarz oder weiß

Zwang zur Fitness?

Es gibt eine Universität, die ihre Studenten nicht nur im akademischen Denken schult, sondern sie zuerst einmal auf ihre körperliche Fitness untersucht. Sind die Bewerber übergewichtig oder haben sie schlechte Blutwerte, dürfen sie zwar studieren, bekommen aber ein individuelles Sportprogramm auferlegt – zum Beispiel jeden Tag 3 000 Meter laufen oder Gewichte stemmen –, dessen Einhaltung regelmäßig überprüft wird. Vielleicht denken Sie jetzt: Wie schrecklich, die armen Studenten müssen sich ja gegängelt fühlen, wenn man ihnen sogar Entscheidungen über den eigenen Körper abnimmt. Aber im Gegenteil, die Studenten schätzen das Programm, weil sie sich fitter fühlen und gesünder und schlanker sind. Die berichtet uns Yan Bao, die an dieser Uni Professorin ist. Da sich körperliche Aktivität auch auf den Geist auswirkt – sie hebt die Stimmung und das Energielevel, und sie verbessert die Denk- und Konzentrationsfähigkeit –, ist das Sportprogramm zudem förderlich für die intellektuelle Kompetenz.

Wer sich diese Art von Studentenförderung nun genauer anschauen und vielleicht sogar für Deutschland kopieren möchte, muss weit fahren und viele Vorurteile hinter sich lassen, denn es ist die Peking University in China, die sich neben der geistigen auch um die körperliche Fitness ihrer Studenten bemüht. Vielleicht denken Sie nun: Typisch China! In einem Staat, der hierzulande regelmäßig wegen Nichtachtung der Menschenrechte kritisiert wird und weit von einer demokratischen Politik entfernt ist, erscheint uns jede Einmischung in das Privatleben der Bürger als willkürliche Gängelung oder Überwachungsmaßnahme. Aber kann man einzelne Aspekte, wie dieses Programm, nicht auch positiv betrachten? Sollte man vielleicht sogar bewusst einen Schritt von den eigenen Vorurteilen wegtreten und versuchen, die Sache einmal von einer anderen Warte aus zu betrachten?

Und da sind wir schon mitten im Thema: dem Perspektivwechsel, der oft so schwerfällt und doch so vieles einfacher macht.

Die Theorie des Geistes

Grundsätzlich sind Menschen dazu in der Lage, sich in die Situation anderer hineinzuversetzen. Wir können zu uns selbst eine Außenperspektive einnehmen, wir können uns vorstellen, wie andere uns und unser Verhalten sehen. Auch können wir uns in die Lage mancher Menschen hineinversetzen und ihre Bedürfnisse, aber auch ihre Absichten erkennen. Eltern wissen, was ihre kleinen Kinder brauchen, auch wenn diese noch nicht sprechen können. Paare entwickeln eine Meisterschaft darin, in den Gedanken des anderen zu lesen. Wir sind dazu in der Lage, weil wir eine »Landkarte« von den Gedanken, Gefühlen, Wahrnehmungen, Ansichten und Absichten anderer Menschen erstellen können, und verstehen, dass diese sich von unseren eigenen unterscheiden können – Psychologen bezeichnen dies als »Theory of Mind«. Diese Fähigkeit, die wir im Kleinkindalter entwickeln, ermöglicht es uns, die Sichtweise anderer zu erkennen, zu beurteilen und sogar Handlungsmuster vorauszusagen.

Voraussetzung dafür ist die Entdeckung, dass auch wir selbst ein Bewusstsein haben und dass wir richtige und falsche Annahmen haben können. Dies passiert etwa im Alter von drei bis vier Jahren. In dieser Zeit entdecken wir langsam, dass auch andere Menschen ein Bewusstsein haben und dass ihre Überzeugungen, Gedanken und Gefühle sich von den unsrigen unterscheiden können. Dann fangen wir an, uns in die Lage von anderen Menschen zu versetzen und uns zu überlegen, wie die Welt wohl aus deren Perspektive aussehen mag.

Den Unterschied zwischen einer bereits entwickelten Theory of Mind und dem Stadium davor zeigt die »False belief Aufgabe«, die 1983 von den Psychologen Heinz Wimmer und Josef Perner entwickelt wurde: Einem Kind wird etwa eine Bildergeschichte von zwei Mädchen gezeigt. Das eine Mädchen versteckt einen Ball in einem Schrank und geht aus dem Zimmer. Das andere Mädchen nimmt den Ball heraus und versteckt ihn in einem anderen Schrank. Nun kommt das erste Mädchen wieder in das Zimmer und will sich den Ball holen. Die Frage an das Kind, mit dem das Experiment gemacht wird, lautet: In welchem Schrank sucht das erste Mädchen den Ball? Lautet die Antwort: »Im ersten Schrank, da hat es ihn ja auch hineingetan«, hat das Kind eine Theory of Mind. Es versteht: Das Mädchen kann nicht wissen, dass der Ball nun im anderen Schrank liegt, denn es befand sich nicht im Zimmer, als das zweite Mädchen ihn herausnahm und in den anderen Schrank legte. Jüngere Kinder können diesen Perspektivwechsel nicht vollziehen. Sie zeigen auf den Schrank, in dem sich der Ball befindet, weil sie denken: Hier ist doch der Ball, warum soll das Mädchen ihn im anderen Schrank suchen?

Auch Neurowissenschaftler beschäftigen sich seit Jahrzehnten mit der »Theory of Mind«, indem sie mithilfe von Hirnscannern beobachten, mit welchen Hirnregionen wir diese Meisterleistung vollbringen. Maßgeblich ist der frontale Cortex in unserem Stirnhirn: Er ist für das Abstrahieren von eigenen Empfinden zuständig, außerdem für das strategische Denken und das Vorausplanen. Der frontale Cortex ist noch nicht ausgereift, wenn wir auf die Welt kommen. In der Entwicklungsphase der ersten Lebensjahre ist er großen Veränderungen unterworfen. Und so versetzt uns die langsam einsetzende Hirnreife erst im Laufe der Jahre dazu in die Lage, einen Perspektivwechsel vorzunehmen.

Allerdings nur dann, wenn diese Fähigkeit auch trainiert wird. Bei Einzelkindern, die zuhause bei besorgten und verwöhnenden Eltern aufwachsen, aber keine Notwendigkeit haben, die Theory of Mind zu trainieren, weil sich der ganze Familienkosmos nur um sie dreht und sie sich nicht auf andere einstellen müssen, entstehen hier leicht Defizite. Diese Entwicklung wird von Psychologen und Therapeuten als ein Grund dafür angesehen, dass die Menschen in unserer Gesellschaft immer egoistischer werden. »Wer unter Geschwistern aufwächst oder schon früh in einer Kindergruppe untergebracht wird, der merkt schnell, dass andere Kinder anders ticken, und macht sich darüber Gedanken. Doch wenn Eltern nur ein Kind haben, das der Hoffnungsträger der Familie ist, dann dreht sich oftmals alles um das Kind. Es hat nicht mehr das Gefühl, Teil einer Gemeinschaft zu sein, sondern denkt, es sei der Nabel der Welt«, sagt Familientherapeutin Nele Kreuzer aus München in einem Interview mit Beatrice Wagner für »Die Welt«. Aus Sicht der Hirnforschung bedeutet dies: Solche Kinder haben keinen Lernanreiz, die Innenperspektive anderer Menschen zu ergründen, um ihre Verhaltensweisen vorherzusagen. Ihnen reicht es, einen Wunsch zu äußern, damit er erfüllt wird. Im Gehirn entwickeln sich aber nur die Bereiche, die auch gefordert werden.

Aus der Praxis: Scheingefechte und Mindmapping

Schauen wir uns nun einmal solche Menschen an, denen der Perspektivwechsel richtig gut gelingt, zu gut sogar. Das sind Paare, die etwas voreinander verbergen, wie zum Beispiel Rebekka und Jörg. Sie fanden sich zu ein paar psychotherapeutischen Gesprächsstunden in der Praxis von Beatrice Wagner ein. Dort redeten sie offen über vieles, doch in bestimmten Bereichen war einfach kein Vorankommen zu sehen. Im Gegenteil: Wenn die Therapeutin bei Jörg nachfragte, was es etwa mit der Dame auf sich hatte, auf die Rebekka so eifersüchtig war, wurde Jörg ironisch, oder er drückte sich vor klaren Aussagen. Er gab Antworten, die authentisch klangen, aber haarscharf an der Frage vorbeizielten. Er warf Nebelbomben, indem er aus heiterem Himmel ein neues Thema anschnitt, auf das Rebekka gereizt reagierte – die ursprüngliche »kritische« Frage war dann schnell vergessen. Wenn die Therapeutin nun Rebekka fragte, wie sie sich ihre Zukunft mit Jörg vorstellte, verlief es ähnlich. Keine klaren Aussagen, stattdessen Vorwürfe aus der Vergangenheit.

Beide hatten offenbar ihre Themen, bei denen sie sich unwohl fühlten. Aber: Sie konnten nicht eingestehen, dass sie darüber nicht reden wollten, denn das würde ja bereits den Verdacht schüren, sie hätten etwas zu verbergen. Also versuchte jeder, von seinem sensiblen Thema elegant abzulenken. Die beiden machten die Therapiegespräche zu Scheingefechten, durch die sie herauszubekommen versuchten, was der andere wirklich wusste. Es war ein Eiertanz, der aussehen sollte wie ein echtes Gespräch. Das funktioniert natürlich nur, wenn man sich in die Lage des anderen versetzt und antizipiert, was er oder sie wissen und denken könnte. Man spioniert also im Kopf des anderen, der Sexualtherapeut David Schnarch bezeichnet dieses Verhalten als »Mindmapping«. Das Mindmapping versuchen die Betroffenen allerdings genauso gut zu verbergen wie die Geheimdienste ihre Spionage. Und so gaben sich beide Partner sehr lässig und waren doch innerlich höchst angespannt, was an kleinen körperlichen Anzeichen abzulesen war.

Im Fall von Rebekka und Jörg wurde die Fähigkeit zum Perspektivwechsel nicht für das Gelingen der Beziehung eingesetzt, sondern um die eigenen Lügengeschichten und Feigheiten aufrechtzuerhalten. Die Therapeutin versuchte daher auf einer Metaebene ein Gespräch über Wahrhaftigkeit in Gang zu setzen und ihnen so zu verdeutlichen, dass der Konflikt, in dem sie sich befanden, eine Chance für Wachstum und innere Reife war. Denn nur wenn man den anderen mit der Wahrheit konfrontiert, hat er oder sie auch eine Chance, sich für oder gegen die Beziehung zu entscheiden.

Wie viele Götter bevölkern den Himmel?

Den Standpunkt anderer zu antizipieren und Sachverhalte aus einer fremden Perspektive zu betrachten ist also eine grundlegende Fähigkeit unseres Gehirns, die wir tagtäglich nutzen. Ganz anders aber scheint der Mensch zu ticken, wenn es um Politik oder Religion geht. Oder kennen Sie eine einzige Religion, die sich darum bemüht, das Glaubensgebäude einer anderen zu verstehen? Nein? Wir, die Autoren, auch nicht – wir kennen nur Religionen, die sich selbst für einzig richtig halten und die Welt nach ihrem Lehrgebäude interpretieren.

Das lässt sich prima auf dem Adam's Peak in Sri Lanka beobachten. Auf dem Gipfel dieses Berges, einem der höchsten Sri Lankas, befindet sich eine etwa eineinhalb Meter lange und einen halben Meter breite Vertiefung im Felsen, einem Fußabdruck nicht unähnlich. Aber von wem stammt er? Nach dem Glauben der Hindus hinterließ der Gott Shiva den Fußabdruck, weswegen sie den Berg auch Shiva Adi Patham nennen, den »Schöpfungstanz Shivas«. Die Buddhisten glauben, der Fußabdruck stamme von Buddha, und die Muslime sehen darin den Fußabdruck Adams, der der Legende nach hier, auf einem Bein stehend, seine tausendjährige Bußezeit verbrachte. Und wenn schon drei Weltreligionen die Interpretationshoheit für sich beanspruchen, hat sich natürlich auch die vierte Weltreligion etwas einfallen lassen. Die südindischen und singhalesischen Christen nämlich sehen in dem Stein den Fußabdruck des Apostels Thomas, der hier gepredigt und missioniert haben soll.

Jede Religion nimmt also für sich das Recht in Anspruch, die Welt zu deuten, wie sie es für richtig hält, keine Religion räumt der anderen auch nur einen kleinen Anteil am Wahrheitsanspruch ein. Innerhalb des Gedankengebäudes einer Religion darf es die anderen eigentlich gar nicht geben, schließlich hat noch niemand davon gehört, dass der Himmel zugleich von dem Gott der Christen und Juden, von Allah, Buddha und dann noch von den vielen Göttern des Hinduismus bevölkert sei. Ebenso kann der Fußabdruck wohl schwerlich von vier Personen zugleich stammen. Und so beharrt jeder auf seinem Recht.

Was in Sri Lanka, wo vier Weltreligionen beheimatet sind, recht friedlich verläuft, hat auf anderer Ebene weitreichende Konsequenzen. Der Absolutheitsanspruch von Religionen hat bekanntlich zu blutigen Religionskriegen geführt.

Auch wenn uns die Fähigkeit zum Perspektivwechsel in die Wiege gelegt wurde – er fällt oft schwer, gerade wenn es um weitreichende Gedankengebäude geht wie etwa Religionen oder gesellschaftliche Ausrichtungen. Kommen wir zurück zu unserem Beispiel vom Anfang. Es fällt uns schwer, etwas positiv zu beurteilen, das in einem nichtdemokratischen Land stattfindet – selbst wenn es der Gesundheit und dem Wohlbefinden von Studenten dient.

Dualismus versus Daoismus

Deswegen laden wir Sie jetzt dazu ein, mit uns gemeinsam die Denkperspektive zu wechseln. Wie sähe denn die Welt aus, wenn wir sie von China aus betrachteten? Im Gegensatz zu unserer Kultur gibt es dort keinen Dualismus, keine Trennung zwischen Geist und Körper, wie wir sie kennen. Chinesen unterscheiden nicht zwischen einer körperlichen Welt und einer Ideenwelt, wie wir in Europa es seit Platons Ideenlehre gewohnt sind. Der Philosoph René Descartes hat diese Unterscheidung sogar noch weiter vertieft, er postulierte eine ausgedehnte materielle Substanz (res extensa) und eine nicht-räumliche geistige Substanz (res cogitans). Und in China? Die dortige Hauptphilosophie, der Daoismus, kennt zwar unterschiedliche Kräfte, die allerdings aufeinander bezogen sind und durch die Monade Yin und Yang symbolisiert werden. Das weiße Yang steht für männlich, hart, hell, heiß, aktiv. Das dunkle Yin für weiblich, weich, dunkel, kalt, ruhig. Beide Kräfte sind nicht ohneeinander zu denken, der weiße Teil trägt ein dunkles Auge in sich, der schwarze Teil ein helles.

Die Monade, das traditionelle Symbol für Yin und Yang, und dafür, wie sich Gegensätze gegenseitig umschließen.

Auch die traditionelle chinesische Medizin arbeitet mit diesen Gegensätzen, die wie ein Wechselspiel zusammenwirken. Deswegen hat in der TCM alles einen direkten oder indirekten Bezug zueinander. Erst die Vielzahl von Symptomen bildet ein übergreifendes Muster, in welches der Therapeut eingreifen kann. Dazu stellt er sich die Frage: Was ist die Beziehung zwischen x und y? Der westliche Mediziner hingegen würde fragen: Welches x verursacht y? Und so verliert der östliche Therapeut nie aus den Augen, dass biologische, emotionale, soziale und äußere Faktoren Einfluss auf den Zustand des Organismus haben. Emotionen und Gedanken, Herzfrequenz und Blutwerte – all das sind gleichberechtigte Einflussfaktoren. Und insofern ist es aus östlicher Sicht eine folgerichtige Konsequenz, den Studenten zu körperlicher Fitness zu verhelfen, um damit auch das Denkvermögen anzufeuern. Neurobiologische Studienergebnisse beweisen übrigens, dass der in China praktizierte Ansatz einer wechselseitigen Beziehung zwischen körperlicher Fitness und Denkvermögen richtig ist. In Kapitel 7 gehen wir genauer darauf ein.

Vorurteile hinterfragen

Sie sehen also: Was uns zunächst als ein Eingriff in die Privatsphäre des Einzelnen erscheint, sieht aus einer anderen Sichtweise gleich ganz anders aus. Gerade zu dem Zeitpunkt, als wir dieses Kapitel schreiben, bekommen wir Bestätigung von Altkanzler

Helmut Schmidt. Bei einem Auftritt in der Talkshow von Reinhold Beckmann im Mai 2013 stellte er die Ansichten des Westens über China gründlich infrage. Schmidts Analyse zielt darauf ab, in Deutschland habe man eine vorgefertigte Meinung von China und meine deswegen, das Land in Bezug auf Demokratie missionieren zu müssen. Dabei übersehe man aber, dass in den letzten Jahrzehnten bereits Entwicklungen angestoßen worden seien, die aber ihre Zeit bräuchten. Einem anderen Land den eigenen Weg aufzwingen zu wollen sei anmaßend. Denn wir können es aus unserer Perspektive gar nicht einschätzen, ob und wie schnell demokratische Veränderungen in dem großen und uneinheitlichen China durchzusetzen sind. Außerdem gibt Schmidt zu bedenken, anders als der Westen habe die chinesische Führung nie versucht, anderen Staaten ihr Gesellschaftsmodell aufzuzwingen.

Ein fehlender Perspektivwechsel lässt uns Wichtiges übersehen und schränkt unseren Blickwinkel ein. Die wenigsten von uns lesen chinesische, amerikanische oder polnische Zeitungen, um sich auch über andere Sichtweisen auf die Welt und auf uns selbst zu informieren. Helmut Schmidt hingegen tut genau das, und es ermöglicht ihm, viele Dinge differenzierter zu betrachten. Das gilt nicht nur für China, sondern auch für Europa: Er analysiert die EU aufgrund seiner internationalen Lektüre und Kontakte und meint, sie sei sich der Gefahren, vor denen sie stünde, gar nicht bewusst – viel zu sehr kreise sie immer nur um sich selbst.

Ob es also um die großen Fragen oder ums Kleine geht – trotz unserer Fähigkeit zum Perspektivwechsel fällt es uns schwer, unseren festen Standpunkt zu verlassen. Und schließlich brauchen wir auch feste Grundpfeiler im Denken, um uns nicht zu verlieren. Aber wenn wir nicht dennoch mal über unseren Tellerrand hinausschauen, kann das zu verbohrten und geradezu dummen Ansichten führen.

Um uns den Perspektivwechsel aus einer weiteren Perspektive anzuschauen, verlassen wir nun China und wenden uns einem Spiel zu, bei dem die Fähigkeit, sich in andere Menschen hineinzudenken, eine große Rolle spielt: Schach.

Schachspiel – Perspektivwechsel auf dem schwarz-weißen Brett

Der ehemalige russische Schachweltmeister Garry Kasparow (geboren in Aserbaidschan als Garik Weinstein) ist bekannt für seinen dynamisch-aggressiven Spielstil. Eine seiner größten Stärken bestand in der Spieleröffnung: Es gelang ihm meist bereits in den ersten 10 bis 15 Zügen einer Partie, die Schachfiguren in vorteilhafte Stellungen zu bringen. Einige besonders raffinierte Spieleröffnungen hatte er selbst entwickelt. Um seine Gegner zu überraschen, wendete er die besten Eröffnungen und ihre Varianten allerdings nicht immer an, sondern griff hin und wieder auch zu einfacheren Spieleröffnungen. Damit rechnete ein Gegner nicht unbedingt, manche überlegten fieberhaft, ob Kasparow ihnen nicht doch eine Falle gestellt hatte. Vielleicht wirkte die Eröffnung nur zufällig wie eine bekannte einfache Form, hatte aber neue, noch ungeahnte kasparowsche Sprengkraft? Wer auf diese Weise denkt, ist auf dem besten Wege, sich verunsichern zu lassen und Fehler zu machen. Das ist der Trick. Schach hat also nicht nur mit Logik, sondern auch viel mit Psychologie zu tun. Und es ist zu vermuten, dass Kasparow ganz genau wusste, wen er derart hinters Licht führen konnte und wen nicht.

Niederlage gegen Deep Blue

Diese Fähigkeit, sich in andere hineinzuversetzen und seine eigene Perspektive zu wechseln, ist wichtig, kann aber auch zum Verhängnis werden, wenn man sich zu sehr darauf verlässt. Dies wurde deutlich im Jahr 1977 beim Spiel von Kasparow gegen Deep

Blue, den weltbesten Schachcomputer. Im Jahr zuvor hatte Kasparow noch mit 4:2 Punkten in sechs Partien gegen Deep Blue gewonnen, und die Welt hatte gejubelt, der Geist des Menschen sei dem Computer überlegen. Doch schon im Jahr darauf scheiterte Kasparow auf ganzer Linie. Und jetzt sprach man vom Meilenstein, den die Künstliche-Intelligenz-Forschung erreicht habe.

Was war geschehen? Einerseits war Deep Blue durch die Wissenschaftler von IBM, die das legendäre Projekt entwickelt hatten, massiv aufgerüstet worden. Arbeits- und Festplattenspeicher waren nahezu verdoppelt, die Anzahl der Schachprozessoren aufgestockt worden. Der Computer war mit noch mehr Schachpartien und Algorithmen gefüttert, sodass er blitzschnell Analogien ziehen konnte. Nach dieser Aufrüstung berechnete Deep Blue bis zu 200 Millionen Stellungen in einer Sekunde, schätzungsweise doppelt so viele wie vorher. Aber das war noch nicht das Problem.

Das Entscheidende war wohl, dass Kasparow den Computer falsch einschätzte, zum Beispiel als er in der letzten Partie eine der kürzesten Niederlagen seiner Karriere einstecken musste. Hier hatte er sich an einer bestimmten spielentscheidenden Stelle überlegt, dass sich Deep Blue ähnlich verhalten würde wie der Schachcomputer Deep Fritz. Das traf aber nicht zu. Kasparow versetzte sich also offenbar in die Lage seines Gegenübers, um dessen Spielstärke und Taktik einzuschätzen. Im Fall von Deep Blue war das schwierig. Denn das Programm wurde während der Partien modifiziert und angepasst. Kasparow spielte also nicht nur gegen den Computer, sondern im Prinzip gegen den Computer UND gegen die Programmierer. Faktisch spielte er also nach jeder Codeänderung gegen einen anderen Gegner, was die Einschätzung schwierig machte. Ansonsten hätte Kasparow, so behauptete er, gewonnen.

Vergleichbares ist passiert, als Kasparow in einer unentschiedenen Stellung, einem Remis, aufgab, obwohl es für ihn einen Ausweg gegeben hätte. Diesen Ausweg hatte Kasparow wohl auch bemerkt, ihn aber nicht in Betracht gezogen, weil er es für unwahrscheinlich hielt, dass der Computer eine solche taktische

Möglichkeit übersehen hatte. Doch genauso war es. Kasparows Theory of Mind von Deep Blue scheiterte an einem Umstand, von dem der Schachgroßmeister nichts ahnte: In Deep Blues System hatte sich ein Bug eingeschlichen, ein Programmierfehler. Davon erzählte Murray Campbell, der »Vater« von Deep Blue, als er von Nate Silver für dessen Buch »The Signal and the Noise« (2012) interviewt wurde. Durch diesen Bug operierte Deep Blue im ersten Spiel nicht taktisch, sondern wählte eine zufällige Notfallstrategie. Daher konnte Kasparow den Zug von Deep Blue nicht in eine vernünftige Strategie einordnen. Er überschätzte die Fähigkeiten von Deep Blue und gab vorzeitig auf, so Campbells Interpretation.

Einblick ins Hirn des Schachspielers

»Dazu gibt es sogar eine Studie, die unter anderem mit dem deutschen Schachgroßmeister Helmut Pfleger durchgeführt wurde«, erläutert Ernst Pöppel. »Wenn das Feld nämlich nach dem Zufallsprinzip mit Figuren bestückt wird, kann der Profi natürlich kein sinnvolles Muster erkennen.« Dann ist ein Profi genauso gut oder schlecht wie jeder Hobbyschachspieler, der nicht besonders routiniert ist.

Manchen Lesern wird Helmut Pfleger durch die Schachlehrfernsehserie »Schach – Zug um Zug« bekannt sein. Er arbeitet hauptberuflich als Internist und Psychotherapeut mit eigener Praxis und wurde an der Universität München in Medizin promoviert, weswegen Ernst Pöppel ihn auch kennt. Und so rufen wir, die Autoren, ihn während einer Arbeitssitzung spontan an, um aus erster Hand zu erfahren, wie so ein Schachspielergehirn eigentlich tickt. Pfleger gibt bereitwillig Auskunft und erzählt von der Studie, an der er teilgenommen hatte: »Uns Schachprofis wurden auf einem Schachbrett sinnvolle Stellungen vorgesetzt, die wir für jeweils fünf Sekunden betrachten konnten. Dann wurden die Figuren entfernt, und wir sollten sie auf dem leeren Brett wieder aufbauen. Das gelang so gut wie fehlerfrei.« Als Amateure die glei-

Kasparov gegen Deep Blue aus dem Film »Game over. Kasparov and the Machine« (2003), in dem der Schachgroßmeister sich selbst spielt.

che Aufgabe erhielten, wurden deutlich weniger Figuren rekonstruiert, es waren vielleicht fünf bis sieben Stellungen. Das entspricht der normalen Kapazität des Kurzzeitgedächtnisses.

Haben Schachspieler ein besseres Gedächtnis? Nicht unbedingt. »Bei guten Schachspielern ist das räumlich geometrische Denken stark ausgebildet. Das ist auch Training, wie in vielen Dingen, die man zur Meisterschaft bringt«, erklärte uns Helmut Pfleger. »Und so kann ein Großmeister 50 000 bis 100 000 Muster in Partien erkennen, wie Kombinationsmotive, Aufstellung der Bauernformationen, Eröffnungen. Der gute Schachspieler wirft einen Blick auf die Stellung und weiß sofort, was los ist. Das kann er sich natürlich merken. Der Amateur hingegen, der das Muster nicht sieht, muss sich jede einzelne Aufstellung einer Figur einprägen, was deutlich anstrengender ist.«

Aber das eigentlich Spannende kam nun. Im nächsten Schritt setzte man den Profispielern sinnlose Konstellationen vor, zufällig auf dem Spielfeld verteilte Figuren. Es stellt sich heraus: Wenn die Stellungen kein Muster ergaben, hatten die Profispieler keinen Vorteil mehr gegenüber den Amateuren. Sie schnitten genauso gut oder schlecht ab, konnten sich fünf bis sieben Stellungen merken, und danach war es aus. »Die Figuren ergaben kein Muster, keine richtige Gestalt, und man musste sich die Stellung jeder Figur einzeln einprägen. Das war anstrengend«, erklärte Pfleger.

Somit bewies der Versuch zweierlei. Erstens: Schachspieler haben nicht per se ein besseres Gedächtnis als Nichtschachspieler. Zweitens: Die Figuren werden offenbar als Muster abgespeichert, was aus Sicht der Hirnforschung bedeutet, dass der Merkaufwand geringer ist. Denn eine sinnvolle Stellung von mehreren Figuren wird als ein einzelnes Muster abgespeichert. Für das Kurzzeitgedächtnis nimmt das Muster genauso viel Speicherplatz ein wie eine einzelne Figur, wenn diese keinen Sinn ergibt. Das ist das Prinzip des Chunking. Probieren Sie es selbst aus: Versuchen Sie sich die Buchstaben JRheTaihiNs zu merken. Inklusive Groß- und Kleinschreibung. Schwierig? Wahrscheinlich. Doch hier ist die Lösung, das Muster: Es sind die Anfangsbuchstaben der Liedzeile »Ja Rosi hat ein Telefon, auch ich hab ihre Nummer schon« aus dem Song »Skandal im Sperrbezirk« von der Spider Murphy Gang. Werden Sie jemals wieder Schwierigkeiten haben, sich die

Buchstabenfolge JRheTaihiNs zu merken? Und genauso weiß auch der Schachprofi bei der Figurenkombination e2-e4 c7-c5: Es ist die Sizilianische Verteidigung, eine Lieblingseröffnung von Kasparow, auf die Deep Blue im Duell mit dem Weltmeister mit der Alapin-Variante antwortete: d7-d5. Schachspieler wissen so etwas und sehen es sofort. Die Autoren aber mussten es nachrecherchieren.

Pfleger erklärt: »Beim Schachspielen werden Muster erkannt. Ich rechne dann nicht mehr durch, sondern ich sehe, wohin sich die Aufstellung von Figuren bewegt. Und darauf reagiere ich dann.«

Die Studie war damit aber noch nicht zu Ende. Allen Teilnehmern wurde eine Eye-Tracking-Brille aufgesetzt, mit der sich Augenbewegungen des Trägers registrieren und aufzeichnen lassen. Und seitdem ist bekannt: Amateure verschaffen sich erst einmal einen Überblick über das Schachbrett. Profis aber zielen sofort auf die entscheidenden Stellen. Die nicht spielentscheidenden Figuren interessieren sie gar nicht. Auch das bestätigt nur, was wir zuvor über die Mustererkennung erfahren haben.

Menschen bilden Muster und Gestalten

Kehren wir zurück zum Perspektivwechsel. Denn er bildet die Fähigkeit, die dem menschlichen Geist Vorteile gegenüber dem Computer verschafft. Auch wenn er wie im eben geschilderten Fall versagen kann, weil Kasparow die ständigen Modifikationen von Deep Blue nicht einberechnen konnte – unsere Fähigkeit, Dinge miteinander in Beziehung zu setzen und Handlungen vorauszuahnen, verschafft uns einen Vorteil gegenüber der rein rationalen Analyse eines Computers. Denn mit der reinen Rechenleistung eines Computers kann kein Mensch mithalten. Sie erinnern sich? 50 000 bis 100 000 Stellungen kann sich ein Schachprofi vorstellen, bis zu 200 Millionen Stellungen aber rechnete ein Computer schon Ende der 1990er-Jahre allein in einer Sekunde durch. Trotzdem war Kasparow durchaus in der Lage, Deep Blue zu besiegen. Seitdem sind die noch weiter ausgereiften Schachcomputer Watson und Blue Gene entwickelt worden. Die technischen Kapazitäten sind offenbar beliebig steigerbar. Aber muss der Mensch hier mithalten? Liegt seine Stärke nicht vielmehr im Perspektivwechsel? Denn den schafft ein Computer – derzeit zumindest – noch nicht.

Das bestätigt uns auch Helmut Pfleger: »Die einen Profischachspieler sagen, sie wollen objektiv spielen, es geht ihnen nur um Stellungen. Die anderen setzen das Psychologische ein, sie versetzen sich in den Gegner. Letzteres ist auch ratsam.« Warum das so ist, verdeutlicht Pfleger anhand einer kurzen Anekdote. Manche Schachspieler setzen ein Pokerface auf. Bei Kasparow hingegen konnte man in seinem Gesicht lesen. Bei einem Spiel gegen den aktuellen Weltmeister Viswanathan Anand hatte er einen Fehler gemacht, den er augenblicklich bemerkte. Der Schreck war ihm anzusehen und machte den Gegner erst auf den Fehler aufmerksam. Mit einem Pokerface hätte Kasparow vielleicht gewonnen.

Auch Deep Blue konnte natürlich Analogien herstellen, aber nur durch Fleißarbeit. Dort, wo der Mensch aufgrund seiner Erfahrung Muster und Gestalten auf einen Blick *sieht*, muss der Computer die Zusammenhänge systematisch *errechnen*. Das schauen wir uns nun genauer an.

Ausflug in die Hirnforschung: Wie verarbeiten wir Informationen?

Keine Frage: Der Computer hat seine rechnerischen Stärken. Trotzdem kann der Mensch in vielen Belangen mithalten, obwohl er nicht parallel verschiedene Optionen durchdenken kann und seine Rechenleistung nicht ansatzweise so potent ist. Aber das menschliche Gehirn funktioniert ganz anders als ein Computerhirn. Menschen müssen von vornherein eine Hypothese haben, damit sie arbeiten können. Wir stellen Informationen in einen vorgegebenen Wissensrahmen, erst dann können wir etwas mit ihnen anfangen. Das ist ein Top-down-Prozess, die Entstehung von Wissen verläuft von oben nach unten. Ein Computer funktioniert genau andersherum. Er pickt alle Informationen auf und kann sie vergleichen oder kopieren oder mit ihnen rechnen, um zu einem Ergebnis zu kommen. Schlussfolgerungen oder Rechenergebnisse werden also von unten nach oben erstellt, ein Bottom-up-Prozess.

Haben Sie einmal versucht, ein Bild von Jackson Pollock exakt zu kopieren?

Wahrscheinlich nicht, denn es wäre ein aussichtsloses Unterfangen. Kopieren können wir Bilder, in denen wir sinnvolle Muster erkennen. In den wirren Punkten, Tropfen und Linien von Pollocks Action Paintings ist für den Menschen kein Muster erkennbar. Einem Computer-Scan-Programm aber ist es völlig egal, ob Linien, Buchstaben und Zeichen einen Sinn ergeben oder nicht. Es nimmt einfach nur wahr, ob eine Fläche mit Farbe bedeckt ist oder nicht, und kopiert diese Information eins zu eins. Menschen müssen aus den einzelnen Informationen Muster und somit Wissen generieren, sonst können sie nicht kopieren. Eine Ausnahme sind Menschen mit einem fotografischen bzw. eidetischen Gedächtnis, die es allerdings sehr selten gibt. Alle anderen versuchen in der Umwelt sinnvolle Muster und Gestalten zu erkennen, die sie dann einem Begriff zuordnen. Aus einem Kreis, zwei Punkten, einem Komma und einem Strich bilden sie mühelos ein Gesicht. Sogar in Wolkenformationen erkennen wir Gesichter, indem wir alles, was nicht zum Muster passt, einfach ausblenden.

Und insofern gibt es eine Antwort auf die Frage, wie ein in seiner Leistung beschränktes menschliches Gehirn eine Gewinnchance gegen die enorme Rechenleistung des Computers hat: Der große Trumpf unseres Hirns ist die Fähigkeit, Top-down- und Bottom-up-Prozesse miteinander zu verflechten. Würden wir nur nach dem Prinzip Bottom-up leben, müssten wir im Detailreichtum ersticken. Wie ein Mensch mit einem ausgeprägten fotografischen Gedächtnis – etwa ein Savant – und könnten Wichtiges nicht mehr von Unwichtigem unterscheiden. Würden wir uns jedoch nur das Prinzip Top-down zu eigen machen, hätten wir keinen Weltbezug. Wir hätten unsere vorgefertigten Meinungen und wären nicht dazu in der Lage, aus Erfahrung und Beobachtung neue Informationen zu sammeln und bei klarer »Beweislage« ein neues Weltbild zu entwickeln. Unsere eigene Dummheit können wir nur überwinden, indem wir uns und unsere Umwelt als komplementär wahrnehmen.

Warum sind wir unfähig, uns in andere hineinzuversetzen?

Gehen wir noch einmal einen Schritt zurück und greifen die Theory of Mind wieder auf. Die Fähigkeit, uns in andere hineinzuversetzen, ist uns also angeboren. Und trotzdem sind wir nicht immer dazu fähig. Wie wir in Bezug auf China gesehen haben, fällt es uns schwer, kritikwürdige Zustände einerseits und positive Ergebnisse andererseits in Einklang zu bringen. Das Beispiel Schach hat gezeigt, dass die Theory of Mind uns hilft, unser Gegenüber zu durchschauen, aber auch fehleranfällig ist – zum Beispiel, wenn der Computer oder ein anderes Gegenüber plötzlich die Strategie ändert.

Ein weiteres Beispiel, das wir alle aus Familie und Gesellschaft kennen, ist der Generationenkonflikt. Er kommt dadurch zustande, dass die Älteren vergessen zu haben scheinen, wie man sich als Jugendlicher fühlt – und die Jugendlichen schlicht noch nicht erlebt haben, wie die Welt aus der Perspektive der Älteren aussieht. Vor allem die Vergesslichkeit vieler Älterer, die sich offenbar nicht mehr daran erinnern können, wie es ist, jung zu sein, überrascht. Vielleicht lässt mit dem Älterwerden die Fähigkeit nach, sich in andere Menschen, besonders in Angehörige einer nachfolgenden Generation, hineinzuversetzen? Das kann einerseits an der Trägheit des Geistes liegen, andererseits an dem altersbedingten Nachlassen der Flexibilität und anderer geistiger Fähigkeiten.

Weil wir keine Muster erkennen können, sind Pollocks Gemälde unkopierbar.

Beginnen wir mit der Trägheit. Sie hat damit zu tun, dass wir nicht gern in Frage stellen, was wir uns ein Leben lang angeeignet haben. Wir haben Denkgewohnheiten ausgebildet, und der Einfachheit halber pflegen wir unsere gewohnheitsmäßigen Einstellungen zu den Situationen und Geschehnissen in der Welt: Politiker haben keine Ahnung, Fußballer bringen keinen sinnvollen Satz zustande, Frauen wollen nie und Männer immer, Ärzte haben es nur auf das Geld abgesehen, Amerikaner sind oberflächlich, jeder Moslem ein Terrorist, und alle Holländer fahren im Urlaub ihre Wohnwagen auf deutschen Autobahnen spazieren … Solche Meinungen stehen fest, und wir beurteilen die Welt danach, denn es wäre anstrengend, diese Grundpfeiler unserer Überlegungen und Annahmen zu hinterfragen.

Darüber hinaus ist es vorstellbar, dass die geistige Flexibilität im Alter nachlässt, wie viele andere Funktionen des Hirns auch. Aber wie wir an manchen Menschen sehen, die sich Toleranz, Einfühlungsvermögen und Flexibilität bis ins hohe Alter bewahren, müssen wir weder Trägheit noch natürliches Nachlassen der Fähigkeiten widerspruchslos akzeptieren. Gegen beides könnte ein Training zum Perspektivwechsel helfen. So etwas gibt es noch nicht, aber der Gedanke gefällt uns: Warum sollte es keine entsprechenden Kurse an Volkshochschulen oder anderen Einrichtungen geben, die den Menschen helfen, sich gegenseitig besser zu verstehen?

Tipp!
Den Perspektivwechsel üben

Nicht nur älteren, auch jüngeren Menschen tut es gut, den Perspektivwechsel zu trainieren. Die beste Übung sind Debatten, bei denen man nicht seine Position vertritt, sondern die eines anderen. Sie kennen jemanden, mit dem Sie sich ständig über eine Sache streiten? Prima! Drehen Sie den Spieß einfach um und lassen Sie den anderen Ihre Meinung vertreten, während Sie Argumente für seine Position finden. Um überzeugend eine fremde Meinung zu vertreten, muss man sich richtig hineinversetzen und hineindenken: Wie könnte sie entstanden sein? Welche Vorteile hat sie? Wie wirkt sie auf andere?

Wenn Sie keinen Diskussionspartner haben, können Sie sich auch einfach eine politische Debatte im Fernsehen ansehen und – laut, in Gedanken oder auf dem Papier – für die Meinung desjenigen eintreten, der von Ihrer Position am weitesten entfernt ist.

Oder versuchen Sie es doch einmal mit folgender Schreibübung: Nehmen Sie sich Papier und Stift oder Ihren Laptop und setzen Sie sich in ein Café, auf eine Bank im Park oder daheim an

Ihr Fenster. Beobachten Sie die Menschen. Wessen Verhalten stört Sie? Sind es die Skateboarder, die um die Passanten herumkurven? Die Nachbarin, deren Zigarettenrauch Ihnen in die Nase steigt? Die Graffitisprayer, die in der Nacht ihre Werke an Hauswänden hinterlassen haben? Die grantige ältere Frau, die auf die spielenden Kinder schimpft? Der wichtigtuerische Geschäftsmann, der so laut telefoniert, dass alle mithören müssen? Versetzen Sie sich in die Personen hinein, was könnte in ihnen vorgehen, was ihr Verhalten motivieren? Haben die Skateboarder keinen anderen Platz, um zu fahren? Wie mag es sich anfühlen, auf einem solchen rollenden Brett dahinzuflitzen? Hat sich die Tischnachbarin vielleicht auf die halbe Stunde Entspannung im Café gefreut und genießt ihre Zigarette? Sind manche der Graffiti nicht auch sehr kunstvoll? Was fühlt ein junger Mensch, der sich nachts aus dem Haus schleicht, um sich mit Spraydosen Ausdruck zu verschaffen? War die alte Dame schon immer so kinderfeindlich oder erst seitdem sie schlecht hört und sieht und unsicher auf den Beinen ist? Und was den Mann betrifft: Vielleicht hat er alles um sich herum vergessen? Oder auch nicht.

Denken Sie sich die Geschichten dieser Personen bis ins kleinste Detail aus. Sie müssen nicht gut schreiben können für diese Übung und können das Geschriebene auch später vernichten. Hauptsache, Sie denken sich in die Menschen hinein, deren Verhalten Ihnen rätselhaft erscheint.

Versuchen Sie es. Sie werden eine neue Quelle der Kreativität entdecken, die den menschlichen Geist wachhält.

Professor Pöppel sagt: Die Perspektive wechseln kann nur, wer eine Perspektive hat

Zwei Zünfte, in denen sich die Unfähigkeit des Perspektivwechsels besonders bemerkbar macht, sind die Wissenschaft und die Politik. Ein Politiker in einem demokratischen System etwa wird auf ein Parteiprogramm festgelegt. Ein solches Programm ist natürlich sinnvoll, damit die Wähler wissen, welche Ziele sich die Partei setzt, und damit sich das tatsächliche Handeln der Partei an diesen festgesetzten Zielen messen lässt. Für den einzelnen Politiker aber kann ein solches Programm geradezu die Vergewaltigung des menschlichen Geistes bedeuten, wenn er gezwungen ist, gegen seine eigene Überzeugung abzustimmen, nur weil es die Partei und ihr Programm so fordern. Ich meine, auch innerhalb eines Parteiprogramms muss es Spielräume geben. Alles andere wäre eine Kränkung der Wähler, denn damit würde man ihnen unterstellen, sie könnten sich nicht vorstellen, dass es zu grundsätzlichen Fragen nicht nur die richtige und die falsche Meinung, sondern viele Facetten dazwischen gibt. So kann es sein, dass ein Politiker manchmal seinem Gewissen folgen und eine Detailfrage anders beantworten muss, als die grobe Linie des Parteiprogramms es vorgibt.

Interessanterweise genießen diejenigen Politiker, die sich von der vorgegebenen Sichtweise nicht völlig vereinnahmen lassen, langfristig gesehen eine viel größere Wertschätzung, wie zum Beispiel Helmut Schmidt. Es scheint, als seien viele Wähler die durch Medientrainings geschulten Politiker leid, die sich zu keiner Frage eindeutig äußern, um nur ja nichts Falsches zu sagen. Wer sich derart entfremden lässt, wirkt wie eine Pappfigur, eine Karikatur seiner selbst. Dabei bedürfen gerade politische Fragen eines ständigen Perspektivwechsels, der unter Umständen auch Fehler im Parteiprogramm offenbaren kann.

Ein anderer Bereich, der häufig von einer Unfähigkeit zum Perspektivwechsel zeugt, ist leider die Forschung. Es mag an der Komplexität wissenschaftlicher Fragestellungen liegen, dass gerade hier, wo es doch um den geistigen Fortschritt geht, die Trägheit des Geistes so deutlich wird. In der Wissenschaft ist man meist einem Paradigma verpflichtet, einem Mainstream, einer bestimmten Schule oder Denkrichtung, der man angehört und an deren Gedankengebäude man sich in seiner Forschung orientiert. Das bringt jedoch mit sich, dass man die Fragen und Erkenntnisse anderer Wissenschaftler und anderer theoretischer Gebäude außer Acht lässt. So verpasst man viele Chancen, das eigene Denken weiterzuentwickeln. Schauen wir uns etwa das ausgehende 19. Jahrhundert an, als die klassischen Physiker das Ende ihrer Zunft verkündeten. Es sei alles erforscht, mehr gäbe es zur Physik nicht zu sagen. Doch dann ging es erst richtig los, als Anfang des 20. Jahrhunderts die Quantenmechanik oder die Relativitätstheorie entwickelt wurde. Sie stellte viele vermeintlich unumstößliche Annahmen der klassischen Physik auf den Kopf und eröffnete zahlreiche Möglichkeiten, unter neuen Annahmen zu forschen.

Jeder wirkliche Fortschritt in der Wissenschaft zerstört, ein Paradigma. Daher werden Neuerungen, auch wenn sie sinnvoll und bahnbrechend sind, nicht immer begrüßt. Oft werden Abweichler an ihren Instituten »weggebissen« – denn ein Paradigmenwechsel hat fast immer große persönliche und personale Konsequenzen. Wird das Gedankengebäude zerstört, an dem Wissenschaftler sich orientieren, ist damit auch ihre bisherige Arbeit zerstört, und vielleicht verlieren sie sogar ihre Forschungsgelder und Lehraufträge.

Bei der Vorbereitung auf einen internationalen Workshop zum Thema »Unasked questions« (ungefragte Fragen), bei dem es darum geht, die Hintergründe und Paradigmen der eigenen Forschung zu durchleuchten, konnte ich die Scheu der Wissenschaftler vor einem Paradigmenwechsel sehr gut beobachten. Manche der eingeladenen Wissenschaftler haben mit der Begründung abgesagt, die wissenschaftlichen Arbeiten der anderen Teilnehmer seien ihnen bereits bekannt. Sie sagten also ab, ohne zu wissen, was die anderen Teilnehmer an neuen oder tiefer gehenden Vorträgen zu bieten haben. Das wäre ja dann ignorant. Vielleicht steht hinter mancher Absage auch die Angst, selbst kritische und bislang ungefragte Fragen gestellt zu bekommen und sich Neuem stellen zu müssen. Das aber wäre ein Ausdruck von Oberflächlichkeit und selbstgewählter Dummheit.

Sie sehen, es ist keine einfache Sache, der Selbstverdummung zu entgehen. Der Grund dafür ist, dass es mit einer Infragestellung und Überwindung der eingefahrenen Denkmuster, Glaubenssätze und Rituale immer auch an die Grenzen der persönlichen Identität geht.

Und woher soll man letztendlich auch wissen, welche Position nun die »richtige« ist? Für mich ist es beispielsweise eine Selbstverständlichkeit, dass man, auch wenn man eine unbekannte Sprache hört, immer weiß, dass es sich um eine Sprache handelt. Und dass es ein Mensch ist, der die fremden Laute erzeugt, auch wenn man den Sprechenden nicht sieht. Ob man in den Urwald geht, in ein Café in Paris oder in einem japanischen Zug sitzt – man weiß, dass es Menschen sind und dass sie eine menschliche Sprache sprechen, selbst wenn man kein Wort versteht. Das erscheint mir ganz natürlich.

Umso überraschter war ich, als mir ein bekannter englischer Psychologe sagte, dies sei nicht der Fall. Ich schaute ihn völlig entgeistert an, als er sagte, man müsse eine fremde Sprache erst lernen, um zu erkennen, dass es eine Sprache sei. Ich halte diese Einstellung immer noch für ziemlich dämlich, schließlich besitzen alle Sprachen der Welt – es sind über 5 000 – ein Repertoire von nur etwa 100 Sprachlauten, die uns genetisch vorgegeben sind. Außerdem ist die Abwechslung von Vokalen und Konsonanten in allen Sprachen zu beobachten, ebenso das Vorkommen sowohl stimmhafter als auch stimmloser Konsonanten. Auch das Tempo aller Sprachen ist etwa gleich, denn alle nutzen die Gegenwartsinseln von etwa 2–3 Sekunden, um 10 Silben zu sprechen. Diese Gemeinsamkeiten erlauben es uns, Stimmen als menschlich zu identifizieren, ohne den Inhalt zu verstehen. Dies ist für mich eine solche Selbstverständlichkeit, dass ich mich außerstande sehe, einen Perspektivwechsel vorzunehmen. Allerdings, woher nehme ich meine Sicherheit?

Eine Frage der Identität

Nachdem wir uns nun ausgiebig mit dem Perspektivwechsel beschäftigt haben, stellt sich abschließend die Frage, ob man es damit auch übertreiben kann? Die Antwort ist: Ja. Es gibt eine extreme Form des Perspektivwechsels, die in Selbstaufgabe mündet, und die wiederum ist auch dumm. Um einen Perspektivwechsel vornehmen zu können, muss man zunächst einmal überhaupt eine Perspektive haben und sich dessen bewusst sein. Das heißt, man muss neben sich treten, sich sozusagen verdoppeln und das Selbstverständliche, das einen ausmacht, wie etwas Neues betrachten. So findet man heraus, was die eigenen Meinungen und Vorurteile sind. Erst dann kann man sich wirksam und ehrlich in einen anderen hineinversetzen.

Davon unterscheidet sich radikal der Perspektivwechsel, bei dem man ganz einfach darauf verzichtet, über sich selbst nachzudenken, und die Ansicht eines anderen unreflektiert übernimmt. Dies kann in missglückten psychotherapeutischen Gesprächen passieren oder innerhalb von Partnerschaften, in denen man sich emotional vom anderen in Besitz nehmen lässt und Verständnis für jegliches Verhalten aufbringt. In dem Fall gibt man seine eigene Identität auf und verbirgt sich in der des anderen. Damit opfert man aber nicht nur die eigene Identität, man startet auch eine emotionale Übernahme eines anderen Menschen, wenn man ohne eigenständiges Denken auf sich selbst verzichtet und sich stattdessen in das innere Seelengefüge des anderen hineinschleicht.

Das entscheidende Wort ist also Identität. Wir können einen Perspektivwechsel nur dann wirklich vornehmen, wenn wir uns unserer Identität sicher sind, und zwar in einer doppelten Weise: indem wir uns ihrer auf der Reflexionsebene bewusst sind und indem wir sie in unserem gegenwärtigen Erleben selbstverständlich spüren. Viele Menschen wissen das nicht, und das ist ein Zeichen mangelnden Willens zur Selbsttransparenz. Doch alles kann gelernt werden, zur Überwindung der individuellen Dummheit.

Zum Glück lassen sich nämlich auch schwierige Fälle von Perspektivwechsel lösen. In der interkulturellen Kommunikation wird es immer dann schwer, wenn man die Kommunikationsgrundlage der anderen nicht kennt und Zeichen – gestische oder sprachliche – missversteht. Wer in manchen Gegenden Indiens den Kopf schüttelt, scheint uns Ablehnung zu signalisieren, dabei ist die Geste dort als Zustimmung gemeint. Und das »Ich bin dein Freund« eines Japaners bedeutet sehr viel mehr als das eines Amerikaners. Hier hilft es, sich vor einer Reise oder einer Begegnung mit den Gepflogenheiten einer anderen Nation vertraut zu machen, um einen Perspektivwechsel vollziehen zu können und Missverständnissen vorzubeugen.

4

Viele Freunde machen dumm, denn sie überfordern unser Gehirn

Freunde kann man doch nie genug haben, oder? Schließlich wird erfolgreiches Netzwerken heutzutage sogar in Seminaren und Workshops gelehrt. Oder stoßen die menschlichen Eigenschaften und Fähigkeiten etwa sogar hier an ihre Grenzen? Um das zu erfahren, analysieren wir zunächst einmal, welche Funktion andere Menschen in unserem Leben eigentlich übernehmen.

Die verschiedenen Seiten des Ich – wer sind wir eigentlich?

In einem Raum mit unseren Doppelgänger-Ichs

Der Ort: ein Zimmer bei Ihnen zu Hause. Die Zeit: irgendwann in der Zukunft. Wissenschaftler haben es geschafft, die verschiedenen möglichen »Ichausprägungen« einer einzigen Person zur selben Zeit am selben Ort zum Leben zu erwecken. Und da sind sie nun. Schauen Sie sich doch einmal um. An die hundert Personen, die alle dieselben Gene tragen. Das alles sind Sie. Oder genauer gesagt: Das alles könnten Sie sein, wenn Ihr Weg an manchen Stellen ein bisschen anders verlaufen wäre. Fangen wir einmal bei Ihrem heutigen Ich an. Nehmen wir an, Sie sind weiblich, etwas über 50 Jahre alt, verheiratet, Ihre Tochter ist mittlerweile volljährig, lebt aber noch bei Ihnen. Sie arbeiten freiberuflich als Grafikerin. Es geht Ihnen gut, Sie haben viel geschafft und können es sich mittlerweile leisten, schlechtbezahlte Aufträge abzulehnen. Dürfen wir Ihnen Ihre Doppelgängerinnen vorstellen? Hier, diese sehr elegant gekleidete Geschäftsfrau sind Sie auch, am Handgelenk eine teure Cartieruhr, der gehört doch mindestens eine Privatklinik – hat sie reich geheiratet oder es selbst geschafft? Sie schaut kritisch, ob die anderen »Ichs« es wert sind, dass sie sich mit ihnen abgibt. Vor allem diese recht schlampig gekleidete Doppelgängerin neben ihr. Wie kommt die überhaupt dazu, zu diesem wichtigen Termin in einer fleckigen Jogginghose aufzutauchen? Tränensäcke und ein paar Kilo zu viel hat die auch. Und überhaupt, diese Frisur.

Gehen wir ein paar Schritte weiter. Dorthin, wo sich zwei Doppelgängerinnen bereits angefreundet haben. Eine flott gekleidete

Frau, schlank und braungebrannt, legt offenbar viel Wert auf Sport. Die Frau neben ihr reicht Bilder von ihren drei Kindern herum. »Haben Sie eigentlich auch das Problem, dass Sie nachts beim Schlafen mit den Zähnen knirschen?«, fragt die eine gerade. Die andere lacht, weil sie das genau kennt. »Sollten wir uns nicht einfach duzen, wir sind ja eigentlich alle dieselbe«, meint die Mütterliche. »Ja, aber irgendwie sind unsere Lebenswege doch sehr unterschiedlich verlaufen«, so die Sportliche, »Kinder haben nie in mein Lebenskonzept gepasst. Auf welche Männer stehst du denn, zeig mal ein Foto von deinem Ehemann. Wahnsinn, der könnte mir auch gefallen!« Und so geht es immer weiter.

Die verschiedenen Ich-Ausprägungen sind sich ähnlich, aber doch unterschiedlich. Und es ist nicht gesagt, dass sie sich verstehen oder überhaupt miteinander kommunizieren können. Gut möglich, dass sich die Doppelgänger – die verschiedenen Ichs – übereinander lustig machen. Man ist ja oft genug nicht einmal mit sich selbst im Reinen, auch wenn man seinen Doppelgängern nicht leibhaftig gegenübersteht wie in dieser Science-Fiction-Szene.

All diese Frauen, die sich so ähnlich sehen und dieselben Gene tragen, sind die leibhaftig gewordenen Ausprägungen einer Person. Es gibt unendlich viele Möglichkeiten, wie sich ein Mensch entwickeln kann. An Scheidepunkten des Lebens treffen wir eine Wahl oder werden durch Fügungen des Schicksals in diesen oder jenen Lebensbereich hineinkatapultiert. So verändert sich unser Weg, so wird unser Wesen geformt. Entscheidend ist dabei, welchen Menschen wir unterwegs begegnen und welchen Einfluss diese auf uns ausüben. Denn die anderen Menschen prägen unsere Identität.

Das bedeutet aber auch, dass jeder von uns in diesem Augenblick ein absolutes Zufallsprodukt ist. Etliche weitere Möglichkeiten schlummern in uns, manche deuten sich in unseren Hobbys an oder wenn wir im Urlaub fernab von den alltäglichen Verpflichtungen unseren Bedürfnissen nachgehen können. Andere würden wir vielleicht selbst kaum für möglich halten, weil die Anlage ungeweckt in unserem Inneren versteckt bleibt.

Und noch mehr: Sogar im Hier und Jetzt leben wir alle in verschiedenen Rollen und erleben unsere unterschiedlichen Identitäten. Wir – Beatrice Wagner und Ernst Pöppel – sind zum Beispiel im Autorengespräch jeweils anders als im Kontakt mit anderen Menschen, zum Beispiel unseren Eltern, dem Partner, Freunden, Kollegen oder Patienten. Das geht jedem Einzelnen von uns so. Andere Menschen rufen jeweils bestimmte Seiten in uns hervor. Diese Eigenschaften schlummern in uns, aber sie sind nicht allgegenwärtig. Und so gibt es Menschen, bei denen fühlt man sich fröhlich, und andere, die Mutlosigkeit hervorrufen. Einige Menschen bewirken es, dass man plötzlich kreativ und tatkräftig wird, und mit anderen erlebt man jedes Mal quälende Langeweile. Manche Partner rufen das Beste in einem hervor (hat man solch einen Partner, sollte man mit ihm zusammenbleiben), bei anderen ist es genau umgekehrt. Und dann ist es noch einmal etwas ganz anderes, wenn man mit sich alleine ist oder wenn man einen Hund als stummen Freund bei sich hat und mit ihm und einem Glas Rotwein vor dem Kaminofen sitzt und das lodernde Feuer beobachtet. Und was davon ist unser eigentliches Ich?

Andere Menschen sind konstitutiv für unsere Identität

Die Tatsache, dass man sich jeweils anders fühlt, wenn man mit verschiedenen Menschen zusammen ist, beweist, dass die anderen auch dafür wichtig sind, wie und wer man selbst ist. Die anderen ergänzen uns, das Ich formt sich aus dem, was wir selbst mitbringen, kombiniert mit dem, was andere in uns hervorrufen. Die Menschen, mit denen wir in unserem Leben zu tun haben, sind somit konstitutiv für unsere eigene Identität. Sie bestimmen das Bild unserer Gesamterscheinung mit, denn sie locken verschiedene Ichausprägungen hervor. Das stellt uns natürlich vor die Frage: Wer sind wir eigentlich? Im Allgemeinen spricht man gerne von einem Wesenskern, den es zu entdecken gilt. Aber beobachten Sie sich doch einmal selbst, wie unterschiedlich Sie sind, je nachdem, mit wem Sie sich gerade unterhalten. Sind wir eigentlich wir selbst, wenn wir mit anderen Menschen zusammen sind? Ist es überhaupt ratsam, sich jedem anderen Menschen gegenüber genau gleich zu verhalten? Warum haben wir dann so viele alternative Ichausprägungen, wenn wir sie nicht einsetzen dürfen?

Es ist laut Interpretation von Ernst Pöppel eher ein Zeichen von Beschränktheit als von Authentizität, sich immer und überall gleich zu verhalten. Denn damit ignorieren wir, dass die anderen Menschen konstitutiv für unsere eigene Identität sind. Die Tatsache, dass wir so viele verschiedene Ichausprägungen (und mögliche Doppelgänger) in uns tragen, ist ein Potenzial, das uns zur Kooperation mit anderen Menschen befähigt. Man kann sich nicht überall als Insel durchsetzen, sondern man sollte sich darauf einlassen, den anderen als zu sich selbst gehörend zu betrachten.

Tipp!
Seien Sie nett zu sich selbst – und zu Ihren Doppelgängern

Versuchen Sie nicht, immer gleich sein zu wollen, es wird Ihnen sowieso nicht gelingen. Zelebrieren Sie lieber die Unterschiede in Ihrem Charakter, auch wenn Sie zum Beispiel in einer Partnerschaft sind. Der Partner oder die Partnerin muss nicht alle Rollen und Ichausprägungen von Ihnen hervorrufen können, es reicht, wenn es einige wesentliche sind. Daher ist es wichtig, dass Sie auch Freundschaften außerhalb von Beziehung und Ehe pflegen, die Sie alleine wahrnehmen.

Alle die verschiedenen Ichausprägungen setzen allerdings auch voraus, dass die verschiedenen Ichs miteinander freundlich umgehen. Doch man kennt sich manchmal selbst nicht wieder, wenn man aus Wut über jemanden vollkommen außer sich gerät oder wenn man selbstvergessen zur Salsamusik tanzt. Wie oft kommt es vor, dass man mit sich nicht identisch und völlig unzufrieden ist, weil man sich blöd verhalten oder nicht richtig reagiert hat? Dumm wäre es, dagegen anzukämpfen, dass man nun mal ganz verschiedene Ichausprägungen besitzt. Und klug ist es, dafür zu sorgen, dass diese miteinander auskommen, auch wenn sie sich gegenseitig nicht ausstehen können, wie etwa die elegante und die schlampige Frau in unserem Eingangsszenario. Seien Sie also tolerant sich selbst gegenüber und lassen Sie öfter mal alle fünfe gerade sein. Niemand ist perfekt.

Professor Pöppel sagt: Was wir tun und wen wir treffen, bestimmt unseren Lebensweg

»Du Ernst, du hast doch auch ein verrücktes Leben geführt, das habe ich ja schon mitbekommen. Wie sähe denn dein Persönlichkeitsraum aus, wenn sich alle deine Doppelgänger gleichzeitig hier einfänden? Wen könnten wir alles begrüßen?«, fragt ihn seine Mitautorin Beatrice Wagner.

»Du kennst das doch schon alles«, zögert er zunächst, aber dann geht er doch seine Lebensmöglichkeiten durch: »Ich bin auf einem Bauernhof in Pommern nahe der Ostsee groß geworden. Als ältester von zwei Brüdern hätte ich den übernommen, wäre nicht der Zweite Weltkrieg dazwischengekommen. Dann wäre ich jetzt ein Kartoffelbauer, der auch ein paar Kühe besitzt, die er morgens melkt. Allerdings, wenn mein Vater seinen Traum – Pferde zu züchten – verwirklicht hätte, wäre das vielleicht auch mein Schicksal geworden.«

»Und wie war es nach eurer Vertreibung aus Pommern nach dem Krieg? Du bist dann in das kleine Timmerhorn bei Hamburg gekommen, wo ihr im Haus eines Mörders gewohnt habt.«

»Ja, so war das, aber der Mörder hat zum Glück nicht auf mich abgefärbt. In Timmerhorn besuchte ich eine Dorfschule, und dort hätte ich bleiben sollen, wäre es nach meinen Lehrern gegangen. Dann wäre ich nicht auf die Oberschule gekommen, hätte kein

Examen gemacht und wäre vielleicht Kaufmann in Schleswig-Holstein geworden. Oder Vertreter, wie einer meiner Vettern. Ein ganz anderer Lebensweg wäre gewesen, wenn ich den Beruf ergriffen hätte, den ich im christlichen Internat nach außen als meinen Wunsch vertreten musste, um überhaupt dort aufgenommen zu werden, nämlich den des Pfarrers. Vielleicht wäre ich heute ein evangelischer Pfarrer im Badischen und hätte mit einer frustrierten Pfarrersfrau sieben Kinder großgezogen.«

»Oder du hättest eine sinnliche lebensfrohe Pfarrersfrau an deiner Seite und würdest dein Leben mit ihr genießen.«

Skeptischer Seitenblick. »Das wäre mit der evangelischen Religion vielleicht nicht zu vereinbaren gewesen. Aber ich habe es gar nicht erst darauf ankommen lassen, sondern bin nach dem Internat zur Marine, was ein vielversprechender Weg war. Zur See gehen, die Fesseln hinter sich lassen, das war mein Traum von Freiheit und Stärke. Wenn ich mich dort nicht danebenbenommen hätte und rausgeschmissen worden wäre, könnte ich mich jetzt Marineoffizier nennen, vielleicht sogar Kapitän zur See. Dann jedoch wäre ich jetzt schon viele Jahre im Ruhestand, wenn ich überhaupt noch leben würde.«

»Gut, dass du Professor geworden bist.«

»So schnell ging das aber noch nicht. Zunächst einmal wurde ich von einem bekannten Banker gecoacht, das war Anfang der 1960er-Jahre. Er riet mir, eine solide Banklehre zu machen und danach Volkswirtschaft zu studieren. Hätte ich auf ihn gehört, wäre ich jetzt ein Bankier und somit reich – oder im Gefängnis. Aber dann habe ich doch studiert und wollte als angehender Doktorand bei Konrad Lorenz forschen. Hätte ich mit ihm einen Termin gemacht, anstatt einfach aufs Geratewohl nach Seewiesen zu fahren, dann wäre Lorenz da gewesen, und ich wäre Verhaltensforscher geworden. So aber bin ich stattdessen Jürgen Aschoff in Andechs in die Arme gelaufen und in die Chronobiologie hineingeraten.«

»Und dann hast du einige Forschungssemester in den USA verbracht. Wäre hier nicht auch ein Lebensscheidepunkt gewesen?«

»Richtig, wenn ich nicht der Ansicht gewesen wäre, ich müsse in mein Heimatland zurückkehren, um dort Wissenschaft zu betreiben, dann wäre ich längst US-Amerikaner und hätte ein anderes Forschungsgebiet verfolgt. Irgendwann in meinem Leben gab es auch einmal die Überlegung, mich in Venezuela niederzulassen. Wenn ich das Angebot angenommen hätte, dort in einem Unternehmen zu arbeiten, wäre ich südamerikanischer Kaufmann geworden und würde als Zeitvertreib im Landesinnern gelegentlich Krokodile schießen. Und schließlich: Wenn ich diese oder jene Frau nicht getroffen hätte, dann wäre mein Leben häufig in andere Richtungen gelaufen, ich hätte nicht die Kinder und Enkelkinder, die ich habe.«

Vieles im Leben lässt sich einfach nicht planen, es kommt darauf an, wen wir treffen und wie wir uns entscheiden. So entsteht aus vielen Zufällen ein Weg, in den wir im Nachhinein einen Sinn hineininterpretieren. Wir selbst verändern uns auf unserem Lebensweg und passen unser Selbst an die Lebensumstände an. Vorhandene Möglichkeiten werden genutzt, andere verworfen. Entsprechende Prägungsphasen beeinflussen bei genügend großer Intensität der Ereignisse sogar unser Erbgut. Genauer gesagt, es kommt zu einer chemischen Änderung an den Genen. Diese führt dazu, dass Gene aktiviert oder deaktiviert werden. Diese Zusammenhänge beleuchtet der junge Forschungszweig der Epigenetik.

Ausflug in die Hirnforschung: Epigenetik – die Lebensweise hat Einfluss auf unsere genetischen Programme

Die Epigenetik vereint zwei Ansätze zur Betrachtung des Menschen, die lange Zeit zerstritten waren. Einerseits wird der Mensch unzweifelhaft durch seine Umwelt geprägt, aber andererseits ist auch der Einfluss der genetischen Veranlagung nicht zu leugnen. Die Epigenetik verbindet die Vorstellungen von prägender Umwelterfahrung und genetischer Vorbestimmung. Lebewesen sind nämlich nicht präprogrammiert, sondern müssen sich immer in unterschiedlichen Situationen zurechtfinden. Menschen können in der Arktis und in der Sahara überleben, sie können mit Nahrung im Überfluss und mit Fastenzeiten zurechtkommen, und sie sind dazu in der Lage, in verschiedene Kulturkreise hineinzuwachsen. In ihrem genetischen Code unterscheiden sie sich dabei kaum, aber in den Prinzipien, welche dazu in der Lage sind, Gene zu aktivieren oder zu deaktivieren. Die bekannteste dieser Möglichkeiten, Gene an- und abzuschalten, ist die Methylierung; dabei docken kleine Moleküle – sogenannte Methylgruppen – an den DNA-Strang an, da wo sich die Gene befinden. Auf diese Weise verhindern sie, dass die nachfolgende Gensequenz abgelesen und in ein Protein übersetzt werden kann. Das heißt umgangssprachlich: Das Gen wird ausgeschaltet.

Menschen werden vor allem in drei Phasen epigenetisch geprägt: im Mutterleib, in den ersten drei bis zehn Lebensjahren und vor allem in der Pubertät. Die eigenen Erfahrungen, die Erfahrungen der Eltern und sogar der Großeltern haben in diesen Zeiten Einfluss darauf, ob ein Gen aktiviert wird oder nicht. Darüber hinaus kann es in jedem Lebensalter zu traumatischen Erlebnissen kommen, die ebenfalls Einfluss auf die epigenetischen Mechanismen haben.

Die Epigenetik erklärt also, warum unsere Doppelgänger aus anders eingeschlagenen Lebenswegen, genauso wie wir selbst in unterschiedlichen Lebensphasen, sehr unterschiedlich sein können, obwohl sie alle dieselben Gene in ihren Zellen tragen.

Tipp!
Sich selbst nicht so ernst nehmen

Haben Sie während der Erzählung von Ernst Pöppel Ihre Gedanken schweifen lassen und Ihre eigenen Doppelgänger erstehen lassen? Erinnern Sie sich an Wegkreuzungen, an denen Sie eine Entscheidung getroffen haben? Jeder Weg, den Sie beschreiten, kann der Bessere von zweien sein, aber genauso auch der Schlechtere. Egal was Sie tun, beides verändert Ihre Ichausprägung.

Unsere Identität ergibt sich also einerseits aus den verschiedenen Ichanteilen, die in uns angelegt sind. Und andererseits aus den Einflüssen durch andere Menschen, den äußeren Umständen und den Entscheidungen, die wir treffen – durch diese werden bestimmte Ichanteile stärker hervorgeholt, andere verkümmern.

Was also ist Ihre Persönlichkeit? Zu einem nicht unerheblichen Teil ein Zufallsprodukt. Welchen Wert hat dann eigentlich eine Psychoanalyse, in der wir entdecken, wer wir eigentlich sind, wenn doch so viele andere Persönlichkeitsausprägungen in uns schlummern? Die Überlegung, dass unser eigener Einfluss auf unseren Lebensweg geringer ist, als wir häufig denken, könnte einen Anstoß bieten, aus der permanenten Selbstreflexion hinauszutreten. Sie ist überflüssig. Nehmen Sie sich selbst nicht so ernst, betrachten Sie Ihren Werdegang mit Humor und genießen Sie die Gegenwart. Es nützt nichts, manche Doppelgänger – die ungeliebten Seiten unseres Selbst – zu bekriegen. Sinnvoller und befreiender ist es, sie einfach wahrzunehmen und zu akzeptieren.

Freundschaft – ein rares Gut

Sie ahnen schon, worauf wir hinauswollen: Wir tragen viele Möglichkeiten in uns – wie sich unsere Identität aber tatsächlich gestaltet, hat viel mit den Menschen zu tun, die uns begleiten. Denken Sie doch nur an Anni aus Kapitel 1: Der Schulpsychologe, der ihr das Lösen des Intelligenztests zugetraut hat, konnte dadurch Annis gesamte Schulkarriere verbessern. Und der Lehrer, der Claudio verurteilt hat, trug dazu bei, dass Claudio auf die schiefe Bahn geriet. Beide haben positive oder negative Seiten in den Jugendlichen verstärkt und so deren Lebensweg nachhaltig beeinflusst.

Der Mensch entwickelt sich von Geburt bis ins hohe Alter durch mitmenschliche Beziehungen weiter. Dies ist die Koevolution, die Kunst des gemeinsamen Wachsens, wie es der Psychotherapeut und -analytiker Jürg Willi beschrieb. Indem andere Menschen unser Verhalten spiegeln und darauf reagieren, lernen wir dazu. Vielleicht legen wir dann die Eigenschaften ab, die in einer Gemeinschaft unbrauchbar sind, und entwickeln nützliche Eigenschaften weiter.

Ausflug in die Hirnforschung: Warum unser Gehirn von zu vielen Freunden überfordert ist

Viele Freunde sind also gut, könnte man denken, denn sie bringen andere Seiten in uns zum Vorschein. Allerdings ist das Gehirn nur für den Kontakt zu etwa 150 Menschen ausgerichtet – zu mehr hat uns die Evolution bislang nicht ausgerüstet. Dies ergeben Berechnungen unseres Frontalhirns. Es gibt Theorien, nach denen die Größe des Frontalhirns mit der Gruppenstärke der Säugetiere korreliert. »Die sich innerhalb der Gruppe herausbildenden Verhaltensformen mögen die Herausbildung besonders jenes frontalen Gehirnlappens befördert haben, der schon bei den Primaten im Vergleich zum restlichen Hirn übermäßig stark ausgebildet ist«, schreibt der Neuropsychologe Arthur Jacobs in seinem gemeinsam mit dem Dichter Raoul Schrott verfassten Buch »Gehirn und Gedicht« (2011). Man kann also anhand der Größe des Frontalhirns die Größe der früheren Stammesgruppen ermitteln. Daraus ergibt sich, dass unser Gehirn auf einen sozialen Verband von 150 Leuten eingestellt ist, was allerdings nicht ausschließt, dass einzelne Menschen deutlich mehr oder auch nur deutlich weniger soziale Kontakte verkraften können. Diese etwa 150 Menschen bildeten eine soziale Gemeinschaft, die dem Einzelnen Sicherheit gab. Ob sie auch Freunde waren, ist fraglich.

Dass man die wichtigsten Menschen um einen herum als Freunde bezeichnet, ist nach Ernst Pöppels Auffassung erst der Fall, seitdem es zu viele Menschen gibt und man nicht nur zwischen der eigenen Gemeinschaft und Feinden unterscheiden muss, sondern zwischen denen, zu denen man gehört, und den anderen. Auf der Insel Neuguinea, wo viele indigene Bevölkerungsgruppen zu Hause sind, die insgesamt über 1 000 verschiedene Sprachen sprechen, ist die Einteilung in Freund und Feind deutlich zu sehen. Als Feinde gelten diejenigen, die man nicht kennt. Und so war es wohl auch früher bei uns. In der heutigen Zeit aber schaffen wir uns ein Vertrauensnetzwerk, das oft viel zu groß ist. Nun gibt es zwischen Freund und Feind auch noch die guten oder weniger guten Bekannten, die Facebookfreunde, die Kollegen, die Nachbarn und so weiter. Wie beschränkt diese unverhältnismäßige Ausweitung unseres Netzwerks aber ist, werden wir nun sehen.

Die Ware Freundschaft – oder wahre Freundschaft?

Laut einer Umfrage der Zeitschrift *Madame* sind Frauenfreundschaften für fast alle der befragten Frauen wichtiger als guter Sex. Frauen wollen vor allem eines von ihrer besten Freundin: verstanden werden. Sie wollen sich austauschen über ihre Gefühlswelt, ihre Gedanken, ihre Hoffnungen, ihre Sorgen, genauso wie über Sex, Männer, Karriere, das Kinderkriegen, Bad-Hair-Days, Beinrasuren oder Dessous. Und das können sie nun mal am besten mit einer Frau, weil nur die weiß, wie sich das alles anfühlt.

Männer definieren Freundschaften weniger über emotionalen Gleichklang als vielmehr über ähnliche Interessen. Sie wollen zusammen Fußballspiele gucken, gemeinsam ein Bier trinken, miteinander eine Runde Tischfußball spielen. Sie grillen gerne zusammen, gucken dabei aufs Fleisch, schweigen und sind einfach froh, dass es ihnen in diesem Moment gut geht. Freundschaft entsteht durch gemeinsame Jahre, in denen man auf Gedeih und Verderb zusammengeschweißt war. Wenn man dann noch das Gefühl hat, es passt, bleibt die Männerfreundschaft auch bestehen.

Um Freunde zu finden, muss man die Bereitschaft besitzen, zu unbekannten Personen eine Beziehung aufzubauen. Bei Frauen gelingt dies *face-to-face*: Sie sitzen sich gegenüber und reden über all das, was sie bewegt. Männer bauen eine Beziehung häufiger *side-by-side* auf, indem sie gemeinsam etwas unternehmen oder zusammen Sport treiben. Sie werden das sicher aus eigener Anschauung kennen. Aber was steckt dahinter? Wie kommt es dazu, dass man manche Menschen als seine Freunde bezeichnet und andere nicht? Was macht den Wert einer Freundschaft aus? Und was ist daran dumm?

Hinter dem Bedürfnis nach Freundschaft steckt unsere Veranlagung als soziale Wesen. Gemäß unserem evolutionären Erbe brauchen wir Freunde und die Zugehörigkeit zu einer Gruppe, da uns beides Stabilität gibt. Das ist für die einen der Sportverein mit dem regelmäßigen gemeinsamen Training und rituellen Treffen. Für die anderen ist es der kleine Italiener am Eck, wo man immer wieder auf dieselben Menschen trifft. Für ältere Herren ist der Stammtisch wichtig, der für Außenstehende wie die Neubegründung der Stammeszugehörigkeit wirkt. Man teilt eine Meinung und fühlt sich sicher.

Dann gibt es die vielen sogenannten Freunde aus dem beruflichen Alltag. Mit ihnen arbeitet man zusammen und meint, man sei auch befreundet. Doch in dem Moment, in dem man arbeitslos wird, seine Arbeitsstelle wechselt oder pensioniert wird, schläft der Kontakt häufig ein. Es sind Funktionsfreunde für den Arbeitsalltag, nur selten erwachsen daraus tragbare echte Freundschaften.

Unser Gehirn belohnt uns für Freundschaft

Wir haben bereits gesehen, dass Freunde notwendig sind, um die eigene Identität auszubilden. Und alles, was für unseren Lebenserhalt wichtig ist, hat die Natur mit einem Belohnungsmodus versehen. In einem Freundeskreis zu sein aktiviert also ebenfalls die Belohnungssysteme. Sind die Freunde nicht da, schüttet das Hirn keine Botenstoffe zur Belohnung sozialer Interaktion aus, und man hängt in der Luft.

Die wenigsten Menschen sind in der Lage, sich an sich selbst zu erfreuen. Masturbation etwa ist schön, aber nicht mit realer zwischenmenschlicher Sexualität zu vergleichen. So sind wir gebaut: Wir wollen uns einerseits mit anderen messen und andererseits dazugehören. Selbst in völlig verkorksten Beziehungen kann man sich oft nicht trennen, weil der andere zur Bestätigung des eigenen Bildes notwendig ist, auch im Negativen. Eine absurde Dummheit der Evolution, denn dadurch ist man seinem Belohnungssystem manchmal schlichtweg ausgeliefert, selbst wenn ein anderes Verhalten letztendlich vorteilhafter wäre.

Schon Kinder leiden darunter, wenn sie keine Freunde finden oder Freundschaften zerbrechen. Einsamkeit macht krank: Keine sozialen Kontakte zu haben ist genauso schädlich, wie 15 Zigaretten am Tag zu rauchen, und deutlich schädlicher, als keinen Sport zu treiben. So die Ergebnisse einer Metaanalyse von fast 150 Längsschnittstudien mit über 300 000 Probanden, in der die Auswirkungen fehlender sozialer Beziehungen mit den Gesundheitsrisiken Rauchen, Alkoholkonsum und Übergewicht verglichen wurden.

Aber gehen wir einmal davon aus, dass bis jetzt alles wunderbar gelaufen ist. Wir sind dazu fähig, Freundschaften aufzubauen und aufrechtzuerhalten. Freundschaften helfen uns im Alltag, sie bestärken unser Selbst und befriedigen unsere sozialen Bedürfnisse. Warum also nicht mehr davon haben? Wir fangen vielleicht an, verstärkt zu netzwerken, neue Bekanntschaften als Freunde auf Facebook hinzuzufügen und den Kontakt zu alten Schulfreunden und Sandkastenlieben wiederherzustellen. Manche Menschen sammeln Kontakte wie Bilder – vielleicht aus ähnlichen Motiven, weil sie gierig alles haben wollen? Mit den Menschen sammelt man Erinnerungen, man sammelt vielleicht auch, um eine tödliche Langeweile zu überwinden, um dem eigenen Dasein Sinn zu geben oder um bloß nie einsam zu sein. Manche Männer sammeln Liebschaften; manche Frauen auch. Aber der Tag ist auf 24 Stunden begrenzt, die emotionalen Ressourcen beschränkt, und so reibt man sich auf zwischen vielen »Freunden«, ohne einem Einzigen davon wirklich gerecht werden zu können. Vielleicht schaffen wir es, eine gute Zeit mit einigen dieser Menschen zu haben, aber womöglich läuft das Erinnerungsreservoire über, und wir wissen schließlich nicht einmal mehr, welche Episode zu welchem Menschen gehört.

Facebook – verloren unter 500 Freunden

Egal wie viele Kontakte Sie in Ihrem Adressbuch haben, sobald Sie sich ein Profil bei Facebook zulegen und es pflegen, wird sich die Anzahl potenzieren. Freunde aus der Grundschule werden sich melden, zu denen Sie über Jahrzehnte keinen Kontakt mehr hatten. Urlaubsbekanntschaften tauchen im virtuellen Pool wieder auf, Begegnungen von Partys oder auch völlig fremde Menschen, die Sie nie zuvor gesehen haben und die einfach Gefallen an Ihrem Profilfoto gefunden haben. Sie werden sich mit den Mitgliedern Ihres Sportvereins oder Ihres Chores vernetzen, genauso wie mit Ihren Kindern und mit deren Freunden.

Irgendwann kommen Sie auf eine stattliche Anzahl von 50, 100 oder sogar 500 Freunden. Und die wollen es ganz genau wissen: Was Sie zum Frühstück essen. Was Sie auf den Grill legen. Wann Sie zum Joggen gehen und wie viele Kilometer Sie geschafft haben. Sie erwarten schnelle Antworten auf Chatnachrichten, regelmäßig neue Statusmeldungen auf der Pinnwand, sie wollen »Likes«, also Klicks auf den Gefällt-mir-Button, und anerkennende Kommentare auf ihre eigenen Statusmeldungen. Facebook lebt von regelmäßigen Updates, niemand möchte einen toten Account. Vor allem unter Jugendlichen sind die Reaktionen wichtig, sie steigern den Marktwert. Wer auf ein gepostetes Foto keinen oder nur wenige Kommentare und Likes erhält, ist nicht beliebt. »Ein Opfer«, heißt es dann womöglich unter den »Freunden« und Mitschülern.

Aus der Praxis: Im Strudel des digitalen Feedbacks

Natürlich sind Jugendliche von der Meinung anderer stark abhängig, das gehört zur natürlichen Entwicklung dazu. Aber heutzutage definieren auch Erwachsene ihr Selbstwertgefühl über ihr digitales Umfeld. Vor kurzem kam eine Patientin in die Praxis von Beatrice Wagner: Mari, eine 45-jährige Frau mit eigenem Einkommen und einem guten sozialen Standing. Sie hatte heftigen Liebeskummer, und um sich mit anderen über ihr Problem auszutauschen, hatte sie sich in einem Internetforum für Liebesprobleme registriert. Sie schuf einen Avatar, also ein Bild von sich, gab sich einen anonymen Usernamen und schilderte ihre Situation in einem Posting. »Ich bin rasend verliebt in einen Mann, er aber nicht in mich. Trotzdem haben wir guten Sex. Jetzt hat er eine neue Freundin, will aber den Sex mit mir nicht aufgeben. Was tun?«

Zunächst einmal kam gar keine Antwort. Aber Mari konnte anhand der Klicks verfolgen, wie viele Menschen ihren Beitrag bereits gelesen hatten. »Allein schon dadurch, dass ich wahrgenommen wurde, ging es mir besser«, erzählte Mari in der Therapiestunde. Als dann die ersten Antworten eintrafen und sich die anderen Frauen zu ihrem Problem äußerten, kamen Mari die Tränen, und sie fühlte sich »wie in einer Familie aufgenommen«. Das Forum sah allerdings nicht vor, dass man persönlichen Kontakt zueinander aufbaute, deswegen blieben alle Beteiligten anonym. Doch Mari freute sich, dass ihr Thread (ihr Beitrag mitsamt der Antworten) jeden Tag mehr Klicks erhielt. »Ich guckte dauernd im Internet nach, wie viele Leute meinen Beitrag inzwischen gelesen hatten.«

Irgendwann waren es über tausend. Mari freute sich, dass sie damit besser dastand als die anderen mit ihren Problemen. Um den Inhalt ging es ihr zu diesem Zeitpunkt schon gar nicht mehr so sehr. »Die meisten aus dem Forum rieten mir, den Kontakt zu dem Mann abzubrechen. Das konnte ich aber nicht. Irgendwie habe ich mir eine andere Art von Hilfe erwartet. Ich fing an, meine Antworten besonders provokativ zu formulieren, um wieder Reaktionen darauf zu erhalten. Meine Postings entsprachen immer weniger meiner wirklichen Situation, stattdessen legte ich mich auf meine Rolle fest. Man kann sich ja den fremden Leuten nicht in seiner ganzen Komplexität zeigen. Ich behauptete, mit dem Gefühlskram gut zurechtzukommen und dass es mir wichtiger sei, weiterhin guten Sex zu haben. Ich schrieb, es sei besser, noch Sex von ihm zu bekommen als gar nichts mehr. Diese Einstellung fanden die anderen falsch und wollten mich vom Gegenteil überzeugen.« Bedeutsamer als der Inhalt der Postings war für Mari die Tatsache, dass die anderen Forumsmitglieder überhaupt reagierten.

Irgendwann aber hörte Mari damit auf. Von einem Tag auf den anderen besuchte sie ihren Account nicht mehr. Sie postete nichts mehr. Sie las nichts mehr. Sie meldete sich nicht einmal aus dem Forum ab, sie hörte einfach auf, sich dort einzuloggen. Nie mehr, kein einziges Mal. Natürlich klingelte daraufhin niemand an ihrer Haustür, um zu fragen, was los sei. Niemand rief sie deswegen an, niemand schrieb ihr einen Brief oder eine SMS oder eine E-Mail, denn diese Kontaktdaten waren im Forum nicht bekannt. Mari ist dort wie Phönix aus der Asche aufgetaucht, hat ihr Leben offenbart, sich fremden Usern anvertraut, und als ihr irgendetwas nicht mehr passte, brach sie den Kontakt radikal ab.

Was war geschehen? Irgendwann belastete sie die Trennung von Sex und Gefühlen so sehr, dass sie einen emotionalen Zusammenbruch erlitt, den sie niemandem im Forum eingestehen wollte. Es war ihr peinlich. Mari befürchtete also, dass ihr Avatar, ihre Kunstfigur, in einem anonymen Forum seinen Ruf verlieren könnte. Ist das zu verstehen? »Ich hatte vor allem Angst, dass ich dort in die Beliebigkeit abrutsche. Dass ich genauso bin wie alle anderen. Dass ich höhnische Kommentare geerntet hätte und bald vergessen worden wäre. Das hätte ich damals nicht ertragen«, meinte Mari später in der Therapiestunde.

Warum aber war der anonyme Austausch so reizvoll? Zunächst einmal war das Forum wie ein neuer »seelischer« Ort für Mari.

Hier fand sie einen virtuellen Raum, in dem sie neuen Bekanntschaften mit ähnlichen Problemen begegnete. Diese interessierten sich für sie, schenkten ihr Aufmerksamkeit und gaben ihr Ratschläge. So als könne man in diesem Umfeld das ganze Prozedere von Kennenlernen und Vertrauensaufbau überspringen.

Soziale Netzwerke machen es möglich, sich gegenüber Fremden aufs Intimste zu öffnen und sich schnell als Mitglied einer Gemeinschaft zu fühlen. Mari sagte dazu: »Es war schon fast wie ein Suchtverhalten. Jede eingehende Antwort rief ein Pling auf meinem Handy hervor, ich habe mich dann sofort ins Forum eingeloggt, um die Antwort komplett zu lesen. Das hat mir irgendwie Sinn gegeben.« Es ist also offenbar das Gefühl dazuzugehören, die Konnektivität, das Verbundensein, was Mari gesucht hat. Und das scheint einen Suchttrieb hervorzurufen. »Gut vorstellbar, dass das Pling auf dem Handy jedes Mal einen Dopaminausstoß in Maris Gehirn hervorrief, der stimulierend wirkte«, sagt Ernst Pöppel. Das Dopamin wird dann zur Antriebsfeder für neue provozierende Postings, welche wiederum Antworten und damit dopaminausschüttende Plings hervorrufen.

Aber die große Gefahr einer Sucht besteht ja unter anderem darin, dass sie nicht das wahre Leben spiegelt, sondern eine Illusion nährt. Wahre Freundschaften setzen die gegenseitige innere Bereitschaft voraus, sich einem anderen anzuvertrauen und sich das Vertrauen des anderen zu erwerben. Davor ist eine Phase des Kennenlernens und behutsamen Annäherns nötig. Auf die Dauer aber stellt sich sogar eine wechselseitige Neuroplastizität ein. Die Gehirne von Freunden passen sich in ihrer Informationsverarbeitung aneinander an, sie finden anstrengungslose Formen der Kommunikation miteinander. Die einfache These dahinter: Das Gehirn ändert sich immer, wenn wir etwas mit hoher emotionaler Intensität tun. Wenn dies wechselseitig ist, passen sich neuronale Prozesse aneinander an. Sie ändern sich, der Gleichklang zwischen Gehirnen durch gute Kommunikation und der Missklang durch schlechte Kommunikation sind im Gehirn verankert. Das nennt man Neuroplastizität. Wenn Menschen lange zusammenle-

Die eineiigen Mallifert-Zwillinge, seit der Geburt getrennt, treffen sich zufällig auf dem Patentamt.

ben, dann weiß der eine bereits, was der andere sagen wird, bevor es ausgesprochen wurde. Dies lässt sich auch gut an Zwillingen beobachten, die zusammen aufgewachsen sind, wie Alexander und Andrew aus Russland, die jetzt in Finnland arbeiten. Die beiden ziehen sich jeden Tag völlig identisch an, und sie schreiben gemeinsam wissenschaftliche Arbeiten, die wie aus einem Guss wirken. Wenn sich Ernst Pöppel mit den beiden unterhält, dann ist es, als rede er eigentlich nur mit einem Gegenüber: Der eine fängt einen Satz an, der andere vollendet ihn. Sie sind so aufeinander eingestellt, dass die Gehirne komplett synchronisiert sind.

Auch Freunde und Partner verändern sich gemeinsam, schwingen sich aufeinander ein, stärken und bestätigen sich gegenseitig – das ist die Koevolution in Beziehungen und Freundschaften. Sie funktioniert aber nur in der direkten Konfrontation.

Was aber, wenn jemand gar nicht erkannt werden will, wie Mari im Liebeskummer-Forum? Mari stellte zwar ihr tatsächliches Problem zur Schau, aber zeichnete sich in den Antworten, die sie den anderen gab, als jemand anderes. Sie spielte eine Person, die so gar nicht existierte, indem sie nur einen einzigen Aspekt ihres vielfältigen Charakters preisgab. Das passiert zwar auch in Beziehungen und Freundschaften. Doch im Gegensatz zu Maris Bild im Forum ist das Bild, das wir Freunden und Partnern zeigen, vielschichtiger. Und es wird zwangsläufig mit der Wirklichkeit konfrontiert. Dann setzt die Koevolution ein. Im realen Leben hätte Mari gestehen müssen, dass sie nicht nur stark und geradlinig ist, sondern auch schwach und inkonsequent. Durch die Reaktion anderer lernen wir uns selbst besser kennen, wir erhalten die Chance, bestimmte Aspekte unseres Charakters zu stärken, um mit einem Problem besser umgehen zu können. Das alles funktioniert aber nicht, wenn man eine Geschichte auftischt, die in der virtuellen Welt nicht überprüfbar ist, und schließlich einfach so untertauchen kann.

Im virtuellen Raum können wir uns der Konfrontation mit unseren eigenen Schwächen leichter entziehen – dadurch entgeht uns aber auch die Möglichkeit zu wachsen. Und deswegen sind »Freundschaften«, die rein über soziale Netzwerke oder Internetforen funktionieren, keine Freundschaften.

Ausflug in die Hirnforschung: Das Hirn ist der Prototyp eines Netzwerks

Im Netz von Facebook hat man sogenannte Freunde, im Netz der Politik hat man Parteigänger und Seilschaften, in der Wissenschaft gibt es Zitationskartelle, also eingeschworene Gemeinschaften, die immer nur sich gegenseitig zitieren. Sich zu vernetzen ist angesagt, wer es zu etwas bringen will, dem wird geraten, sein Netzwerk auszubauen und zu pflegen. Manchmal bringt es einen offensichtlichen Nutzen, und manchmal simulieren die Netzwerke auch einfach nur Zugehörigkeit, obwohl sie eigentlich Einsamkeit inszenieren. Das wollen wir im Laufe der nächsten Seiten verdeutlichen.

Aber werfen wir doch zunächst einmal einen Blick ins Gehirn, denn auch dort finden wir Vernetzungen. Jede einzelne Nervenzelle ist höchstens vier Stationen von jeder anderen Nervenzelle im Gehirn entfernt, alle Neuronen sind also sehr nah miteinander verbunden, die Wege kurz. Um seinen Medizinstudenten an der Universität München diese abstrakte Vorstellung und ihre Auswirkungen zu erläutern, wählt Ernst Pöppel in seinen Vorlesungen folgendes Beispiel zur Verdeutlichung: Nehmen wir an, jeder von uns repräsentiert eine Nervenzelle, die beiden Autoren genauso wie die Leser, und dass Autoren und Leser direkt miteinander verbunden sind. Dann ist jeder Leser über nur eine Zwischenstation mit all den Menschen verbunden, die die Autoren kennen. Sie sind somit fast direkt mit Mari, Anni und Claudio aus unseren Praxisgeschichten verbunden. Sie sind auch mit dem Dalai Lama verbunden und ebenso mit einer Prinzessin aus Indien und mit einer aus Sumatra. Sie sind mit den Yanomami-Indianern vom oberen Orinoko im Übergangsgebiet zum Amazonas verbunden, ebenso mit Angela Merkel, Helmut Kohl oder dem Schriftsteller Paulo Coelho. Und ebenso sind natürlich auch Merkel, Kohl und die Yanomami-Indianer verbunden, was sicher zu interessanten Gesprächen führen könnte.

Tatsächlich ist nicht nur das Netz der Nervenzellen unendlich verflochten, auch die Menschheit ist ähnlich strukturiert. Alle Menschen auf der Welt sind über vier bis sieben Stationen miteinander bekannt, das haben verschiedene Studien gezeigt, und Internetnetzwerke wie Xing oder Facebook verdeutlichen uns das, indem sie uns anzeigen, über welche Kontakte wir mit anderen Menschen verbunden sind. Es existiert also eine unvorstellbare Nähe zwischen den Menschen wie auch zwischen den Nervenzellen unseres Hirns. Und deswegen sind Grenzen notwendig, denn wir hätten nicht einmal die Zeit, mit allen Menschen, zu denen Kontakte bestehen, zu kommunizieren. Ähnliches gilt für das Gehirn. Würden alle Neuronen in alle Richtungen »funken«, gäbe es ein Informationschaos. Es ist also eine Notwendigkeit des Gehirns, Grenzen zu ziehen, sodass man auch mal einen Gedanken und ein Gefühl voneinander abgrenzen kann. Dies gelingt dem Gehirn aber nicht immer, sodass es häufig eine Vermischung gibt, der wir nicht aus dem Wege gehen können.

Unser Gehirn ist also der Prototyp aller Netzwerke. Aber während die Forscher noch nach den Vernetzungen schauen, vergessen sie darüber, welche Bedeutung die Abhängigkeit von Elementen innerhalb von größeren Strukturen haben kann und haben muss. Es ist natürlich eine spannende Tatsache, dass in einem System, sei es ein biologisches, sei es ein gesellschaftliches, alles immer miteinander verbunden ist. Aber viel interessanter ist doch, welchen Sinn diese Verbindungen haben.

Friedrich der Große sagte von sich, dass seine Aufgabe nur darin bestünde, für gute Straßen und sichere Grenzen zu sorgen. Was aber auf den Straßen geschieht, ist eine andere Frage: Menschen, die handeln oder sich besuchen, nutzen diese Straßen. Eine Struktur, ein Netz ist also nie nur Selbstzweck. Es kommt immer auch auf die Bedeutung an. Oft genug wird dies vergessen, etwa wenn Menschen scheinbar wahllos Netzwerke verdichten und Kontakte sammeln, ohne sich darüber bewusst zu sein, welchen Zweck dieses Netz für sie erfüllt. Die Struktur des Netzes und seine Bedeutung stehen in einer komplementären Beziehung zueinander. Wenn man aber Facebook und Co. nur nutzt, weil es alle machen, ohne für sich eine tiefere Bedeutung darin zu erkennen, ist das ein Ausdruck von monokausaler Dummheit, mit der wir aber leider alle geschlagen sind.

Simulierte Freundschaften

Der unglaubliche Erfolg von sozialen Netzwerken beruht auf der wirkungsvollen Simulation von Freundschaft. Er zeigt, wie groß offenbar die Sehnsucht ist, aus der Einsamkeit herauszutreten –

und zwar ohne dass man sich zwangsläufig zu seiner realen und physischen Identität bekennen muss. Das ist insofern eine Simulation von Freundschaft, weil es ein unilaterales Verhältnis ist. Man öffnet sich, aber man übernimmt keine Verantwortung für den anderen. Insofern kann man auch von Facebook als Selbstprostitution sprechen.

Man glaubt, sich durch die sozialen Netze ein Netzwerk von Freunden zu schaffen. Im Rahmen des Netzwerkes findet aber gar keine richtige Begegnung statt, als reale Person bleibt man selbst und die anderen unerreichbar. Wenn man jemandem immer nur Nachrichten schreibt, skypt oder Fotos schickt, dann wächst daraus noch keine wirkliche Freundschaft. Es fehlt die körperliche Nähe, dass man zusammen in der Gegenwart ist, sich auch gemeinsam auf seine Umwelt beziehen kann. All das wirkt beziehungsstabilisierend. Das soziale Netz ist ein Sehnsuchtsverstärker, vielleicht gelingt die Illusion von Freundschaft über einen kurzen Zeitraum, aber letztendlich fehlt das beglückende Gefühl, das sich in der gemeinsamen Gegenwart mit einem anderen Menschen einstellen kann – wenn man die Dinge gemeinsam erlebt, statt sich nur gegenseitig davon zu erzählen.

Wird dieser Mangel bewusst, verstärkt sich die Sehnsucht nach Freundschaft. Wer diese Sehnsucht wieder nur über Facebook & Co. zu befriedigen versucht, gerät in einen Teufelskreis, der umso auswegloser ist, je mehr Facebook-»Freunde« man besitzt.

Tipp!
Facebook & Co. den Rücken kehren

Wer sich einen Großteil seiner Zeit dem virtuellen Leben hingibt, verpasst das reale Leben. Dies hat die Geschichte von Mari gezeigt, dies zeigt auch der Lebenslauf von Martin, einem jungen Mann, der mit großer Unsicherheit und Beziehungsproblemen in die Praxis von Beatrice Wagner kam. Wie sich zeigte, fehlen ihm Jahre seiner pubertären Entwicklungszeit, weil er diese Jahre vor dem Computer mit dem Spiel *Counter-Strike* verbracht hat. Hier hatte er sich auf die Ebene der Weltbesten hochgearbeitet, aber die Fragen »Wie gestalte ich eine Freundschaft?«, »Wie lerne ich Menschen kennen?«, »Wie führe ich eine gute Beziehung?« und »Was gibt mir Selbstvertrauen und Stärke?« blieben unbeantwortet.

Nicht jeder, der bei Facebook ist oder ein virtuelles Leben im Internet führt, ist direkt gefährdet. Doch ein täglicher Konsum ab etwa vier Stunden wird als kritisch angesehen. Besonders dann, wenn man darüber andere Tätigkeiten – Arbeit, Schule & Studium, Freunde, Essen, Hausarbeit – vernachlässigt. Hier wird in der Therapie zunächst einmal ein Bewusstsein für die Problematik geschaffen, der Patient soll also erkennen, dass sein Konsum über ein gesundes Maß hinausgeht. Dann ist es ratsam, sich zeitliche Grenzen für die Onlinezeit zu setzen und sich gleichzeitig verstärkt an die früheren Interessen zu erinnern und dort anzuknüpfen.

Wer sich wie Mari nicht traut, realen Menschen von schwierigen Lebenssituationen zu erzählen, hat offenbar Probleme mit der personalen Identität. Hier hilft es, sich selbst anhand der eigenen inneren Bilder, des episodischen Gedächtnisses, wiederzuentdecken. Probieren Sie es selbst aus: Schließen Sie die Augen und holen Sie sich die Bilder Ihres Lebens vor Ihr geistiges Auge. Was war Ihnen wichtig? Was hat Sie geprägt? Notieren Sie sich diese Bilder oder machen Sie sich eine Sprachnotiz auf dem Handy. Gehen Sie in den Bildern spazieren. Wer war noch dabei? Wo stehen Sie auf dem Bild? Denn oftmals kann man sich in den Bildern des episodischen Gedächtnisses selbst betrachten.

Wenn Sie auf diese Art den Grundstock Ihres Selbst wiederentdeckt haben, geht es darum, ihn mit dem Hier und Heute zu konfrontieren. Das funktioniert über die Politik der kleinen Schritte: Jeden Tag einen Menschen mit ein bis zwei Sätzen ansprechen – beim Warten an der Kasse oder den Sitznachbarn im Bus. So lernt man, sich langsam wieder mit realen Reaktionen zu konfrontieren.

Wie real sind virtuelle Freunde?

Gehen wir noch einen Schritt weiter: Kann man sich überhaupt sicher sein, dass hinter den Profilen anderer User reale Menschen stehen? Woher wissen wir, dass sich dahinter nicht ein gut programmierter Roboter oder ein Antworten generierender Algorithmus verbirgt? Die erschreckende Wahrheit ist: Selbst wenn es so wäre, würden wir es wahrscheinlich nicht merken. Und wenn wir es merken würden, wäre es uns vermutlich sogar egal. Das hat der Informatiker Joseph Weizenbaum mit ELIZA gezeigt.

ELIZA war eines der ersten sozialen Computerprogramme. Es wurde Mitte der 1960er-Jahre am MIT entwickelt und stellte eine Parodie auf den Therapiestil des US-amerikanischen Psychologen Carl Rogers dar. Dessen Therapieansatz, die klientenzentrierte Gesprächstherapie, verfolgte die wesentlichen Leitlinien, den Patienten Empathie entgegenzubringen und authentisch zu sein.

Wie sollte das ein Computerprogramm leisten? Weizenbaum erstellte eine Menge von allgemeinen Antworten, die er nach einem sinnvollen System den Fragen zuordnete, wobei er einen logischen Gesprächsaufbau verfolgte. Dabei spielt auch die Mustererkennung eine große Rolle. Ein Dialog sah dann ungefähr so aus (aus ELIZA, Weizenbaum 1966):

ELIZA: Ich bin Psychotherapeut. Bitte beschreiben Sie Ihr Problem. Beenden Sie Ihre Eingabe jedes Mal, indem Sie zweimal auf Return drücken.
Junge Frau: Männer sind alle gleich.
ELIZA: In welcher Hinsicht?
Junge Frau: Sie drängen uns immer zu irgendetwas.
ELIZA: Können Sie mir ein Beispiel sagen?
Junge Frau: Ja, mein Freund hat mich dazu überredet hierherzukommen.
ELIZA: Ihr Freund hat Sie dazu überredet hierherzukommen?
Junge Frau: Er sagt, ich bin immer depressiv.
ELIZA: Das tut mir leid, dass Sie immer depressiv sind.

Junge Frau: Das ist wahr. Ich bin unglücklich.

ELIZA: Glauben Sie, ich kann Ihnen helfen, nicht mehr unglücklich zu sein?

Junge Frau: Ich brauche etwas Hilfe, das ist zumindest sicher.

ELIZA: Was würde es Ihnen bedeuten, wenn Sie etwas Hilfe bekämen?

Junge Frau: Vielleicht würde ich lernen, mit meiner Mutter besser auszukommen.

ELIZA: Erzählen Sie mehr über Ihre Familie.

Junge Frau: Meine Mutter hat sich um mich gekümmert.

ELIZA: Wer aus Ihrer Familie hat sich noch um Sie gekümmert?

Junge Frau: Mein Vater.

ELIZA: Ihr Vater?

Junge Frau: Sie sind in gewisser Hinsicht wie mein Vater.

ELIZA: Welche Ähnlichkeiten sehen Sie?

Junge Frau: Sie sind nicht sehr aggressiv, aber ich vermute, Sie möchten nicht, dass ich das bemerke.

ELIZA: Was lässt Sie denken, dass ich nicht sehr aggressiv bin?

Junge Frau: Sie streiten nicht mit mir.

ELIZA: Warum denken Sie, dass ich nicht mit Ihnen streite?

Junge Frau: Sie haben Angst vor mir.

ELIZA: Erfreut es Sie zu glauben, ich hätte Angst vor Ihnen?

Junge Frau: Mein Vater hatte vor jedem Angst.

ELIZA: Was kommt Ihnen noch in den Sinn, wenn Sie an Ihren Vater denken?

Junge Frau: Schikanen.

ELIZA: Hat das etwas mit der Tatsache zu tun, dass Ihr Freund Sie dazu gebracht hat hierherzukommen?

Sind Sie von dieser Schlussfolgerung nicht auch überrascht? Es ist fraglich, ob ein echter Psychotherapeut so schnell auf diesen Zusammenhang (junge Frau lässt sich vom Freund zur Therapie schicken, junge Frau wurde schon vom Vater schikaniert) gestoßen wäre – einem Computerprogramm hätte man diesen Schluss sicher nicht zugetraut. ELIZA aber wusste nicht, was ein Vater ist oder was das Wort Schikanen bedeutet. Aber es hatte einige einprogrammierte Strategien intus. Mit denen konnte es den Eindruck erwecken, es würde auf die Aussagen der jungen Frau eingehen. Es beherrschte zunächst die Fähigkeit, emotionsbesetzte Wörter wie Mutter, Vater, aggressiv, depressiv aufzugreifen und nachzufragen (»Erzählen Sie mehr über Ihre Familie.«). Es war auch dazu in der Lage, Aussagen so umzuformulieren, dass daraus neue Fragen entstanden. Wenn diese beiden Strategien nicht funktionierten, wählte ELIZA aus einem Vorrat von eingespeicherten Fragen eine Formulierung aus (»Inwiefern?«). Und schließlich verknüpfte es die gelernten Wörter und Sätze neu, sodass überraschende Interpretationen entstanden (»Hat das etwas mit der Tatsache zu tun, dass Ihr Freund Sie dazu gebracht hat hierherzukommen?«).

Die ersten Anwender des Programms waren Weizenbaums Studenten. Sie wussten, dass ELIZA kein Bewusstsein hatte. Und dennoch waren sie versessen darauf, sich mit dem Programm zu unterhalten. Das hatte die klinische Psychologin Sherry Turkle Mitte der 1970er-Jahre am MIT beobachtet, als die Diskussionen über künstliche Intelligenz hochkamen. »Ich sah Hunderten von Leuten dabei zu, wie sie den ersten Satz in das primitive Programm schrieben. Meist begannen sie mit ›Wie geht es dir?‹ oder ›Hallo‹. Aber vier oder fünf Sätze später waren sie bei Sätzen wie ›Meine Freundin hat mich verlassen‹, ›Ich habe Angst, in organischer Chemie durchzufallen‹ oder ›Meine Schwester ist gestorben‹ angekommen.« (Nachzulesen in ihrem Buch »Verloren unter 100 Freunden«, Riemann, München 2012.)

Weizenbaum selbst hatte berichtet, dass seine Sekretärin ihn einmal gebeten habe, den Raum zu verlassen, weil sie mit ELIZA ein persönliches Problem besprechen wollte.

Das war vor 50 Jahren. Heute sind die Algorithmen der Programme mit künstlicher Intelligenz noch sehr viel weiter als damals. Die Wahrscheinlichkeit, dass wir heutzutage den Chat mit einem uns nicht persönlich bekannten Facebookfreund als Unterhaltung mit einem Roboter entlarven würden, ist gering. Sind also Facebook & Co. schon so ausgeklügelt, dass sie Bewusstsein und Intelligenz perfekt simulieren und wir keine Chance mehr haben, die Täuschung zu erkennen? Der Turing-Test wäre jedenfalls nicht hilfreich. Dieser Test, 1950 von Alan Turing vorgeschlagen, soll entscheiden helfen, ob das Gegenüber ein Mensch oder eine Maschine ist – natürlich ohne Sichtkontakt bei reiner Kommunikation über die Tastatur. Bei diesem Test wird überprüft, ob eine Argumentation nach menschlichen Maßstäben logisch ist. Das allerdings ist eine künstliche Herangehensweise – im Alltag beurteilen wir andere Menschen nicht gemäß ihrer logischen Denkvorgänge, sondern nach Empathie und ihrem Umgang miteinander.

Hinzu kommt noch ein zweiter Aspekt, der uns daran hindern würde, einen solchen Betrug zu bemerken: Offenbar wollen wir glauben, dass das Wesen, mit dem wir kommunizieren, Intelligenz und Bewusstsein besitzt. »Wir alle sind dem Pygmalioneffekt ausgeliefert: Wir schreiben anderen Erscheinungen immer Bewusstsein zu, sobald gewisse Randbedingungen vorherrschen«, erklärt Ernst Pöppel. Und damit sind wir in guter Gesellschaft.

Schauen wir uns einmal den Pygmalioneffekt genauer an, der seit bald 100 Jahren in Psychologie und Hirnforschung bekannt ist und der in der ursprünglichen Definition bedeutet, dass man Leben in etwas Totes hineininterpretiert. Pygmalion war ein zypriotischer Goldschmied, der eine Frauenfigur aus Elfenbein geschaffen hatte. Diese war ihm so gut gelungen, dass er sich in sein eigenes Kunstwerk verliebte. Er fasste das Elfenbein an und stellte plötzlich fest, dass es sich gar nicht mehr so hart und kalt anfühlte. Darauf bekamen die Götter Mitleid mit ihm und erweckten die

Figur zum Leben. So beschreibt es Ovid in seinen »Metamorphosen«. Später schrieb George Bernard Shaw ein Bühnenstück mit dem Namen Pygmalion, in dem ein Professor der Sprachwissenschaft das einfache Blumenmädchen Eliza Dolittle dazu erzieht, im feinen Akzent der Londoner High Society zu sprechen, um zu beweisen, dass er sie als Herzogin ausgeben kann. Auf Grundlage des Stücks entstanden das Musical und der Film »My Fair Lady«. Weizenbaums ELIZA wurde nach der Figur des Blumenmädchens benannt und zeigte ebenfalls, dass wir einen Mensch oder eine Maschine aufgrund der Sprache für etwas halten, was er, sie oder es nicht ist.

In der Psychologie wird heutzutage übrigens auch folgender Entscheidungsfehler als Pygmalioneffekt bezeichnet: Lehrer beurteilen ihre Schüler deutlich besser, wenn man ihnen zuvor weisgemacht hat, dass diese einen sehr hohen IQ besäßen, obwohl das gar nicht zutrifft. Sie hegen dann eine hohe Erwartung an die Schüler, fördern diese in besonderer Weise, sind nachsichtiger gegenüber Flüchtigkeitsfehlern und motivieren sie zu guten Leistungen, was dann prompt entsprechende Ergebnisse hervorruft (mehr zum Thema »selbsterfüllende Prophezeiung« lesen Sie in Kapitel 6). Erinnern wir uns an die Schülerin Anni aus dem ersten Kapitel: Sie hatte unter einem negativen Pygmalioneffekt zu leiden, weil ihre Lehrer sie für dumm hielten und sie entsprechend behandelten.

Im allgemeineren Verständnis aber besagt der Pygmalioneffekt, dass wir gar nicht anders können, als den Wesen, die sich so bewegen oder ausdrücken, wie wir es tun, Bewusstsein zuschreiben. Das Erlebnis von Nähe, eine gemeinsame Bewegung, Kommunikation – all das ist entscheidend dafür, dass wir andere Menschen als unseresgleichen erkennen, darauf sind wir programmiert.

Weil wir uns über die anderen definieren, weil die anderen konstitutiv für die Herstellung und Aufrechterhaltung unserer eigenen personalen Identität sind, weil wir Feedback brauchen, um wir selbst zu sein, reagieren wir unmittelbar auf solche Reize – selbst wenn sie von einem unbelebten Wesen stammen. Die Natur hat uns so eingerichtet, dass wir uns bei Interaktion mit dem Gegenüber identifizieren und es als unseresgleichen wahrnehmen. Gleichzeitig wird unser Belohnungssystem aktiviert. Das ist einerseits schlau, stellt es doch sicher, dass wir unseren Platz in der Gemeinschaft suchen. Andererseits ist diese Bauart unseres Hirns dumm. Denn selbst wenn wir wissen, dass ein Computerprogramm kein Bewusstsein hat – sobald es auf eine menschenähnliche Art mit uns kommuniziert, unterstellen wir ihm Bewusstsein.

Permanente Illusion

Machen wir gemeinsam einen weiteren Gedankenschritt. Wir können uns jetzt vorstellen, dass einige der anderen User bei Facebook möglicherweise keine Menschen sind. Denken wir noch radikaler. Stellen Sie sich vor, Sie seien der einzige echte Mensch auf Facebook und alle anderen Teilnehmer seien Roboter. Aber das würden Sie gar nicht merken, weil Sie ihnen automatisch Bewusstsein zuschreiben würden. Und vielleicht sind auch die anderen Menschen, die Sie umgeben, nur Projektionen. Wer weiß das schon. Leben wir dann nicht in einer permanenten Illusion, auch von uns selbst? Wir konstituieren uns über die anderen, aber falls die gar nicht existieren, dann simulieren wir unsere Identität nur anhand eines Scheinfeedbacks.

Online oder in großen Netzwerken erhalten wir viele kleine zerstückelte Rückmeldungen auf unser Sein, die uns in Bezug auf unsere Identität aber nicht weiterhelfen. Martin hat beim Onlinespiel gegen andere nicht gelernt, wie man Freunde findet, Mari hat ihr Problem nicht durch das Feedback virtueller Forumsfreunde gelöst. Und umgekehrt zeigen wir uns selbst in künstlichen Rollen und nicht in unserer gesamten komplexen Persönlichkeit. Die Rückmeldung, die wir bekommen, bezieht sich also eigentlich gar nicht auf uns selbst.

Wir brauchen also die anderen Menschen zur Herstellung unserer eigenen Identität. Wir brauchen sie sogar so sehr, dass wir dazu bereit sind, Computerprogrammen (ELIZA) oder Avataren ein Bewusstsein zuzuschreiben und ihnen unser Vertrauen zu schenken. Dagegen ist auch prinzipiell nichts einzuwenden. Solange wir nicht glauben, reine Onlinefreundschaften könnten uns wirklich dabei helfen, unsere Stärken und Grenzen zu entdecken und unsere Identität aufzubauen. Ein ähnlicher Effekt stellt sich ein, wenn wir die natürliche Grenze unserer Kapazität für Menschen missachten. Diese liegt bei etwa 150 Menschen im Bekanntenkreis und bei einer Handvoll Menschen im Freundeskreis. Darüber hinaus nehmen wir die einzelnen Menschen nicht mehr in ihren Unterschieden wahr, wir können ihnen nicht mehr gerecht werden und haben keine Möglichkeit, uns auf ihre Kritik und ihre Anregungen einzulassen. Die sozialen Netzwerke und ein unübersichtlich großer Bekanntenkreis bieten nur Fastfood-Freundschaften: Man erhält sie schnell und muss wenig dafür tun, aber sie ernähren uns nicht nachhaltig. Das aber schadet uns letzten Endes selbst, wir vergeben die Chance, mit der Hilfe anderer zu wachsen (Koevolution) oder unsere verschiedenen Ichanteile (unsere Doppelgänger) zu entdecken.

5

Sich nicht zu entscheiden ist dumm, weil man dann nehmen muss, was übrig bleibt

Entscheidungen treffen heißt, die komplexe Realität auf eine Auswahl zu reduzieren. Aus vielen Möglichkeiten wählen wir einige aus, die anderen lassen wir ungenutzt hinter uns. Nur: Welche wählen wir und welche nicht? Entscheidungen beruhen auf einem komplizierten Prozess, an dem sowohl unsere Gefühle als auch unser Verstand beteiligt sind. Und wie wir sehen werden, spielen weitere Faktoren dabei eine Rolle, die uns teilweise gar nicht bewusst sind. Sie dürfen gespannt sein auf eine vielseitige Reise durch die Welt der Entscheidungsfindung.

Beispiel Beziehungen – von der alten und der neuen Liebe

Gespräch einer Hausschnecke mit sich selbst
Soll i aus meim Hause raus?
Soll i aus meim Hause nit raus?
Einen Schritt raus?
Lieber nit raus?
Hausenitraus –
Hauseraus
Hauseritraus
Hausenaus
Rauserauserauserause . . .

Christian Morgenstern

Manche Entscheidungen fallen wirklich schwer. Und während es für die Hausschnecke in Christian Morgensterns Gedicht nur um die schlichte Frage geht, ob sie ihr Haus verlassen soll oder nicht, stehen wir Menschen häufig vor deutlich komplexeren und weitreichenderen Entscheidungen. Aber wie der Schnecke kann es uns passieren, dass wir uns mit unseren Gedanken im Kreis drehen – unfähig, einen Schritt in die eine oder in die andere Richtung zu tun. So verharren wir reglos und leiden unter unserer Unentschiedenheit.

Aus der Praxis: Gefangen im Schneckenhaus

So erging es auch Manuela: Seit über einem Jahrzehnt hatte sie einen Freund, mit dem sie manchmal sehr glücklich und manchmal sehr unglücklich war, wobei sich die unglücklichen Tage in den letzten Jahren gehäuft hatten. Als sie und ihr bisheriger Freund sich wieder einmal getrennt hatten, lernte Manuela einen anderen Mann kennen – und verliebte sich. Zuerst war sie glücklich und absolut begeistert von ihrem neuen Freund. Plötzlich schien es so leicht, aus ihrem »Schneckenhaus« des Unglücks und der Hoffnungslosigkeit auszubrechen. Doch dann fing ihr ehemaliger Freund an, wieder um sie zu werben. »So sehr habe ich mir früher gewünscht, dass ich ihm nicht egal bin. Jetzt strengt er sich richtig für mich an, aber ich habe jemand anders. Wie soll ich mich entscheiden?«, fragt sie in der Therapiestunde. »Warum entscheiden Sie sich nicht für Ihren neuen Freund?«, fragt die Therapeutin. Manuela antwortet, sie hänge noch sehr an der alten Beziehung. »Und warum kehren Sie dann nicht zu Ihrem früheren Freund zurück?« Auch hier hatte die Patientin ein Argument: »Ich weiß nicht, ob er dann nicht doch wieder so wird wie früher. Aber dann wäre der andere weg.«

Ein Jahr lang verharrte Manuela in diesem Dilemma – unfähig, sich in die eine oder die andere Richtung zu bewegen. Aus Angst, die falsche Entscheidung zu treffen, ließ sie lieber alles einfach weiterlaufen wie bisher. Jeden Morgen hoffte sie, endlich herauszufinden, was sie tun sollte. Jeden Abend stellte sie fest, dass sie es noch immer nicht wusste, und dann war sie froh, wieder einen Tag hinter sich gebracht zu haben, ohne einen der Männer verloren zu haben. »Mir geht es aber nicht gut damit«, gestand Manuela zerknirscht. »Ich bin deprimiert, habe so ein beklemmendes Gefühl, das mich klein macht. Ich kann auch keine Pläne schmieden, nicht einmal für die nächste Woche. Ich sehe mich wie einen Dampfer auf einen Eisberg zufahren. Es ist absehbar, dass es irgendwann knallt und einer der beiden Männer die Nerven verliert und sich verabschiedet. Bei dem bin ich dann unten durch. Aber ich kann nichts tun, um das Steuer in irgendeine Richtung herumzureißen.«

Vor allem tut sich Manuela auch keinen Gefallen, wenn sie sich in dieser Phase der vorläufigen Zwischenlösungen einrichtet. Sie verschenkt ihr Leben, solange sie mit diesem »beklemmenden Gefühl« herumläuft. »Ich fühle mich dabei immer an das Märchen ›Der Froschkönig‹ erinnert. Heinrich, der Diener des verwunschenen Königssohns, hatte sich drei eiserne Bänder um sein Herz schmieden lassen, damit es ihm vor lauter Kummer und Traurigkeit nicht zerbricht. Genauso fühle ich mich. Und ich sehne mich danach, dass diese Bänder einfach zerspringen und abfallen und ich mich frei fühle. Aber das setzt voraus, dass ich einen geraden Weg gehe und mich zu irgendetwas bekenne, anstatt mir alle Optionen offenzuhalten und im Stillstand zu verharren.«

Scheiden tut weh

Entscheidungsunfähigkeit spiegelt meist einen inneren Konflikt wider, und der – das ist bekannt – kann zu psychosomatischen Erscheinungen führen: Herzbeklemmung bzw. Angina Pectoris, Atemnot, Asthmaanfälle, Übelkeit, Magen-Darm-Probleme, Kopfschmerzen, Verspannungen … Ein innerer Konflikt kann sich auch in einer belegten Stimme und unreiner Haut äußern. Ernst Pöppel erinnert sich an chinesische Doktorandinnen an seinem Institut, an deren Hautbild er genau beobachten konnte, dass ihre Anpassung an unsere Lebensweise offenbar konfliktträchtig war. Solche Warnzeichen sollten ernst genommen werden. Anhaltende innere Konflikte können auch zur Folge haben, dass man mit Angst in die Welt blickt. Aber ganz ohne Konflikte geht es nicht. Denn es passiert nur sehr selten, dass man jemanden trifft, mit dem man sich vollkommen wohlfühlt und ganz im Einklang mit sich selbst ist. Bei dem man sich nicht verstellen und verteidigen muss. Dann fällt alles von einem ab. Die Regel ist das allerdings nicht. Ob in unserer Arbeit oder im Zusammenleben – wir werden immer wieder vor kleinere oder größere Konflikte gestellt und müssen uns auf eine Linie festlegen, die wir verfolgen wollen.

Warum aber sind manche Menschen wenig entscheidungsfreudig, selbst wenn sie einsehen, dass es nicht einfach weitergehen kann wie bisher? Die Situation wird dadurch ja nicht besser, ganz im Gegenteil. Wer sich nicht entscheidet, dem werden irgendwann die Karten aus der Hand genommen. Wer sich hingegen entscheidet, hat die Macht, sein Leben selbst zu gestalten, statt seinen Lebensweg von den Entscheidungen seiner Mitmenschen oder äußeren Entwicklungen in seinem Umfeld bestimmen zu lassen. Warum also fürchten Menschen das Entscheiden so sehr? Ganz einfach: Es geht darum, sich zu »ent-scheiden«, also einen von zwei möglichen Wegen zugunsten des anderen aufzugeben. Und das ist nicht nur in der Liebe so.

Arbeit und Studium – der hemmende Perfektionismus

Die unendliche Verbesserungsschleife

Schauen wir uns einmal einen angehenden Professor für Sinnesphysiologie an. Seine Habilitationsschrift hat er fast fertig im Computer. Aber er kann sich nicht dazu durchringen, sie zu vollenden und abzugeben. Denn ihm fällt immer wieder ein neuer Aspekt ein, der einen bestimmten Sachverhalt noch treffender beleuchtet. Sein Ziel ist es, die Arbeit bestmöglich zu verfertigen. Allerdings befindet er sich mittlerweile in der Situation, dass er ältere, früher geschriebene Seiten schon wieder aktualisieren muss. Dadurch stimmen die gedanklichen Anschlüsse nicht mehr, also muss er auch diese ändern oder umstellen. Und so ist sein mittlerweile 500 Seiten starkes Werk in ständiger Umbildung begriffen und quasi nie fertig – eine unendliche Verbesserungsschleife, in der der Wissenschaftler noch Jahre verharren könnte. »Irgendwann muss man sich dazu entscheiden, dass etwas jetzt fertig ist, und die Konsequenzen daraus ziehen. Dieser Zeitpunkt ist bei meinem Kollegen überfällig«, meint Ernst Pöppel dazu. Sich nicht dazu entscheiden zu können ist schade, denn der Wissenschaftler lässt sich die Chancen, die dieser Hochschulabschluss mit sich bringt, durch die Lappen gehen.

Oft hängt ein solches Zögern mit einem starken Bedürfnis nach Perfektion zusammen. Man möchte eine perfekte Arbeit abliefern – ohne kleine Mängel geht es aber nicht, und ein Werk, das alle relevanten Aspekte berücksichtigt und auf dem allerneuesten Stand ist, kann es nicht geben. Wer seine Ansprüche zu hoch setzt, hat Schwierigkeiten, sich mit weniger zufriedenzugeben und die

Arbeit einfach abzuschließen. Auch viele Studenten kennen dieses Problem, weshalb Universitäten bereits Seminare gegen Prokrastination (in den Medien gern auch als »Aufschieberitis« bezeichnet) anbieten. Denn wer sich schwertut, eine Arbeit abzuschließen oder sie überhaupt erst anzufangen, ist meist nicht einfach faul. Oft steckt die tiefgreifende Angst dahinter zu versagen. Keine Entscheidung zu treffen bewahrt dann vermeintlich vor dem Scheitern. Aber letztendlich ist dieses Verhalten dumm: Es lässt uns im Stillstand verharren und verhindert, dass wir unsere Möglichkeiten voll ausschöpfen – vielleicht sogar, dass wir unser Leben so leben, wie wir es uns wünschen.

Tipp!
Sich das Pareto-Prinzip ins Gedächtnis rufen

Wenn es um eine Arbeit geht – sei es ein Schriftstück, ein Projekt oder ein Werk –, kann es helfen, sich an das Pareto-Prinzip zu erinnern. Es leitet sich von der Pareto-Verteilung ab, die der italienische Soziologe und Ökonom Vilfredo Pareto definiert hat, und besagt, dass 80 Prozent eines Projekts in 20 Prozent der Gesamtzeit erledigt werden können. Für die restlichen 20 Prozent, um das Projekt zur Perfektion zu bringen, benötigt man hingegen 80 Prozent der Gesamtzeit. Oft ist es aber gar nicht nötig, die 100 Prozent zu erzielen, es reichen 80 oder 90 Prozent, um das Gewünschte zu erreichen. Hier lässt sich also Zeit sparen. Und wer sich weniger Druck macht und lernt, mit etwas weniger zufrieden zu sein, dem wird es auch leichter fallen, Arbeiten zu beginnen und abzuschließen. Übrigens heißt es, Teppichknüpfer würden in die berühmten Orientteppiche ganz bewusst kleine Fehler einweben – denn Fehler sind menschlich, und das Perfekte ist allein dem Göttlichen vorbehalten.

Mit diesem Tipp wäre dem angehenden Professor vielleicht geholfen. Denn wenn er sich weniger Druck machen würde, fiele es ihm leichter, seine Arbeit abzuschließen – selbst wenn sie nicht hundertprozentig perfekt ist. Manuela allerdings ist ein schwierigerer Fall. Wie ihr Problem gelöst werden konnte, erfahren Sie etwas später in diesem Kapitel.

Ausflug in die Hirnforschung: Wie entscheidet man sich eigentlich?

Wir haben zwei Bewertungssysteme zur Verfügung, mit denen wir entscheiden können: den Faktencheck und die Intuition. Was ein Faktencheck ist, weiß jeder: Man erstellt eine Liste mit Pros und Kontras und wägt dann ab. Die Intuition hingegen wird im Allgemeinen als Ahnung, Eingebung oder innere Stimme definiert, also als ein vermeintliches Gegenteil.

Bevor ein solches »Bauchgefühl« zustande kommt, wird im Gehirn allerdings auch abgewogen, jedoch nicht nur zwischen reinen Fakten und weniger bewusst. In der Intuition spielen Gefühle, nicht unmittelbar bewusste Sachverhalte und schon einmal erlebte Muster eine Rolle. Sie speist sich aus vielen Eindrücken und Erfahrungen, die wir im Laufe unseres Lebens verinnerlicht haben. Das Gehirn ist so stark vernetzt, dass jede seiner 100 Milliarden Nervenzellen nur höchstens vier Schaltstellen von jeder anderen Nervenzelle entfernt ist. Die verschiedenen Informationen, Erinnerungen und Gefühle liegen also alle in schneller Erreichbarkeit zueinander. So wird Intuition überhaupt erst möglich. Wenn wir ein bestimmtes Bauchgefühl haben, stecken unbewusste Denkvorgänge dahinter. Dafür werden Informationen aus allen Bereichen des Gehirns zusammengetragen und schnell verknüpft. Da uns diese Vorgänge aber nicht bewusst sind, wird die Intuition oft als unlogisches Bauchgefühl beschrieben. Das ist jedoch falsch, wir sind nur einfach nicht in der Lage, die komplexen Prozesse zu durchschauen, aufgrund derer unser Hirn zu einer Entscheidung gelangt ist.

Dennoch fällt es oft schwer, die Systeme voneinander zu trennen, meist sind beide an einer Entscheidung beteiligt. Ein rein rationales Vorgehen funktioniert bei kleineren Entscheidungen: Der Wetterbericht kündigt Regen an, soll ich trotzdem ein Kleid anziehen? Bei den größeren wird es schon komplizierter mit dem reinen Abwägen von Fakten. Welchen Partner wähle ich, welches Stellenangebot nehme ich an, in welche Wohnung ziehe ich? Die meisten Menschen werden hier erst einmal rationale Argumente für oder gegen eine Alternative sammeln, um dann letzten Endes doch auf den »Bauch« zu hören, also auf die Intuition. In diese geht auch das ein, was wir uns vorher rational überlegt haben.

Zwischen rationalen und intuitiven Entscheidungen einen Unterschied zu machen ist also dumm, denn natürlich kommen Bauchentscheidungen nicht ohne Vernunft aus, und ebenso beinhalten rationale Entscheidungen immer auch Gefühle und Stimmungen. Wer sich etwa zwischen zwei Stellenangeboten entscheiden darf, wird zum einen Fakten wie Verdienst, Aufstiegschancen und Arbeitsweg berücksichtigen und zum anderen das Grundgefühl, das sich etwa aus den ersten Eindrücken von den künftigen Vorgesetzten und Kollegen ergibt, die unbewusst mit den Erfahrungen aus der Vergangenheit verglichen werden. Sie ahnen es schon: Kommen die beiden Bewertungssysteme – Faktencheck und Intuition – zu einem gegenteiligen Ergebnis, wird es schwierig, eine Entscheidung zu treffen. Dann muss man sich für ein Bewertungssystem entscheiden. Aber für welches?

Ob Kopf oder Bauch uns den besseren Rat geben, hängt davon ab, wie groß unser Erfahrungswissen in dem betreffenden Bereich ist. Dies zeigt eine Studie mit Golfspielern: Anfänger und Profis wurden jeweils gebeten, innerhalb von drei Sekunden einen Golfball zu schlagen. In drei Sekunden kann man kaum taktisch abwägen, da ist die Intuition gefragt. Es zeigte sich, dass die erfahrenen Golfspieler mit dieser Vorgabe ihr Handicap bestätigen konnten, sie waren also genauso gut wie immer. Die unerfahrenen hingegen wurden signifikant schlechter. Das heißt übersetzt: Die erfahrenen brauchten keine taktischen Überlegungen, sie haben sie bereits verinnerlicht und können auf dieses Wissen schnell zugreifen, intuitiv. Die unerfahrenen Golfspieler hingegen haben noch wenig abgespeichertes Körperwissen, weshalb sie mehr Zeit benötigten, um einen Faktencheck durchzuführen, also Wind, Steigung und Entfernung zu bedenken. Der Psychologe Gerd Gigerenzer hat das Ergebnis in seinem Buch »Risiko: Wie man die richtigen Entscheidungen trifft« so interpretiert: Bei großer Erfahrung ist die Intuition nützlich, bei geringer Erfahrung nicht nützlich.

Erahnt hat diesen Zusammenhang bereits der römische Geschichtsschreiber Tacitus, als er auf Reisen die Verhaltensweisen der Germanen beobachtete. Vor wichtigen Entscheidungen – zum Beispiel, ob man zu einem anderen Jagdgrund ziehen sollte – ging der Stammesälteste einmal gemeinsam mit seinem Rat der Weisen die Argumente durch. Im Anschluss wurden berauschende Getränke verteilt, die Emotionen traten stärker hervor, und man beriet sich noch einmal. Als gut befunden wurde eine Entscheidung erst dann, wenn sie im Rausch und bei nüchternem Verstand identisch war.

Dass das Gleichgewicht von Intuition und Ratio trotz der umgangssprachlichen Rede vom Bauchgefühl im Hirn verankert ist, zeigt das Beispiel des amerikanischen Eisenbahnarbeiters Phineas P. Gage, der 1848 einen schweren Unfall erlitt. Bei einer Sprengung durchbohrte eine fehlgeleitete Eisenstange Gages Gesicht unterhalb des linken Wangenknochens und trat oben an der Schädeldecke wieder aus. Trotz der verheerenden Verletzung: Phineas Gage überlebte, und die Wunde heilte. Nach Angaben seines Arztes Dr. John D. Harlow, behielt Gage auch seine intellektuellen Fähigkeiten. Aber sein Wesen war verändert: Aus einem friedlichen, ausgeglichenen und umgänglichen Mann war durch den Unfall ein unberechenbarer streitlustiger Choleriker geworden. Dank der exakten Dokumentation der Persönlichkeitsveränderungen, die der Arbeiter zeigte, war Gages Fall für die Forschung sehr hilfreich. Jahre nach seinem Tod konnte man anhand der Löcher in seinem Schädel auch die verletzten Hirnareale definieren. Es sind Bereiche im orbitofrontalen und präfrontalen Kortex. Hier sind also offenbar Neuronen angesiedelt, die hemmend auf unüberlegte emotionale Ausbrüche wirken. Emotionale Reaktionen sind nämlich alle bereits im Gehirn gespeichert, als Muster sind sie immer schon da. Doch damit es zum emotionalen Ausbruch kommt, damit die Muster aktiviert werden, müssen sie durch bestimmte Reize enthemmt werden. Diese Enthemmung schien bei Phineas Gage nach seinem Unfall schneller abzulaufen als vorher. Zudem hatten sich bei ihm offenbar die rationalen Bewertungen, die hemmend wirken, von den emotionalen Prozessen abgekoppelt und besaßen keinen Einfluss mehr, weswegen sich bei ihm die Emotionen durchsetzen konnten. Wir können also schlussfolgern: Menschen sind prinzipiell so angelegt, dass in ihrem Gehirn emotionale Impulse und rationale Überlegungen miteinander konkurrieren und sich individuell unterschiedlich stark durchsetzen.

Ethische Dilemmata – von der Innen- und der Außenperspektive

Aktiv töten oder passiv sterben lassen?

Das umgekehrte Phänomen und damit eine weitere potenzielle Fehlerquelle des menschlichen Gehirns lässt sich bei einer anderen psychischen Störung beobachten: der dissozialen Persönlichkeitsstörung. Ein Subtyp dieser Störung war früher unter Psychopathie geläufig. Darunter versteht man Menschen mit einem abnormen, meist schädigenden Verhalten gegenüber der sozialen Umwelt, das sich etwa durch Aggressivität, mangelndes Einfühlungsvermögen und daraus resultierend Rücksichtslosigkeit, kriminelles Verhalten ohne Reue und eine Unfähigkeit, aus Fehlern zu lernen, zeigt. Bei manchen dieser Menschen sind die emotionalen Reaktionsmuster, die wir vorhin beschrieben haben, schwach ausgebildet. Sie sind sehr wohl in der Lage, Gefühle bei anderen Menschen wahrzunehmen und zu analysieren, sind selbst in ihrem Empfinden aber eingeschränkt. Da ihnen die Gefühle nicht »in die Quere kommen«, können »Psychopathen« Entscheidungen ohne eine emotionale Bewertung treffen, wie ein Computer – sie wägen einfach nur die Vor- und Nachteile gegeneinander ab. Übrigens ist Betroffenen dieses Defizit nicht sofort anzumerken, viele wirken nett, manche entwickeln sogar einen überaus anziehenden Charme, der es ihnen aber auch leicht macht, ihr Gegenüber zu manipulieren. Untersuchungen jedoch zeigen, dass Psychopathen bzw. Menschen mit einer dissozialen Persönlichkeitsstörung anders ticken als die meisten Menschen und bei moralischen Urteilen völlig aufgeschmissen sind – denn sie entscheiden rein rational, ohne Gefühle, die bei dieser Art von Entscheidungen aber ein äußerst wichtiger Gradmesser sind.

Ein typisches moralisches Dilemma in einem Gedankenexperiment ist folgendes: Man kann fünf Personen retten, indem man einen einzigen Menschen dafür opfert. Dies hat die Philosophin Philippa Foot im Jahr 1978 als Trolley-Problem beschrieben: »Eine Straßenbahn ist außer Kontrolle geraten und droht fünf Personen zu überrollen. Durch Umstellen einer Weiche kann die Straßenbahn auf ein anderes Gleis umgeleitet werden. Unglücklicherweise befindet sich dort eine weitere Person. Darf (durch Umlegen der Weiche) der Tod einer Person in Kauf genommen werden, um das Leben von fünf Personen zu retten?« Rational wäre es natürlich vollkommen logisch, dies zu tun. Ein Computer würde per Analyse zu diesem Ergebnis kommen, ein Psychopath ebenso, und selbst in Ethikkommissionen werden solche Schlüsse erwogen. Was aber, wenn man nicht nur zwischen dem Tod eines oder mehrerer Menschen wählen, sondern aktiv den Tod eines Menschen herbeiführen muss, um andere zu retten? Um diese Variante ergänzte die Philosophin Judith Jarvis Thomson das Trolley-Problem: Wenn es konkret darum geht, einen Menschen selbst zu opfern, indem man ihm etwa aktiv einen Schubs gibt, damit er von einer Brücke auf die Gleise stürzt und so mit seinem Körper die Straßenbahn aufhält, dann würden die meisten Menschen zögern, selbst wenn sie dadurch das Leben fünf anderer retten könnten.

Hier sehen wir, wie sich Verstand und Gefühle widersprechen: Was rational vernünftig erscheint, ist emotional nicht auszuhalten und daher nicht ausführbar. Die meisten von uns würden – vor eine ähnliche Entscheidung gestellt – höchstwahrscheinlich gar nicht handeln, um nicht in einen Gewissenskonflikt zu geraten. Man nimmt lieber durch passives Nichthandeln in Kauf, dass weitere Menschen sterben, als aktiv einen einzigen Menschen umzubringen. Unsere Gefühle verleiten uns also dazu, »dumme« Entscheidungen zu treffen, denn rein rational, aus den Augen eines Psychopathen gesehen, wäre es vernünftig, den einen Menschen zu opfern. Aber warum fällt uns die Umsetzung einer solchen Entscheidung so schwer, obwohl sie vernünftig ist? Insgeheim spielt hier sicher die Verdrängung eine große Rolle. Vielleicht hofft man darauf, doch noch alle Menschen retten zu können, wenn in letzter Sekunde Hilfe von unbekannter Seite naht, der »Deus ex Machina«.

Rationale und emotionale Verflechtungen

Mit Entscheidungen in schwierigen Situationen hat sich auch der Doktorand Mihail Avram an der Universität München beschäftigt, als er den Wert von moralischen Urteilen untersuchte. Er hat herausgefunden, dass es für das Gehirn einen fundamentalen Unterschied macht, ob ein moralisches Urteil aus der Außenperspektive getroffen wird oder ob man selbst vor einer Entscheidung steht. Anhand von Aufnahmen aus einer funktionellen Magnetresonanztomographie (fMRT) konnte Avram sogar nachweisen, dass an den Bewertungen völlig unterschiedliche Hirnregionen beteiligt sind, je nachdem, ob man sozusagen aus »sicherer Entfernung« über eine Grundsatzfrage entscheidet oder sie durch aktives Handeln selbst umsetzen muss – etwa indem man jemandem einen Schubs von der Klippe gibt.

Dieser Unterschied dürfte jedem klar sein, der schon mal einen klugen Rat gegeben hat und später vor der gleichen Situation stand – oder einen Rat erhalten hat, der objektiv betrachtet logisch, subjektiv aber nicht hilfreich war. Und trotzdem verhalten sich Menschen täglich so, als gäbe es keinen Unterschied zwischen diesen beiden Entscheidungsprozessen. Ethikkommissionen beispielsweise, deren Aufgabe es ist, Forschungsvorhaben zu beurteilen, die an Lebewesen durchgeführt werden, machen das immer aus der Außenperspektive. Würden sich die Kommissionsmitglieder in die Situation versetzen, selbst handeln zu müssen, würden die Bewertungen häufig ganz anders ausfallen. Denn so wichtig es ist, rational abzuwägen – moralische Urteile sind immer auch emotional eingebettet. Das Gefühl sagt uns, wie wir uns »richtig« verhalten. Und hier kommen wir wieder zum Psychopathen und dem wesentlichen Unterschied zu anderen Menschen: Der Psychopath ist in der Lage, aus der Außenperspektive nicht nur zu urteilen, sondern auch zu handeln. Seine Gefühle würden ihn nicht daran hindern, die zu opfernde Person mit eigenen Händen in die Tiefe zu stürzen und dennoch zufrieden mit sich zu sein, schließlich hat er die rational beste Lösung umgesetzt.

In dieser Weise simulieren Mitglieder von Ethikkommissionen also psychopathisches Verhalten, und das ist dumm. Denn diese Kommissionen machen schließlich keine Gedankenexperimente im luftleeren Raum und nur zu ihrem eigenen Vergnügen. Sie legen fest, wie andere Menschen sich in heiklen Situationen verhalten sollen. Daher ist es notwendig, sich in die Lage der ausführenden Personen zu versetzen und deren Gefühle in ausreichendem Maße in die Bewertung einzubeziehen. Dass Experten aber oft genug zu weit von dem Problem entfernt sind, das sie lösen sollen, und daher schlechte, problematische oder schlicht nicht durchführbare Entscheidungen treffen, werden wir im nächsten Kapitel sehen.

Auch in der Politik tut man häufig so, als gehe es darum, rein rationale Entscheidungen ohne jegliche emotionale Beteiligung zu treffen. Dabei müssen wir doch nur einmal einen Blick auf eine Bundestagsdebatte werfen, und schon sehen wir heiße Diskussionen und überkochende Emotionen. Für die Bürger ist das nicht schön anzuschauen – man fragt sich, wie die Politiker eigentlich miteinander regieren wollen, wenn sie sich permanent so zerstreiten. Aber diese Debatten zeigen uns, dass auch politische Urteile voller Emotionen sind und nicht kühl und rational getroffen werden. Und das ist auch gut so! Es wäre dumm, dies zu leugnen. Streit ist der notwendige Ausdruck dafür, dass menschliche und menschengemäße Entscheidungen getroffen werden.

So verhält es sich also im Menschen: Entscheidungen haben stets eine rationale und eine emotionale Basis, die mal mehr, mal weniger stark miteinander verflochten sind. Die wenigsten Zutaten und Erwägungen, die zu einer Entscheidung führen, werden uns bewusst, denn es würde uns schlicht überfordern, wenn uns alle diesbezüglichen Denk- und Entscheidungsprozesse bewusst wären.

Aber so kompliziert Entscheidungen auch sind, wir haben bereits festgestellt, dass es dumm ist, sich nicht zu entscheiden. Und wir wissen nun, dass eine Entscheidung klug und angemessen ist, wenn sich Intuition (inklusive der Gefühle) und Vernunft einig sind. Was aber können wir tun, wenn uns beide Systeme unterschiedliche Resultate einflüstern? Dann müssen wir noch einen dritten Faktor mit ins Spiel bringen: die Zeit. Damit wir mit unseren Entscheidungen glücklich sind, brauchen wir eine gesunde Basis – und wenn diese noch nicht vorhanden ist, braucht es vielleicht einfach noch etwas Zeit, bis sie sich entwickelt hat. Werfen wir daher einen kurzen Blick auf die asiatische Art, sich zu entscheiden.

Geschäftswelt – der japanische Weg zur Zusammenarbeit

Können wir überhaupt zusammenarbeiten?

Haben Sie schon einmal von Asimo gehört? Asimo ist ein humanoider Roboter, der von der japanischen Firma Honda entwickelt wurde. Das ehrgeizige Ziel: einen Menschen so gut wie möglich zu imitieren. Asimo sieht nett aus, ein bisschen wie ein kleiner Raumfahrer, spricht selbstständig, kann servieren, dirigieren und Treppen steigen. Seit kurzem kann er sogar laufen – ein Meisterwerk der Technik, denn beim Laufen sind zeitweilig beide Füße gleichzeitig in der Luft.

Bevor Asimo entwickelt wurde, wandte sich der Direktor von Honda an Ernst Pöppel und bat um ein Treffen wegen einer möglichen Zusammenarbeit. Pöppel hatte zunächst keine Ahnung, worum es eigentlich gehen sollte, auch nach dem sechsten oder siebten Meeting nicht. Denn so oft traf er sich, mal in München, mal in Tokio, mit einer kleinen Delegation von vier oder fünf Leuten vom Honda-Vorstand. Während dieser Meetings wurde kein Wort über mögliche Projekte verloren – stattdessen speiste man zusammen und lernte sich kennen. Eine Atmosphäre des Vertrauens wurde aufgebaut. Die Frage, die im Raum stand, lautete: Können wir überhaupt zusammenarbeiten? Dies war die erste Entscheidung, die zu treffen war. Und dafür braucht es Zeit, um sich kennenzulernen. Die Entscheidung wurde also nicht auf der Grundlage eines anvisierten Ziels getroffen (»Wir brauchen einen Experten für unser Projekt.«), sondern auf der Grundlage einer emotionalen Verbindung, die Voraussetzung für eine Vertrauensbasis ist (»Können wir mit diesem Experten zusammenarbeiten

Beim Laufen ist zeitweilig kein Fuß auf dem Boden. Für Kinder so einfach, doch für den Roboter Asimo eine wahnsinnige Rechenleistung.

und er mit uns?«). Als der Vertrag unterzeichnet wurde, wussten beide Parteien, mit wem sie es – menschlich gesehen – zu tun hatten und worauf sie sich einließen. Und natürlich erfuhr Ernst Pöppel dann auch, was der Honda-Chef sich von ihm wünschte: Es ging um die Beantwortung der Frage, ob Menschen bereit dazu sind, sich von einem humanoiden Computer unterstützen zu lassen, und in welchen Bereichen und unter welcher Voraussetzungen sie dies tun.

Professor Pöppel sagt: Es geht in erster Linie um Menschen

Für Ernst Pöppel war diese Art, Geschäfte zu machen, neu, aber gut: »Wenn Unternehmen zusammengeführt werden, dann geht das in 75 Prozent der Fälle schief. Entscheidungen werden auf einer abstrakten Ebene getroffen, man hat dabei nur den Umsatz im Auge, den Börsenwert, den man notiert.« Mit dem damaligen Vorstandsvorsitzenden und dem Cheftechniker von Honda ist er hingegen bis heute befreundet, obwohl das gemeinsame Projekt mittlerweile abgeschlossen ist. »Es geht immer um Beziehungen zwischen Menschen. Das könnten wir auch für unsere Politik und Wirtschaft übernehmen. Hier werden die Ziele häufig ohne Berücksichtigung der Menschen abgesteckt. Dabei vergessen die Verantwortlichen, dass es Personen sind, die zusammenarbeiten«, so Pöppel.

Eine Entscheidung muss zur richtigen Zeit gefällt werden, und was die richtige Zeit ist, das kann von Kultur zu Kultur unterschiedlich sein. Darin besteht auch die Hauptproblematik bei interkulturellen Kommunikationsprozessen, sowohl in der Wirtschaft als auch im Privaten. Westliche Unternehmer drängen auf schnellen Abschluss, während östliche Unternehmer abwarten, bis sich eine Vertrauensbasis entwickelt hat. Hier haben Asiaten, speziell Japaner, einen großen Vorteil, weil sie den anderen warten lassen können. Sie lassen sich nicht unter Zeitdruck setzen. Der westliche Unternehmer wird unruhig, wenn er kein Vorankommen sieht. Doch das Warten wird im besten Fall belohnt: Irgendwann gibt der Chef einer japanischen Delegation – das ist die Person, die sich bis dato am meisten im Hintergrund gehalten hat – ein Zeichen. Er nickt vielleicht nur unmerklich, aber die Botschaft ist für seine Mitarbeiter deutlich: Die Entscheidung ist getroffen. Auch hier sehen wir einen deutlichen Unterschied zwischen beiden Kulturen: Wir sind es gewöhnt, Entscheidungen in Worten auszudrücken beziehungsweise auf deutliche Worte eines anderen zu warten. In Fernost hingegen sind Entscheidungen wortlos.

Tipp!
Den Dingen ihren Lauf lassen

Was wir aus dem japanischen Weg lernen können, ist Folgendes: Wenn zwei Menschen etwas zusammen auf die Beine stellen wollen, bedarf es einer Vertrauensgrundlage – und deren Aufbau benötigt Zeit. Oft hecheln wir einem Ziel hinterher, verlangen uns oder anderen sofortige Entscheidungen ab und versteifen uns auf das punktuelle Ergebnis, statt uns auf den Prozess einzulassen, der dahintersteckt. Denn das sind Entscheidungen: Prozesse, die ihre Zeit brauchen, die reifen müssen. Lässt man sich diese Zeit, dann wird man spüren, wenn es so weit ist – dann fällt die Entscheidung plötzlich leicht, steht klar vor unserem inneren Auge. Das ist das, was die alten Griechen Kairos genannt haben: der genau richtige Moment, etwas zu tun.

Eine neue Liebe als Sprungbrett?

Kommen wir noch einmal zu unserer Eingangsprotagonistin Manuela zurück. Vielleicht ist sie gar nicht entscheidungsunfreudig, sondern stellt nur zu hohe Ansprüche an ihre Entscheidungskompetenz. Wenn man eine langjährige Partnerschaft eingehen will, gehört eine Vertrauensbasis bei den anderen Menschen dazu. Und die ist in Manuelas Fall bei beiden Männern nicht optimal. Mit dem einen, ihrem langjährigen Freund, hat sie ein zerrüttetes Vertrauensverhältnis, vor allem aufgrund der unguten letzten Beziehungsjahre. Und den anderen, den neuen Freund, kennt sie noch nicht so lange. Außerdem fragt sie sich, warum sie sich so schnell durch das Werben eines anderen Mannes in der Beziehung hat erschüttern lassen. Alles spricht dafür, dass die alte Beziehung schon sehr zerrüttet war und es an einer Basis mangelt. Manuela ist aber misstrauisch, ob sie den neuen Mann wirklich liebt oder er nur ein willkommenes »Sprungbrett« ist, um sich von ihrem früheren Freund zu lösen.

Sie ist also offensichtlich verunsichert und benötigt noch Zeit für den Entscheidungsprozess. Die Therapeutin schlägt ihr vor, sich einen Freiraum zu schaffen, in dem keiner der beiden Männer Druck auf sie ausüben kann, denn der Druck scheint sie immer nur mal zum einen und mal zum anderen hinzutreiben. Es braucht eine Auszeit, eine Kontaktsperre zu beiden. In diesen Wochen hat Manuela die Chance, sich zu fragen, wer sie ist und was ihre personale Identität ausmacht. Und tatsächlich: Schon nach den ersten Tagen merkt sie, wo die Gründe für ihre Entscheidungsunfähigkeit liegen. Die Ängste, das Vertraute zu verlassen, einerseits und das Verlangen, mit einem anderen Mann klare Verhältnisse zu schaffen, andererseits stehen sich gegenüber.

Aber worauf genau gründen sich die Ängste? Das ist nun eine konkrete Frage, welche Manuela zusammen mit ihrer Therapeutin Beatrice Wagner besprechen kann. Die Therapeutin gibt ihr eine weitere Anregung: Manuela solle sich einmal wie auf einer Bühne selbst betrachten, als Teil einer griechischen Tragödie. Sie ist dann Zuschauerin und Hauptperson zugleich. Oft fällt der Groschen, wenn man sich nicht immer nur aus der Innenperspektive erlebt, sondern sich selbst auch einmal objektiv von außen betrachtet und zusätzliche Entscheidungsverfahren aktiviert.

Ausflug in die Hirnforschung: Entscheiden wir frei?

Entscheiden wir eigentlich selbst, oder sollten wir nicht besser sagen: Es entscheidet? Aus der Hirnforschung lässt sich diese Frage ganz klar beantworten: Es entscheidet. Denn die meisten Entscheidungen treffen wir gar nicht bewusst, sondern »Es« entscheidet in uns. Egal ob es um kleine oder große Fragen geht: Jeder von uns ist einer Reihe unbewusster Entscheidungsprozesse ausgeliefert.

Wir nähern uns also der philosophischen Frage, ob es einen freien Willen gibt. Doch unserer Ansicht nach ist diese Frage falsch gestellt – sie setzt voraus, dass es den Willen als feste und bewusste Instanz gibt. Dabei kommen unsere Entscheidungen, selbst wenn sie unbewusst und aufgrund von Prozessen, die wir nicht überblicken, in uns getroffen wurden, nicht aus dem luftleeren Raum angeflogen. Sie sind gut begründet, und meist können wir die Gründe für unsere Entscheidung in Worte fassen, obwohl das Abwägen sowohl auf der expliziten (bewussten) als auch auf der impliziten (unbewussten) Ebene passiert. Man könnte sagen:

Es arbeitet in uns, auch wenn wir gerade nicht über unser Dilemma nachdenken. Daher sollte man vom Entscheidungsprozess sprechen, die Entscheidung selbst ist dann nur noch die Weggabelung, an der wir die Abzweigung in die eine oder andere Richtung nehmen – nachdem der Entscheidungsprozess uns zu einem Ergebnis gebracht hat. Was wir also wollen oder nicht wollen, ist das Ergebnis eines Entscheidungsprozesses, von dem uns viele Vorgänge nicht bewusst sind.

In einem Experiment von Benjamin Libet konnte dieser unbewusste Prozess bewiesen werden. Die Probanden wurden instruiert, zu einem willkürlichen Zeitpunkt die Hand zu heben, während ihre Hirnströme mit einem EEG gemessen wurden. Die Probanden sollten nicht etwa planen (also etwa: In fünf Sekunden hebe ich die Hand), sondern sie einfach irgendwann spontan heben. Es zeigte sich: Veränderungen im Gehirn, mit denen die Bewegung eingeleitet wurde, waren bereits zu beobachten, bevor sich die Versuchsperson ihrer Entscheidung, die Hand zu heben, bewusst war. Daraus lässt sich schlussfolgern, dass das Gehirn eine Handlung vorbereitet oder antizipiert, bevor man sich bewusst ist, dass man sie ausführen wird. Manche Hirnforscher deuten die Ergebnisse nun so, dass es keinen freien Willen gäbe. Aber das ist vor allem in einer Hinsicht dämlich: Die Experimente beziehen sich auf Bewegungswissen, also auf unbewusstes oder implizites Wissen. Es ist ein Kategorienfehler, die Ergebnisse auf alle anderen Handlungsweisen und Entscheidungen zu übertragen. Ein wichtiges Argument gegen die These, wir seien unseren unbewussten Denkvorgängen ausgeliefert, die sozusagen über unseren Kopf hinweg für uns entscheiden, ist die Größe und Funktion unseres Frontalhirns. Es macht etwa 40 Prozent unseres gesamten Gehirns aus und ist dafür verantwortlich, dass wir uns neben uns selbst stellen, uns von außen beobachten und unser explizites, also bewusstes Wissen einsetzen können. Das Frontalhirn ist demnach der Ort, der vor allem an Entscheidungen beteiligt ist, in dem das zusammengeführt wird, was bestimmte Handlungen begründet. Warum aber hätte die Evolution diesen Teil unseres Hirns mit 40 Prozent so groß machen sollen, wenn wir ihn gar nicht brauchen?

Wir haben also offensichtlich einen Bereich für implizites Wissen und einen Bereich für explizites Wissen. Aus Vorgängen, die im impliziten Bereich passieren, können wir nicht schlussfolgern, dass es keinen expliziten Bereich gäbe. Insofern hat das Experiment von Libet nur gezeigt, dass wir die Hand heben können, ohne darüber nachzudenken, wenn wir uns zuvor den Befehl dazu gegeben haben. Jeder Menschen, der schon einmal im »Autopilot« kilometerlang auf der Autobahn geradeaus gefahren ist, kennt diesen Mechanismus: Wir schalten, lenken, überholen und bremsen, ohne dass einem geübten Autofahrer diese Vorgänge noch bewusst sind. Trotzdem fahren wir nicht irgendwohin, sondern landen im Allgemeinen da, wo wir auch hinfahren wollten.

Zum Weiterlesen

Augustinus, Aurelius: Bekenntnisse (397/398 n. Chr., hier in der Übersetzung von 1955).

Der Unterschied zwischen implizitem und explizitem Wissen tritt auch in den berühmten Zeilen von Aurelius Augustinus zutage: »Was also ist Zeit? Wenn mich niemand fragt, dann weiß ich es, soll ich es einem Fragenden erklären, dann weiß ich es nicht.« Mit dieser Aussage stimmt aber etwas nicht, sie ist Ausdruck einer »höheren« Dummheit. Hier wird der Begriff Wissen in zwei verschiedenen Kontexten verwendet, einmal als implizites und dann als explizites Wissen. Augustinus vermengt beide Kategorien miteinander. Wenn man beides nicht voneinander trennt, dann gerät man in Ratlosigkeit: Man weiß etwas, ohne es aussprechen zu können. Augustinus' 11. Buch der Bekenntnisse ist die wichtigste Einführung in die Probleme der »Zeit des Menschen und der Zeit überhaupt«. Und es ist ein Beispiel dafür, wie jemand gedanklich und emotional mit einer schwierigen Frage umgeht. Was ist überhaupt unser Zugang zur Zeit? Augustinus meint, dass dies über das Erleben in der Gegenwart geschieht und dass Vergangenheit und Zukunft Abstraktionen aus dem gegenwärtigen Erleben (»contuitus« – Anschauung) heraus sind. Vergangenheit ist Erinnerung (»memoria«), Zukunft ist Erwartung (»expectatio«).

Entlassungspolitik – wie der zeitliche Horizont Entscheidungen bestimmt

Das komplexe Beziehungsgeflecht von Entscheidungen

An einem verantwortungsvollen Manager geht es nicht spurlos vorbei, wenn er in einer Krise für das Wohlergehen eines Konzerns 3000 Menschen entlassen muss. Er leidet darunter und macht es trotzdem. Dies erklärte uns ein Vorstandsvorsitzender, der anonym bleiben möchte.

Ein verantwortungsvoller Unternehmer, der gespart hat, entlässt in der Krise dennoch keine Mitarbeiter, denn er weiß, die Zeiten ändern sich, und dann wird man die Leute, die man jetzt entlässt, wieder brauchen. So sieht es der Inhaber eines mittelständischen Unternehmens in Baden-Württemberg, Weltmarktführer in seiner Produktsparte.

Diese beiden Statements zeigen zwei ganz und gar unterschiedliche Zeitkonzepte. Ein Manager wird für einige Jahre in ein Unternehmen bestellt, er muss vor allem kurz- und mittelfristige Entscheidungen treffen, denn alle drei Monate wird der Börsenwert ermittelt, anhand dessen sich auch der Wert des Managers bemisst. Ein Manager entscheidet also hinsichtlich eines vergleichsweise kurzfristigen Zeitfaktors, welcher sich an seiner eigenen begrenzten Bindung an das Unternehmen misst. Ein Unternehmer hingegen, der meist auch der Eigentümer einer Firma ist, hat einen ganz anderen Entscheidungshorizont. Er ist wahrscheinlich lebenslang mit dem Unternehmen verbunden und hat die Firma vielleicht sogar schon von den Eltern und Großeltern übernommen. Er muss sich also keine Sorgen um seinen Posten machen, sondern das Wohlergehen der Firma jetzt und in Zukunft im Blick behalten. Und daher denkt er nicht nur in Perioden von vier bis fünf Jahren, sondern in Dekaden und Centennien, also in Zehnjahres- und Hundertjahresrhythmen, in die Zukunft. Er hat also eine ganz andere strategische Perspektive, an der sich seine Entscheidungen orientieren.

Wie wir bei konkreten Problemen entscheiden, hängt also auch von unserer Perspektive und unseren höheren Zielen ab. Einzelentscheidungen sind immer in ein komplexes Beziehungsgeflecht eingebettet, das zeigt auch die E-Pyramide des Entscheidens, die Ernst Pöppel erstmals 2008 in seinem Buch »Zum Entscheiden geboren. Hirnforschung für Manager« vorstellte.

Tipp!
Mit der E-Pyramide Held des eigenen Lebens werden

Eine Pyramide setzt sich aus verschiedenen Elementen zusammen, die allesamt vorhanden sein müssen, damit die Form vollkommen ist. Ähnlich verhält es sich mit Entscheidungen – wie bei der Pyramide gibt es eine Basis, die alles trägt. Auf dieser bauen weitere Elemente auf, die schließlich in der Spitze münden: dem obersten Ziel. Wie diese einzelnen Bausteine konkret aussehen könnten, verdeutlichen wir an unserer Protagonistin Manuela, die sich nicht zwischen zwei Männern entscheiden kann.

Beginnen wir bei dem obersten, dem strategischen Ziel (Strategic Goal). Hier befinden sich die Fragen, die bei allen Entscheidungen maßgeblich sind. Sie sind grundsätzlicher Natur, etwa: »Was will ich in meinem Leben erreichen? Wie möchte ich mein Leben gestalten?« Die strategische Ebene gibt das grundlegende Ziel für alle Entscheidungen vor. Strategische Ziele können sein, ein Gleichgewicht (Equilibrium) in seinem persönlichen Leben oder in einer Gesellschaft zu erzeugen. Ein anderes strategisches Ziel, dem alles untergeordnet wird, könnte sein, exzellent in seinem Bereich zu werden, als Wissenschaftler etwa oder als Künstler. Strategische Ziele müssen gar nicht immer explizit ausgespro-

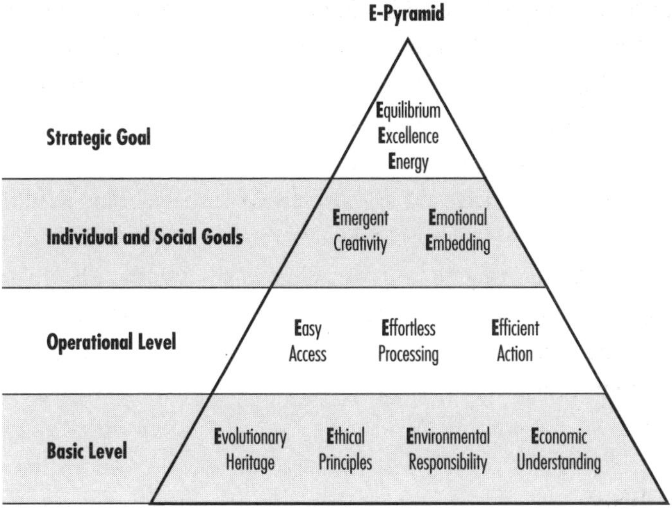

Die Entscheidungspyramide

chen werden. Meist haben wir eine Ahnung davon, was uns wirklich wichtig ist. Diese oberste strategische Ebene setzt sich zusammen aus Lebenserfahrungen, Prägungen durch die Familie und die Umwelt sowie natürlich Emotionen. Nehmen wir an, Manuela hätte das Ziel, ein persönliches Gleichgewicht zu erreichen, das ihr Freiheit ermöglicht. Dann würden die Entscheidungen auf der nachfolgenden Ebene ganz anders ausfallen, als wenn sie sich wünschte, möglichst bald den Hafen der Ehe anzusegeln.

Auf der darunter liegenden Ebene befinden sich die individuellen und sozialen Ziele (Individual and Social Goals). Diese zweitoberste Ebene repräsentiert unser emotionales Eingebettetsein, etwa in die Familie oder den Freundeskreis. Emotionales Eingebettetsein setzt auch voraus, dass man angemessene Umgangsformen mit sich selbst pflegt und seiner eigenen Kreativität Raum gibt. Störungen auf dieser Ebene haben weitreichende Konsequenzen: Wer emotional nicht eingebettet ist, ist kaum gewillt, sich um andere zu kümmern oder sich für gesellschaftliche Belange einzusetzen. Und wessen Kreativität verhindert ist, der gefährdet nicht nur sein eigenes Gleichgewicht, sondern auch das des äußeren Systems, für das Innovationen und neue Gedanken wichtig sind. Manuela zum Beispiel hat das Ziel, ihre Arbeit in einer verantwortungsvollen Position weiterhin gut zu machen. Auch schon deswegen muss sie sich bald entscheiden, um dieses Ziel nicht durch ihre emotionale Unausgeglichenheit (Imbalance) zu gefährden.

Die darunterliegende dritte Ebene ist die operative, also die Ebene der Handlung (Operational Level). Auch diese ist störungsanfällig. Informationen etwa müssen leicht zugänglich sein, so diktiert es unser Gehirn, sonst sperren wir uns, diese wahrzunehmen und uns entsprechend zu verhalten. Damit wir oder andere in der Lage sind, Dinge umzusetzen, müssen wir der Trägheit des menschlichen Geistes entgegenkommen. Es ist ganz natürlich, dass wir möglichst anstrengungslos durchs Leben navigieren wollen, die Faulheit liegt in unseren Genen und ist ein wichtiger Bestandteil unserer Erholung. Nur wenn wir auch (!) faul sein dürfen, können wir effizient handeln. Weiterhin brauchen wir Rückmeldungen über die Effizienz unserer Handlungen, denn ohne Lob und Bestätigung wird unser Hunger nach Belohnung nicht gestillt, und wir werden beim nächsten Mal voraussichtlich keine Lust haben, uns wieder anzustrengen. Hier können wir sehen, wie sich die Umweltbedingungen auf unsere Fähigkeit zu handeln auswirken und unser gesamtes System destabilisieren können: Wenn durch persönliche oder technologische Entwicklungen der Informationsfluss stockt oder er, wie in Diktaturen, aktiv behindert wird, fehlen uns notwendige Richtlinien für unser Handeln. Und befinden wir uns in persönlichen oder beruflichen Beziehungen, in denen wir wenig Feedback dazu bekommen, was unser Tun bewirkt, dann wird uns das Wasser der Motivation abgegraben. Und wie wir wissen, wirken sich Störungen auf einer Ebene immer auf die gesamte Pyramide aus. Dies musste auch Manuela erleben, die sich plötzlich in einer depressiven Verstimmung wiederfand, in der ihr jede Handlung schwerfiel. Sie erlebte also das Gegenteil von anstrengungsloser Handlung, wie es hier ein Kriterium ist. Diese depressive Verstimmung war bei ihr auch der Anlass dafür, sich in therapeutische Hände zu begeben.

Während wir auf der obersten Ebene unsere eigenen grundlegenden Fragen beantwortet haben, geht es auf der untersten Ebene der Pyramide um die Grundbedingungen des Menschen an sich, die Voraussetzung für die Stabilität aller persönlichen und sozialen Systeme sind. Hier, auf dem Basislevel (Basic Level), spielt das evolutionäre Erbe, das wir alle in uns tragen, das uns in Form von genetischen Programmen bestimmt. Sowohl für den einzelnen Menschen als auch für eine Gesellschaft ist es wichtig zu wissen, welches die anthropologischen Universalien sind, die für alle Menschen gelten und denen sich niemand entziehen kann. Wenn wir nicht wissen, wie der Mensch gemeint ist, oder eine politische Klasse dieses Wissen ignoriert, dann bricht ein System zusammen – das hat sich in der Geschichte immer wieder gezeigt. Etwa bei den Azteken, die jungen Männern bei lebendigem Leib das Herz herausrissen, um ihre Götter zu besänftigen. Die Menschenopfer waren in ausuferndem Maße vermutlich erst in der zweiten Hälfte des 15. Jahrhunderts eingeführt worden, kurz vor dem Untergang der Kultur im frühen 16. Jahrhundert. Einige Wissenschaftler deuten sie als erste Zeichen des Untergangs des Aztekenreiches, unabhängig von den Spaniern. Ein so grausames Unterfangen, das allen ethischen Prinzipien zuwiderläuft, ist keine Basis, auf der sich eine Gesellschaft dauerhaft gründen kann.

Diese unterste Ebene ließe sich auch die Ebene der ethischen Prinzipien nennen. Nicht umsonst formulierten verschiedene Denker und religiöse Führer auf der ganzen Welt und zu allen Zeiten die goldene Regel, dass wir uns anderen gegenüber verhalten sollten, wie wir möchten, dass auch sie sich uns gegenüber verhalten. Ob nun das Gebot der Nächstenliebe, das sich in verschiedenen Religionen wiederfindet, Immanuel Kants Kategorischer Imperativ (»Handle nur nach derjenigen Maxime, von der du zugleich wollen kannst, dass sie ein allgemeines Gesetz werde.«) oder das schlichte Sprichwort »Was du nicht willst, das man dir tu, das füg auch keinem andern zu«. Auch Manuela war diesen

Prinzipien unterworfen, denn sie wollte beiden Männern gerecht werden und keinen verletzen. Zur Grundlage unseres Handelns gehört unsere Verantwortung gegenüber der Welt, und zwar sowohl für andere Menschen als auch für Lebewesen und die Natur.

Im Einklang mit der Umwelt zu leben ist heute eine unserer wichtigsten und schwierigsten Herausforderungen. Es gilt, so zu leben, dass wir die Zukunft für nachfolgende Generationen nicht zerstören, indem wir Raubbau an der Umwelt betreiben. Doch wenn man sich einmal ansieht, wie wir Menschen mit den begrenzten Ressourcen umgehen, die uns zur Verfügung stehen, dann müssen wir feststellen: Die größte Dummheit moderner Kulturen besteht vielleicht darin, vergessen zu haben, wie wichtig langfristige Stabilität ist und wie man sich für diese einsetzt. Alte Ethnien haben immer gewusst, dass man seine Ressourcen nicht beliebig ausnutzen kann. Aber der moderne Mensch meint in seinem Fortschrittswahn offenbar, über sich selbst und naturgegebene Beschränkungen hinausgehen zu können. Der starke Glaube daran, dass wir die Welt durch Rationalität gestalten und formen können, hat zu einer beängstigenden Zukunftsblindheit geführt. Immer wieder scheitern Konferenzen, auf denen etwa Klimaabkommen getroffen und CO_2-Grenzwerte festgelegt werden sollen, weil das natürliche Gefühl dafür verloren gegangen ist, wie viel wir der Natur zumuten können, ohne die Lebensbedingungen für unsere Nachfahren zu gefährden.

Auf dem Basislevel der E-Pyramide befindet sich auch der Punkt ökonomisches Verständnis. Dieser Punkt ist vielleicht merkwürdig in einer Entscheidungspyramide. Aber wir leben nun mal in einer Welt, in der Geld wichtig ist, und können uns von diesen äußeren Gegebenheiten nicht einfach loslösen. Anders als in der Utopia von Thomas Morus oder Platon, in der alles nach gleichberechtigten Kriterien organisiert ist, spielen individuelle ökonomische Interessen in jede Entscheidung mit hinein. Natürlich würden wir uns gern davon freisprechen, denn wer gibt schon gern zu, dass er beim Heiratsantrag durchaus auch die Steuerersparnisse im Kopf hatte oder sich nicht aus einer unglücklichen

Ehe befreit, aus Angst, dann mittellos dazustehen? Auch wenn wir nicht immer dazu stehen: Ökonomische Erwägungen fließen permanent in unsere Entscheidungsprozesse ein. Manuelas Ängste etwa bezogen sich zum Teil darauf, dass sie durch den neuen Mann möglicherweise nicht in gleicher Weise in ihrem Beruf unterstützt würde wie durch den früheren Partner. So kam sie in der »Auszeit« ihrer Therapie darauf, erst einmal ihre finanziellen Belange zu ordnen und zu durchdenken, bevor sie die emotionale Entscheidung »Wen liebe ich wirklich?« traf. Auch gesamtgesellschaftlich sind wirtschaftliche Interessen eine wichtige Grundlage für Entscheidungen. Es geht darum, ein Gleichgewicht zwischen staatlichen und individuellen Interessen zu gestalten.

Das Leben gestalten

Entscheidungen bestehen somit aus zehn Elementen auf vier Ebenen, die alle miteinander zusammenhängen. Wenn sich jemand überhaupt nicht entscheiden kann, sollte er sich einmal die E-Pyramide vornehmen und Element für Element durchgehen: Welche ethischen Prinzipien habe ich, die ich auf keinen Fall verletzen will? Wem gegenüber fühle ich mich verantwortlich? Welchen Einfluss haben meine Entscheidungen auf meine Finanzen? Kann ich überhaupt noch anstrengungslos denken und handeln? Arbeite ich effektiv, oder wird sämtliche Energie dem Problem geopfert? Dann muss man den Blick auf die individuellen und sozialen Ziele richten. Hat mein Problem Einfluss auf meine sozialen Kontakte und auf meine Kreativität? Und zuoberst: Was will ich eigentlich vom Leben?

So hat es auch unsere Protagonistin Manuela im Therapiegespräch gemacht, und schließlich fand sie heraus, dass es bei ihr im Punkt »anstrengungsloses Handeln« (Ebene drei) haperte. Sie empfand ihren Alltag, das Geldverdienen, den Haushalt und die täglichen Erledigungen als sehr anstrengend und fühlte sich ausgelaugt. Das lag vor allem daran, dass sie so viel Zeit und Energie in den Entscheidungsprozess steckte, ohne hier wirklich von der Stelle zu kommen. Dies zehrte an ihrer Kreativität, die sie aber bräuchte, um ihrer Angst vor finanziellem Notstand mit beruflichem Erfolg entgegenzutreten. Kreativität bräuchte sie auch, um eine Lösung für ihr Problem zu finden und dann ihr strategisches Ziel zu verwirklichen, nämlich ordentliche ausgeglichene Verhältnisse herzustellen (Ebene eins).

Wir sehen, sich nicht zu entscheiden ist einerseits dumm, denn es macht krank, unzufrieden und hindert letztlich daran, das Leben so zu gestalten, wie man es gern möchte. Aber diese Form von Dummheit ist im Gegensatz zu vielen anderen, die wir in diesem Buch beschrieben, recht einfach lösbar. Zunächst müssen wir uns darüber klar werden, was uns an der Entscheidung hindert. Brauchen wir vielleicht einfach nur Zeit? Dann sollten wir uns diese geben. Aber nicht, indem wir in dumpfer Passivität versinken und darauf warten, dass »Es« sich endlich in uns entscheidet. Sondern indem wir unsere Entscheidungslosigkeit aktiv angehen, die noch fehlenden Bausteine der Pyramide finden und sie einsetzen.

»Ob ich letztendlich der Held meines eigenen Lebens sein werde oder ob jemand anderes dieses Stelle einnehmen wird, das müssen diese Seiten erweisen«, lies Charles Dickens seinen Romanhelden David Copperfield sagen. Es kommt darauf an, der Held seines eigenen Lebens zu sein – derjenige, der die Fäden in der Hand behält und nach einer angemessenen Zeit des Abwägens handelt. Nur so kann man sein eigenes Leben leben, mit allen Konsequenzen, selbst wenn falsche Entscheidungen getroffen werden. Denn manchmal ist es besser, irgendeine Entscheidung zu treffen als gar keine.

6

Expertendenken macht dumm, denn es steht dem eigentlichen Problem fern

Deutschland hat viele Experten – das merkt man schon, wenn man sich durch die Talkshows zappt. Und ein jeder ist der Meinung, es am besten zu wissen. Aber was, wenn etwas schiefgeht? Dann zieht sich mancher Verantwortliche durch fadenscheinige Ausflüchte aus der Affäre, während andere behaupten, das hätte man doch viel früher merken müssen. Und warum geht überhaupt so viel schief, wenn doch nur die Kenner, die Besten der Besten mit wichtigen Projekten beauftragt werden? Das ist die rätselhafte Phänomenologie des Expertentums: Wer das Detailwissen hat, dem fehlt oft der Überblick über das große Ganze. Die Folgen sind verheerend für uns alle.

Zugverkehr – die fatalen Folgen des schlechten Karmas

Beginnen wir mit einer scheinbar schier endlosen Baustelle: die Deutsche Bahn. Jeder schimpft über die Deutsche Bahn, macht sich lustig über Verspätungen, Zugausfälle und kaputte Klimaanlagen. Und tatsächlich: Wer häufig mit der deutschen Bahn reist, wird es selten erlebt haben, dass eine Fahrt problemlos verläuft. Entweder funktionieren die Toiletten nicht, die Klimaanlage ist defekt, dem Bord-Restaurant sind die Getränke ausgegangen oder es fällt gleich ein ganzer Zug aus. Und wenn die Toiletten benutzbar sind, die Temperatur stimmt und das Restaurant sowohl Getränke als auch Essen vorrätig hat, kommt man womöglich sehr viel später an als gewollt. Manchmal erfahren die Fahrgäste erst in letzter Minute, dass der Zug auf einem anderen Gleis hält oder dass sich die Wagenreihung geändert hat. Dann kann man beobachten, wie bis dato ruhig wartende Fahrgäste mit ihren Koffern hektisch die Treppen hoch und runter flitzen oder sich am Bahnsteig neu verteilen: Wer am Gleisanfang stand, muss das Gleisende erreichen, und wer das nicht rechtzeitig schafft, quält sich im Zug durch die gegenläufigen Menschenmassen.

In Japan, wo der Hochgeschwindigkeitszug Shinkansen alle zehn Minuten von Kyoto nach Tokio fährt, gibt es so etwas komischerweise nicht. Man stellt sich am Bahnsteig dort an, wo der Waggon halten wird, für den man eine Platzreservierung hat. Dank der ausgetüftelten Linienzugbeeinflussung (LZB) hält der Zug exakt da, wo er halten soll. Und wenn er nur einen Meter weiter fährt, steht das am nächsten Tag in der Zeitung.

Da aber auch die Bundesbahn ein perfekt durchdachtes System hat, die Mitarbeiter geschult und die Fahrabläufe computerisiert sind, sind doch Fehler eigentlich undenkbar? Für die Probleme kann es also nur eine Begründung geben: Die Fahrgäste sind schuld! Dieser Gedanke kam uns jedenfalls so manches Mal angesichts mürrischer Bahnmitarbeiter, die offenbar einen fahrgastfreien Betrieb anstreben.

Ernst Pöppel denkt mittlerweile, er habe ein schlechtes Bahnkarma: »Immer wenn ich mit dem Zug fahre, geht etwas schief. Beim letzten Mal war die Hälfte der Waggons unbegehbar, und niemand informierte uns, warum. So haben sich alle Passagiere in den verbliebenen Wagen gestapelt.« Oder es gibt Streckensperrungen, weil die Gleise instand gesetzt werden müssen, und Verspätungen aufgrund von falschen Weichenstellungen. Ernst Pöppel hat es sogar erlebt, dass Züge einfach am Zielbahnhof vorbeigerauscht sind. Ein anderes Mal mussten die Fahrgäste mittendrin den Zug wechseln, es hatte Probleme mit den Bremsen gegeben. »Es ist also dringend davon abzuraten, mit mir in den selben Zug zu steigen«, schließt Ernst Pöppel seine Erzählung. Fahrgäste mit schlechtem Bahnkarma wären im fahrgastlosen Zugverkehr natürlich auch Vergangenheit.

Ausflug in die Hirnforschung: Wir sind gut im Aberglauben

Aber Spaß beiseite: Unser Gehirn ist so konzipiert, dass es beständig nach Ursachen und Zusammenhängen sucht. Kommt es immer dann zu Verspätungen, wenn eine bestimmte Person in den Zug steigt, dann neigt der Mensch dazu, aus dem zufälligen Zusammentreffen von zwei Ereignissen eine ursächliche Verbindung zu stricken. Dass unser Gehirn in der Lage ist, Dinge und Ereignisse zueinander in Beziehung zu setzen, ist eigentlich eine sehr nützliche Funktion, ohne die wir uns in der Welt nicht zurechtfinden könnten. Sie kann aber auch dazu führen, dass wir falsche Zusammenhänge herstellen: Das führt dann zum Aberglauben. Und die selbsterfüllende Prophezeiung verstärkt den Aberglauben noch, indem sie scheinbar stichhaltige Beweise liefert.

Glaubt man daran, dass an einem Freitag den 13. alles schiefgehen oder sogar ein Unglück geschehen wird, dann verliert man jegliche Spontaneität. Man handelt nicht mehr normal, weil man sich besonders kontrolliert, jeden Schritt mit größter Vorsicht tut, um das Unglück zu vermeiden. Gerade durch diese Kontrolle passiert es dann wirklich: Wir treten in einen Hundehaufen, weil wir Ausschau nach herunterfallenden Blumentöpfen gehalten haben, oder verheddern uns in der Bettdecke und stolpern, obwohl wir doch schon sicherheitshalber nicht aus dem Haus gegangen sind. Und schon fühlen wir uns in unserem Aberglauben bestätigt, auch wenn er tatsächlich unlogisch ist.

Dass verstärkte Kontrolle sich tatsächlich negativ auswirken kann, liegt daran, dass sie unser Körperwissen aushebelt. Dies ist eine der verschiedenen Wissensformen, die wir besitzen. Bestimmte Bewegungsabläufe, wie etwa Skifahren oder das Navigieren durch den Verkehr, trainieren wir uns einmal an und machen es danach automatisch, ohne noch darüber nachzudenken. Sobald wir aber damit rechnen, dass ein Unglück passiert, setzt die Selbstkontrolle ein. Damit wird die unbewusste zeitliche Abfolge von Bewegungen durch das bewusste Nachdenken darüber unterbrochen – und plötzlich sind wir auf der Piste wieder so ungeschickt wie damals im Anfängerkurs.

Unlogisch ist auch eine andere Form des Aberglaubens, die wir eingangs anhand des Bahnbeispiels beschrieben haben: Dabei bilden wir uns ein, Menschen und Ereignisse würden sich nach uns richten. Das ist purer Egozentrismus – wir halten uns für den Nabel der Welt und glauben, unser Verhalten würde den Lauf der Dinge beeinflussen. Auch Goethe hat in seinem Faust eine Art von Egozentrismus beschrieben, als Mephisto sich in der Hexenküche bei den Katzen nach dem Verbleib der Hexe erkundigt.

Mephistopheles. Es scheint, die Frau ist nicht zuhause?
Die Tiere. Beim Schmause,
Aus dem Haus
Zum Schornstein hinaus!

Mephistopheles. Wie lange pflegt sie wohl zu schwärmen?
Die Tiere. So lange wir uns die Pfoten wärmen.

Als würde sich die Hexe um die warmen Pfoten ihrer Katzen scheren! Zu glauben, man selbst sei die Ursache von allem, ist ein egozentrischer Aberglaube, dem jeder von uns unbewusst immer wieder verfällt, wenn wir sagen: »Ich stehe immer an der falschen Kasse.« Oder: »Ich muss nur den Regenschirm mitnehmen, dann scheint die Sonne.« Oder auch: »Ich ziehe das Unglück magisch an, immer passiert mir so etwas.« Aus dem Zwang des Gehirns heraus, Verbindungen herstellen zu müssen, werden auch solche Ereignisse miteinander verknüpft, die zwar in einem zeitlichen, aber nicht in einem ursächlichen Zusammenhang stehen. Hier muss man die Vernunft einschalten und sich klarmachen, dass augenscheinliche Zusammenhänge nicht unbedingt auch tatsächlich etwas miteinander zu tun haben.

Zum Weiterlesen

Taleb, Nassim Nicholas: Narren des Zufalls. Die verborgene Rolle des Glücks an den Finanzmärkten und im Rest des Lebens. Wiley, Weinheim 2005.

Menschen müssen immer einen Grund für das finden, was geschehen ist. Und da sich Gründe nicht immer leicht angeben lassen, verfällt man gerne in einen Aberglauben, um sein Bedürfnis nach Kausalität zu befriedigen. Wenn man auf sein Leben zurückblickt, dann hat es oft zufällige Konstellationen gegeben, die zu einem Erfolg geführt haben. Doch man ist geneigt, den Glücksfall mit einer Strategie zu verwechseln. Taleb gibt viele Beispiele dafür, wie man sein Geld verlieren kann, wenn man in die »Glücksfalle« tappt und Beratern Glauben schenkt, die auf ihre früheren Erfolge verweisen. Diese Erfolge werden in eine vermeintliche Strategie eingekleidet, um den Kunden von der Intelligenz und Kompetenz des Beraters zu überzeugen. Merkwürdig ist dann nur, dass Nicht-Experten bei Börsenspekulationen genauso gut und oft sogar besser abschneiden als Experten. Viele Ereignisse lassen sich nun einmal nicht voraussagen, und da wir Menschen ungern dem Schicksal oder dem Zufall ausgeliefert sind, suchen und erfinden wir Erklärungen.

Großprojekte – vom grandiosen Scheitern der Profis

Für sich selbst ist die Erkenntis der vorangegangenen Überlegungen umsetzbar, nämlich: Zeitliche Zusammenhänge stehen nicht zwangsläufig auch in einem ursächlichen Zusammenhang; augenscheinliche Zufälle haben nicht unbedingt etwas miteinander zu tun. Für Experten in Großprojekten ist das schon deutlich schwieriger. Denn Experten haben meist einen komplexen Sachverhalt zu überblicken, mit vielen Einflussfaktoren – zu viele für den menschlichen Geist. Dann kann man Ursache und Wirkung nicht mehr so leicht auseinanderhalten, trifft falsche Entscheidungen und es geht eben etwas schief. Wie zum Beispiel beim Bau des Hauptstadtflughafens Berlin-Brandenburg: Der Konsensbeschluss für einen Flughafen südlich von Schönefeld wurde 1996 gefasst. Der erste Spatenstich erfolgte 2006, als möglicher Eröffnungstermin war Oktober 2011 angepeilt worden. Nach Finanzierungsschwierigkeiten, Bürgerprotesten und Planungsfehlern wurde die Eröffnung auf Juni 2012 verschoben. Jetzt aber wirklich!, hieß es. Einen Monat vor der geplanten Eröffnungsfeier – sogar das Catering war schon bestellt – wurde alles abgesagt, auf März 2013 verschoben, dann auf Oktober 2013, dann auf unbestimmte Zeit. Die Kosten explodierten von ursprünglich 1,7 Milliarden Euro (2004) auf über 5 Milliarden Euro (so prognostizierte es der neue Projektleiter Hartmut Mehdorn im Mai 2013). Wer sich aber nun unter BER, dem Flughafen Berlin Brandenburg Willy Brandt, eine Bauruine vorstellt, der irrt. Der Flughafen wirkt fertig, er ist Tag und Nacht hell erleuchtet, die Flachbildschirme zeigen unermüdlich ankommende und abgehende Flüge an, wobei es sich um simulierte Geisterflüge handeln muss, denn der Flughafen ist de facto noch nicht in Betrieb. Im Mai 2013 hat man dann zumindest die Anzeige der Geisterflüge abgestellt. Aber dennoch: Wer denkt sich so etwas aus? Mit welchem Budget werden Geisterflüge errechnet? Mit welchem Kontingent für Energiekosten werden sie angezeigt? Die Betriebskosten für den BER sind höher als die für den laufenden Flughafen Berlin-Tegel. Eine Simulation ist offenbar aufwändiger als die Realität – ebenso wie es auch im täglichen Leben mehr Energie kostet, eine Lüge aufrechtzuerhalten, als die Wahrheit zu sagen.

Wie kann eine Großkatastrophe wie BER überhaupt passieren? Tut sich Deutschland hier besonders schwer? Fast könnte man es meinen, denn wir warten mit weiteren desaströsen Großprojekten auf. Etwa die Hamburger Elbphilharmonie, Stuttgart 21 oder die Einführung der Lkw-Maut auf deutschen Autobahnen durch Toll Collect.

Darf's ein bisschen einfacher sein?

Warum gehen Großprojekte nun wirklich so oft schief? Ist es trotz oder gerade wegen der Experten? Sie merken schon, wir zielen darauf ab, dass viele Experten sich selbst für zu wichtig halten und glauben, alles drehe sich nur um sie und ihre Meinung. Hier liegt in gewisser Weise tatsächlich der Hase im Pfeffer. Aber man kann den Experten kaum einen Vorwurf daraus machen, denn auch sie sind nur Opfer der mangelhaften Hardwareausstattung unseres Verstands.

Unser Gehirn ist nämlich gar nicht dazu in der Lage, eine komplexe Situation vollständig zu erfassen, sondern muss sich bei Großprojekten und anderen komplizierten Sachverhalten einen Trick einfallen lassen, um die Sache einfacher zu gestalten. Es muss also eine Komplexitätsreduktion vornehmen. In einem komplexen System – sei es der Hauptstadtflughafen, der Börsenhandel oder die Auswirkungen unseres Lebenswandels auf die Umwelt – macht ein typischer Experte Folgendes: Er greift sich einen einzelnen Aspekt heraus, anhand dessen er die Situation bewertet und mit dem er arbeitet. Denn ab einer gewissen Komplexitätsstufe ist der menschliche Geist überfordert, sodass er das Problem in einzelne Bereiche unterteilt und versucht, diese gesondert zu verstehen. Für die Teilbereiche entwickelt der Experte einfache Theorien, die tragfähig erscheinen. Dann schlägt er vor, durch Simulationen und Forschung die anstehenden Herausforderungen oder Probleme zu lösen, und erhält in sich stringente Ergebnisse. Ein anderer Experte aber greift sich vielleicht andere Teilaspekte heraus und kommt demnach zu anderen Schlussfolgerungen. Beide Experten haben nun für sich genommen Recht. Aber sie repräsentieren eben nur jeweils einen Teilbereich des Gesamtproblems. Der Projektleiter des Flughafens BER teilte vielleicht die Experten den folgenden Problemen zu: Abflug- und Landebahnen, Abwicklung der Passagiere, Mobilität der Passiere (Parkplätze, Taxistände und öffentlicher Verkehr), Einkaufsshops. Vielleicht hat jeder Experte diese Teilbereiche bestmöglich konzipiert. Nur leider scheint man sich nicht darüber verständigt zu haben, welche Wechselwirkungen zwischen dem Flugbetrieb, den Passagier-Abfertigungsbereichen, dem Publikumsverkehr und den Shops bestehen. Ein solches Großprojekt lässt sich aber nur umsetzen, wenn die Experten für die jeweiligen Einzelbereiche sich untereinander verständigen und auch die anderen Bereiche in ihre Planungen einbeziehen.

Beim Flughafen BER scheint es genau daran gehapert zu haben: Die Experten für die Shops hatten zu viel Einfluss, die Experten für den Flugverkehr zu wenig. Einerseits ist es verständlich, dass den Shoppingbereichen große Aufmerksamkeit gilt, denn immerhin spülen die Einkäufe das meiste Geld in die Kassen eines Flughafens und nicht etwa die Flüge. Trotzdem ist das natürlich viel zu kurz gedacht – denn schließlich sind die Flüge die notwendige Voraussetzung dafür, dass Menschen sich überhaupt am Flughafen aufhalten und in den Shops einkaufen.

Komplexe Projekte stehen also vor dem Problem, dass zu viele Köche leicht den Brei verderben. Andererseits müssen genügend

Experten beteiligt sein, da einer allein alle Bereiche gar nicht überschauen kann. Oder wie es Hannah Arendt einmal formuliert hat: »Es kommt gewiss nur auf Wenige an, doch dürfen der Wenigen nicht zu Wenige sein.« (In: Hannah Arendt/Karl Jaspers: Briefwechsel 1926–1969. Piper, München 1993.) Die ideale Menge an Experten spielt also eine Rolle.

Außerdem muss das Zusammenspiel zwischen den Experten geregelt werden. Meistens geht das nicht von alleine, sondern braucht ein kluges Leadership, das alle Fäden in der Hand und das Gesamtinteresse im Auge behält. Wenn man, wie bei Planung und Bau des Hauptstadtflughafens, viele Experten zusammenbringt, die aber jeweils Experten für etwas anderes sind, dann kann das also nur funktionieren, wenn es eine klare Synchronisation und Aufgabenverteilung gibt. So etwas organisiert sich nicht von selbst, sondern verlangt nach einer Kontrolle von oben nach unten.

Vielleicht mangelt es bei manchen Großprojekten also gar nicht an Experten für die einzelnen Teilbereiche, sondern an kompetenten Projektleitern, die dazu in der Lage sind, ein fachliches Leadership zu übernehmen. So jemand muss nicht unbedingt ein herausragender Experte für die einzelnen Fachbereiche sein, sondern ein Experte für Zusammenhänge, der in der Lage ist, die einzelnen Interessen gegeneinander abzuwägen und die Fachbereiche miteinander zu synchronisieren, zwischen ihnen zu vermitteln und sie auf eine Linie einzuschwören – nämlich die, das Gesamtprojekt so fertigzustellen, dass alle Einzelbereiche möglichst reibungslos nebeneinander und miteinander funktionieren können. Politiker übernehmen solch eine Verantwortung nur zu gerne, zumindest so lange, wie alles gut verläuft. Aber sie sind häufig zu weit vom Fachwissen entfernt, als dass es klappen könnte.

In einem Krankenhaus, bei einer komplizierten Operation beispielsweise, weiß jeder, um was es geht, egal ob Chefarzt oder OP-Schwester. Doch bei der Planung von Großprojekten sind die ernannten leitenden Experten nur allzu oft zu weit von der Realität entfernt und können deswegen die Details nicht begreifen. Sie argumentieren dann damit, es sei ausreichend, wenn jemand die Übersicht behalte, nach dem Motto: »Um Kleinigkeiten kümmert sich der höchste Beamte nicht«, wie es das berühmte lateinische Sprichwort sagt (Minima non curat praetor). Aber ein anderes Sprichwort lautet: »Der Teufel sitzt im Detail.« Und das trifft die Sache schon besser. Wer den Bau eines Großflughafens koordiniert, sollte genügend technischen Verstand besitzen, um zumindest zu wissen, auf welche Informationsquellen man sich verlassen kann, wenn man etwas schon nicht selbst beurteilen kann. Wer nichts von Medizin und vom Ärzteberuf versteht, wird nicht beurteilen können, welche Methoden und Verfahren wirklich innovativ sind. Eine solche Person sollte besser kein Gesundheitsminister werden. Und wer von regenerativen Energien keine Ahnung hat, weil er Jurist ist, läuft vielleicht in die Falle, sich von der falschen Lobbygruppe informieren zu lassen.

Tipp!
Ein gutes Leadership etablieren

Was ließe sich nun aber konkret tun, um das Leadership zu verbessern? Zunächst einmal müssen wir die Perspektive aller Beteiligten berücksichtigen, das heißt Hierarchie und Heterarchie verbinden. Eine hierarchische Organisation ist wichtig, wenn es um Fragen der Verantwortung oder um andere übergeordnete Fragen wie Zeitpläne, politische Entscheidungen oder das Gesamtprojekt geht. Eine Heterarchie hingegen, eine Gleichberechtigung der Menschen auf verschiedenen Ebenen, braucht es, wenn es um geistige Wertschöpfung geht: Der Ingenieur oder Handwerker mit Detailwissen darf keine Angst haben, seinen Chef fachlich zu korrigieren, wenn es sein muss. Das Gleiche gilt für die Studierenden gegenüber dem Professor oder der Professorin. Oder für den jungen Kopiloten gegenüber seinem erfahrenen Kapitän während des Fluges.

Ein guter Leader benötigt also zum einen detailliertes Fachwissen, zum anderen aber auch ein Orientierungswissen über sein gesamtes Aufgabenfeld, das den Überblick gewährleistet. Es muss ihm bewusst sein, dass alle seine Mitarbeiter in ihren speziellen Gebieten und besonderen Aufgaben ebenfalls ein Fachwissen besitzen, wahrscheinlich sogar besser in der Materie zuhause sind. Ein guter Leader hat vor diesen besonderen Tätigkeiten und dem Detailwissen seiner Mitarbeiter Respekt. So werden uns Schieflagen schneller bewusst, und wir sind fähig, ihnen entgegenzusteuern und auf andere zu hören.

Die Risiken des blitzschnellen Bahnverkehrs

Hierzu ein kurzer Schlenker zurück zur Bahn. Selbst Experten, die von ihrer Sache etwas verstehen und in einem gut geführten Team arbeiten, sind nicht davor gefeit, zu merkwürdigen Schlussfolgerungen zu kommen. Daher sollte man generell allen Meinungen erst einmal kritisch begegnen. Dies zeigt etwa eine Anekdote zu einigen Münchner Medizinprofessoren Ende des 19. Jahrhunderts. Damals erreichten die ersten Eisenbahnen in England eine Durchschnittsgeschwindigkeit von 32 bis 49 km/h. Dies entsprach der dreifachen Reisegeschwindigkeit einer Postkutsche. Ein Gutachten sollte nun klären, ob diese »rasende Geschwindigkeit« gesundheitliche Gefahren mit sich bringt. Ein Medizinerkomitee der Universität München kam zu folgendem Schluss: »Die blitzschnelle Bewegung der Wagen müßte bei den Reisenden eine Art Gehirnerschütterung, bei den Zuschauern Schwindel und nervöse Anfälle herbeiführen, und man müsse deshalb die Schienen mit hohen Holzwänden umgeben, um die Bahn den Blicken des Publikums zu entziehen.« (In: Loewenfeld, Leopold: Über die Dummheit. Eine Umschau im Gebiete menschlicher Unzulänglichkeit, 1909.) Nun ja, die Zeiten ändern sich. Nervöse Zustände ereilen die Reisenden heutzutage vor allem dann, wenn der Zug mit 32 bis 49 km/h durch die Landschaft zuckelt, anstatt mit 200 bis 300 km/h seine Reisegeschwindigkeit zu erreichen.

Auch bei anderen Einschätzungen den Bahnverkehr betreffend mussten sich die Experten berichtigen. So wurde die zeitliche Verkürzung für Wegstrecken als »allmähliche und vollständige Vernichtung des Raumes und der Entfernung« definiert und als Nachteil kritisiert. Diese Aussage findet sich in der Zeitschrift *Quarterly Review* aus dem Jahr 1839. 163 Jahre später definierte ein »Experte«, wiederum aus Bayern, ebendiese hohe Geschwindigkeit – wir reden jetzt von den 400 Stundenkilometern eines Transrapids – als Vorteil: »Das bedeutet natürlich, dass der Hauptbahnhof im Grunde genommen näher an Bayern … an die bayerischen Städte heranwächst, weil das ja klar ist, weil auf dem Hauptbahnhof viele Linien aus Bayern zusammenlaufen.« Was soll man dazu sagen? Vielleicht nur lakonisch: Never trust an expert.

Der Zeitfaktor – wie Planungshorizonte das Ergebnis beeinflussen

Ein nicht zu unterschätzender Faktor bei der Planung von Großprojekten ist die Zeit. Experten müssen sich – je nach Branche – in verschiedenen Zeiträumen bewähren. Journalisten etwa denken von Tag zu Tag, denn nichts ist ärgerlicher, als wenn man mit seiner Story einen Tag nach der Konkurrenz herauskommt. Ein täglicher Erfolgszwang, der auch bedeutet, dass wegen eines Knüllers die Recherche schon einmal zu kurz kommen kann. Ein anderes Zeitverständnis haben Investoren: Sie wollen meist nach 12 bis 18 Monaten Erfolge sehen, sonst ziehen sie ihre Gelder zurück. Investoren denken also in Jahresrhythmen. Allerdings bedeuten kurzfristige Erfolge nicht, dass ein Unternehmen auch langfristig gut aufgestellt ist.

Politiker können sich ein wenig mehr Zeit lassen, denn sie müssen in Legislaturperioden von vier bis fünf Jahren denken und planen. Auch für viele Manager gilt dieser Zeitrahmen. In dieser Zeit muss man sich bewähren, allerdings ist das Interesse, langfristig über seine Legislaturperiode hinaus etwas zu verändern, entsprechend gering. Umweltfragen, Energiefragen, soziale Stabilität – das alles sind Bereiche, in denen noch die nächste Generation von heutigen Entscheidungen betroffen ist. Doch wenn die Konsequenzen zutage treten, sind die Verantwortlichen oft schon längst wieder weg vom Fenster, und andere müssen die Sache ausbaden. Für Fehlentscheidungen muss man meist nur in seiner Amtszeit geradestehen.

Das ist eine systemimmanente Dummheit, mit der zum Glück nicht alle Branchen und Berufsgruppen geschlagen sind. Bauern und Forstbesitzer etwa denken sehr viel langfristiger, über Generationen hinweg. »Von dem, was wir heute wiederaufforsten, hat erst die nächste Generation einen Profit. Und wir profitieren von dem, was unsere Eltern investiert und angepflanzt haben«, erzählt uns ein Waldbesitzer. Und es geht nicht nur darum, einfach aufzuforsten, was man gefällt hat, sondern auch künftige Gegebenheiten vorauszuahnen und sich darauf einzustellen. Für die heutigen Waldbesitzer heißt das vor allem, die anstehende Erderwärmung zu berücksichtigen, wenn die Bäume auch in Jahrzehnten noch bei guter Gesundheit sein sollen. Auf die Fichte, die wichtigste Baumart in Deutschland, werden sie künftig verzichten müssen, denn diese reagiert besonders empfindlich auf heiße und trockene Sommer. »Wir pflanzen deswegen in diesem Jahr Ahorn und Ulmen, die werden sich an eine größere Erderwärmung und vermehrte Sommertrockenheit anpassen können.«

Auch Unternehmer, denen eine Firma gehört, denken in langen Zeiträumen von über zehn Jahren, ebenso natürlich Diktaturen und Aristokratien. Langfristiges Denken zahlt sich in den allermeisten Fällen aus, kurzfristige Planungen hingegen sind nicht gerade ein Zeichen von Schlauheit. Dennoch herrschen Letztere heutzutage in den meisten Bereichen vor. Und unser Bildungssystem tut nichts, um uns ein langfristigeres und nachhaltigeres Zeitverständnis zu vermitteln.

Strategische, taktische, operative und neuronale Ebenen

Die von außen vorgegebenen Zeitdimensionen, in denen sich Experten bewähren müssen, sind also ein Aspekt, der Planungen manipulieren kann. Darüber hinaus scheinen Experten die strategische Ebene oft mit der taktischen und der operativen zu verwechseln. Ein Bankexperte, dem die Autoren in einem Interview heftig widersprechen mussten, definierte dies einmal wie folgt: »Wer in kleinen Schritten nicht falsch geht, kann doch im Großen und Ganzen auch nicht danebenliegen.« Aber genau das ist der

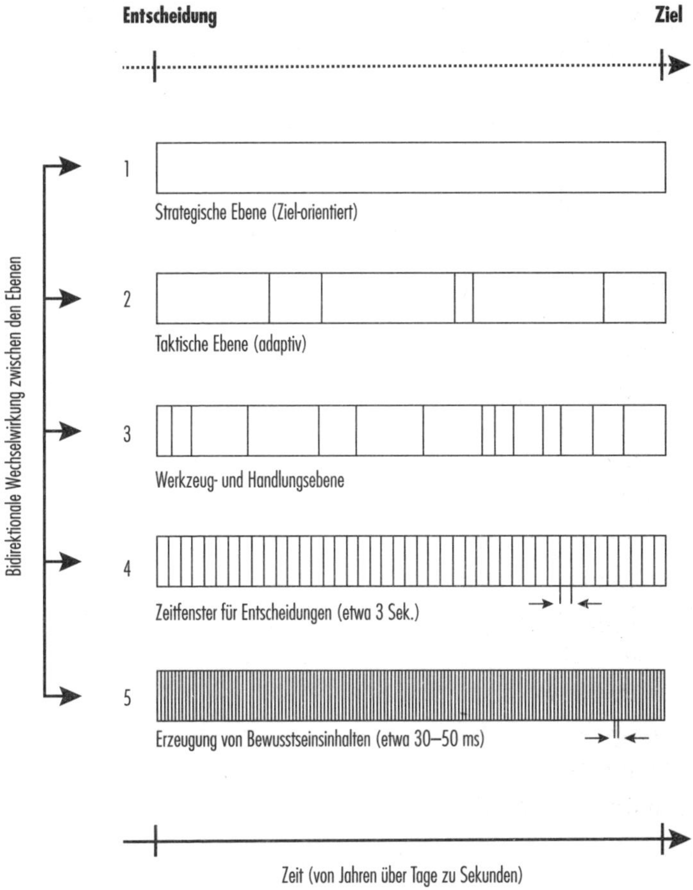

5-Ebenen-Modell des Entscheidens

Fehler. Man kann auf strategischer Ebene ein Ziel haben, dem man auf taktischer Ebene zunächst einmal zuwiderläuft. Um nach Süden zu reisen (strategisches Ziel), kann es sinnvoll sein, erst einmal nach Norden zu fahren, wenn sich dort der nächstgelegene Bahnhof befindet (Taktik).

Und wer in 30 Jahren noch einen grünen Wald sein Eigen nennen will, muss heute Bäume pflanzen, die vielleicht langsamer wachsen als die früher gängige Fichte, sich aber besser an die sich verändernden klimatischen Bedingungen anpassen können. Auch bei Großprojekten ist das strategische Ziel nicht immer auf direktem Wege zu erreichen.

Nach der taktischen Ebene kommt die operative Ebene. Diese hat viel mit konkretem Können zu tun. Wer einen Großflughafen plant, muss Arbeiter einstellen, die schweißen, mauern und löten können, die ihr Handwerk einfach perfekt beherrschen. Zusammengefasst: Die Strategie gibt die Vorgaben für die möglichen Taktiken. Und die Taktiken sind nur erfüllbar, wenn die erforderlichen Operationen auch praktisch durchgeführt werden können.

Ausflug in die Hirnforschung: Fenster der Gegenwart und Horizont der Gleichzeitigkeit

Unter der strategischen, der taktischen und der operativen Ebene gibt es weitere notwendige Ebenen, die mit den neuronalen Strukturen unseres Hirns zu tun haben. Denn das ist die banalste Erkenntnis: Um Experten in einem Fachgebiet werden zu können, benötigen wir ein funktionierendes Gehirn, anders können wir weder Wissen sammeln noch es anwenden oder unsere Erkenntnisse kommunizieren.

Was also muss unser Hirn leisten, damit wir Experten werden und als Experten handeln können? Zunächst einmal braucht es einen Bereich, den wir als Gegenwart empfinden. Dieser ist nach Erkenntnissen der Hirnforschung auf etwa drei Sekunden festgelegt. Wie Ernst Pöppel herausgefunden hat, ist das Gehirn alle drei Sekunden in hohem Maß dazu bereit, etwas Neues aufzunehmen. Zwei Menschen, die miteinander reden oder etwas Gemeinsames tun, erleben den Beginn und das Ende dieses Dreisekundenfensters zur gleichen Zeit. So ist die Kommunikation gewährleistet.

Gehen wir noch eine Ebene tiefer. Hier befindet sich eine weitere Taktung des Gehirns, die in einem Zeitbereich von 30 bis

40 Millisekunden abläuft. Das ist die Zeitspanne, in der unser Gehirn die eintreffenden Sinneswahrnehmungen als gleichzeitig erkennt. Die Informationen aus Augen und Ohren beispielsweise werden unterschiedlich schnell im Gehirn verarbeitet, das Gehörte landet schneller in der Großhirnrinde als das Gesehene. Dazu machte Ernst Pöppel folgendes Experiment. Er maß Reaktionszeiten auf dem Gang seines Instituts für Medizinische Psychologie an der Uni München. Dieser Gang ist 56 Meter lang. Am einen Ende stellte er eine Schall- und eine Lichtquelle auf. In unterschiedlichen Abständen davon entfernt platzierte er die Probanden. Sie sollten auf einen Knopf drücken, wenn sie ein optisches oder ein akustisches Signal erhielten. Dabei stellte er fest: Die optische Reaktionszeit ist immer die gleiche, weil die Lichtgeschwindigkeit bei diesen geringen Distanzen keine Rolle spielt. Die akustische Reaktionszeit aber ist abhängig von der Distanz der Schallquelle. Dann hat Pöppel festgestellt: Bei etwa 10 Metern entsprechen sich die optische und die akustische Reaktionszeit, hier liegt der Horizont der Gleichzeitigkeit. Bei kleineren Distanzen wird die akustische Reaktionszeit kürzer. Bei längeren Distanzen jenseits von 10 Metern wird die akustische Reaktionszeit länger.

Trotz dieser Verzögerungen empfinden wir, wenn wir etwa jemanden beim Sprechen anschauen, die Lippenbewegungen und die Worte des anderen als gleichzeitig. Das geht nur, weil das Gehirn ein kurzes Zeitfenster eingerichtet hat, in dem alles, was in dieser Zeitspanne eintrifft, als gleichzeitig behandelt und die Reihenfolge des Eintreffens nicht weiter aufgeschlüsselt wird. Die Informationen werden durch Zeitsequenzen also gebündelt. Das erspart dem Gehirn viel Arbeit. Funktioniert hier etwas nicht genau, ersticken wir in Einzelheiten und können keine Zusammenhänge herstellen. Dann fehlt die neurologische Basis, um aus vielen Detailinformationen wenige Sinneinheiten zu kreieren. Es gibt Störungen und Krankheiten, bei denen weder das Dreisekundenfenster noch das kurze Zeitfenster im Bereich von Millisekunden funktioniert, diese Menschen können nicht kommunizieren und keine Entscheidungen treffen.

Aber gerade diese Fähigkeiten – Kommunikation und Entscheidungen – sind wichtige Anforderungen an Experten in leitender Position. Sie müssen zum einen etwas vom Detail verstehen, dürfen sich aber zum anderen nicht in Kleinigkeiten verlieren, sondern müssen immer das große Ganze (die Strategie) im Blick behalten. Außerdem müssen sie in der Lage sein, die klügste Taktik zu wählen und diese an diejenigen zu kommunizieren, die sie auf der operativen Ebene ausführen sollen. Ohne die grundlegenden Fähigkeiten unseres Hirns, von denen wir oft nicht mal etwas ahnen, weil sie uns als selbstverständlich erscheinen, wäre all das gar nicht möglich.

Wenn gar nichts mehr geht: Kompetenzsimulation

Wahrscheinlich sehen Sie das Expertentum inzwischen mit etwas anderen Augen. Vielleicht denken Sie an eigene Erlebnisse zurück, die Ihnen den Eindruck vermittelt haben, viele Experten seien ichbezogen, engstirnig und kurzsichtig. Möglicherweise sind Sie selbst schon mal jemandem auf den Leim gegangen, der sich als Experte aufgespielt hat, obwohl sich seine Empfehlungen als dumm herausgestellt haben. Wir alle kennen genügend Beispiele, ob nun aus eigener Anschauung oder aus den Medien.

Aber warum entlarven wir solche inkompetenten Experten dann oft nicht auf den ersten Blick, sondern fallen immer wieder auf Menschen herein, die viel versprechen und wenig halten? Wie ist es überhaupt möglich, dass wir andere Leute für Experten halten? Dahinter stecken oft äußerliche Gründe, wie eine besondere Redekompetenz, Überzeugungskraft oder das Erscheinungsbild. Wir alle haben gewisse Vorurteile und bilden uns eine Meinung aufgrund von Eindrücken, die nichts über die wahren Kompetenzen eines Menschen aussagen. Einem Bankberater glauben wir, weil er korrekt gekleidet ist. Dem Arzt vertrauen wir, weil die Fremdworte so selbstverständlich aus seinem Mund kommen. Und der Autoverkäufer hat uns mit seinem Charme zu einer Probefahrt überredet. Robert Musil weist in seinem Roman »Der Mann ohne Eigenschaften« darauf hin, dass sich hinter dem äußeren Schein sogar das genaue Gegenteil verbergen kann: »Wohl kann man es als eine allgemeine Erfahrung hinnehmen, daß Frauen, die übergroße Sorgfalt auf ihr Aussehen verwenden, verhältnismäßig tugendhaft sind, denn die Mittel verdrängen dann den Zweck, genau so wie große Sporthelden oft schlechte Liebhaber abgeben, gar zu martialisch aussehende Offiziere schlechte Soldaten und besonders durchgeistigte Männerköpfe manchmal sogar Dummköpfe sind.«

Experten sind in hohe Positionen gelangt, weil sie nicht nur ihr Fachgebiet beherrschen, sondern sich auch gut verkaufen können. Selbstvermarktung gehört in allen Bereichen dazu, um es zu etwas zu bringen. In manchen Fällen steckt nicht einmal etwas dahinter – außer heißer Luft und der Fähigkeit, eine nicht vorhandene Kompetenz vorzugaukeln.

Das heißt natürlich nicht, dass alle Experten Scharlatane sind. Aber Fakt ist: Die meisten Themengebiete sind heutzutage so komplex, dass selbst die Experten nur einen Bruchteil des Wissens verinnerlicht haben, das in ihrem Fachbereich vorhanden ist. Warum sonst sollte man etwa bei ärztlichen Behandlungen unter Umständen eine zweite Meinung einholen?

Dass sich diese Unwissenheit sogar bis in die Wissenschaft fortsetzt, wollen wir Ihnen nun zeigen.

Die Wissenschaft – kein Hort der Weisen

Es gibt viel zu viele Informationen, als dass irgendein Mensch sich rühmen könnte, auch nur einen Bruchteil davon überschauen zu können. Daher bilden sich Expertenzirkel, die sich auf Teilmengen des Wissens spezialisieren und dann so tun, als sei ihr Fachgebiet das alles entscheidende.

Sie werden schockiert sein, haben Sie sich doch von diesem Buch die Kompetenz zweier Experten erhofft, aber wir müssen gestehen: Auch bei uns Autoren ist es so. Wir sind nicht allwissend, und viele der Informationen in diesem Buch stammen nicht von uns, sondern von anderen – Sie werden es anhand der Zitate und der Studien, auf die wir verweisen, bereits geahnt haben. Auch wir sind durch eigene Beschränktheit, die Grenzen unserer geistigen Möglichkeiten, gelegentliche Blödheit, verdeckte Vorurteile, nicht zu entschuldigende Unwissenheit und sogar Dummheit(en) geschlagen. Damit befinden wir uns in guter Gesellschaft. Uns allen geht es so, bis hin zu den ranghöchsten Experten. Denn Dummheit ist menschlich.

Aber natürlich sind die wenigsten stolz auf ihre eigene Dummheit, auch wir nicht. Und so versuchen wir, unsere Beschränktheit hinter klugen Worten zu verstecken und den Eindruck zu erwecken, als wüssten wir Bescheid. Kompetenzsimulation ist ein allgegenwärtiges Rezept, um die eigene Dummheit zu verschleiern. Das gelingt manchen besser als anderen. Denn die Kompetenzsimulation (so tun, als ob) verlangt uns eine gewisse »Simulationskompetenz« ab.

Zum Weiterlesen

Brockman, John (Hg.): Was macht uns schlauer? Die führenden Wissenschaftler unserer Zeit über neue Strategien, unser Wissen zu erweitern. Fischer Taschenbuch, Frankfurt 2012.

Seit einigen Jahren gibt es neben dem Konzept der zwei Kulturen, der Geistes- und Naturwissenschaften, jenes der »dritten Kultur«, in der Naturwissenschaftler ihr Wissen in allgemein verständlicher Weise darstellen. John Brockman sieht sich als Begründer dieser dritten Kultur. Auf seine Einladung hin haben Vertreter dieser Richtung im Jahr 2011 die Frage beantwortet, welches wissenschaftliche Konzept jedermanns »Denkkasten« (»cognitive toolkit«) deutlich verbessern würde. Die »führenden« Wissenschaftler, die Brockman zur Beantwortung seiner Frage eingeladen hatte, kamen allerdings fast ausschließlich aus dem angloamerikanischen Bereich; aus dem asiatischen war kein einziger dabei. Wie Vertreter anderer Regionen der Welt eine solche Frage beantworten würden, ist völlig offen. Hier zeigt sich, wie überhaupt in der Wissenschaft, aber natürlich auch in der Politik oder der Wirtschaft, die Dominanz eines bestimmten Kulturkreises. Dennoch wird der Anspruch erhoben, das Weltwissen zu repräsentieren. Das Buch endet mit einem Beitrag, in dem sich ein Ernst Pöppel über die möglichen Inhalte des »Denkkastens« lustig macht und diese Inhalte sogar als geistigen Müll bezeichnet. Wir verwenden laufend Begriffe, die als Verkürzungen das Nachdenken ersparen. So sind die klassischen Begriffe wie »das Gute, Wahre, Schöne« solche Verkürzungen, denn was meinen wir eigentlich, wenn wir sie verwenden? Auch in der Wissenschaft ständig verwendete Begriffe wie Evolution, Gene, Kultur und auch der Begriff Abstraktion selbst sind Verkürzungen, die es erlauben, über etwas zu sprechen, ohne dass wir uns über die inhaltliche Tragweite Gedanken machen. Wir haben aufgrund der natürlichen Beschränktheit unseres Geistes eine Tendenz, Sachverhalte zu »ontologisieren«, also abstrakte Begriffe zu erfinden, die hauptsächlich der vereinfachten Kommunikation dienen. Sie sind Ausdruck einer Komplexitätsreduktion, weil wir es gerne einfach haben. Sind diese Komplexitätsreduktionen aber angemessene Repräsentationen der Welt um uns und in uns, oder sind sie nur Ausdruck unserer Vorurteile und ein Hinweis auf unser eingeschränktes Denkvermögen? Dennoch: Wir können gar nicht anders, wir können auf solche Begrifflichkeiten nicht verzichten, auch wenn sie irreführend sind. Auch dies ist unser evolutionäres Erbe.

Über die Dummheit in der Wissenschaft

In der Wissenschaft ist das Einsammeln und Wiedergeben von Informationen notwendig, denn nur auf dem Nährboden bereits bestehenden Wissens kann man eigene Überzeugungen entwickeln oder neue Erkenntnisse gewinnen. Ein Teil davon ist bereits untrennbar mit den eigenen Gedanken verwoben, ein anderer Teil wird bewusst eingebaut, indem man die Worte anderer zitiert und auf deren Werke verweist, um ihnen die Ehre des ersten Gedankens zu erweisen.

Doch stimmt das eigentlich? Geht es bei Fußnoten von Doktorarbeiten, Büchern oder wissenschaftlichen Artikeln überhaupt darum, das Erstgeburtsrecht einer Erkenntnis zu würdigen? Meistens leider nicht. Zwar wird in der wissenschaftlichen Zunft immer wieder behauptet, dass solche Verweise notwendig seien, um zu prüfen, wer etwas zuerst »gesagt« habe – und so stellt sich die Wissenschaft mit ihren hohen moralischen Ansprüchen auch gerne in der Öffentlichkeit dar. Doch wenn man sich die Sache einmal genauer ansieht, kommen Zweifel auf.

Zunächst einmal: Woher will man denn wissen, dass man den wahren Urheber eines Gedankens zitiert, dass es ein anderer nicht früher oder viel besser gesagt hat, dass die Texte, die man selbst gelesen hat, wirklich die besten zum Thema sind? Denn es gibt nun mal unglaublich viele Informationen, die in ihrer schieren Masse vollkommen unübersichtlich sind: viele Millionen Veröffentlichungen in Artikeln und Büchern. Doch selbst das intelligenteste Gehirn unterliegt einer natürlichen Beschränkung der Aufnahmefähigkeit, ganz abgesehen davon, dass ein Menschenleben nicht ausreichen würde, um all diese Texte zu lesen. Oft sind wir also gar nicht in der Lage festzustellen, auf wen denn nun ein bestimmter Gedanke wirklich zurückgeht. Wir sind alle überfordert, und diese zwangsläufige Überforderung nicht zu erkennen ist auch ein Zeichen von Dummheit.

Und was heißt überhaupt »gesagt«? »Gesagt« bedeutet in der Wissenschaft etwas anderes als in der natürlichen Sprache, nämlich: Wer hat wo etwas zuerst »schriftlich festgehalten«? Der Gedanke muss also schriftlich, typischerweise in einer wissenschaftlichen Zeitschrift oder in einem Buch, festgehalten sein, sodass es als »Veröffentlichung« gilt. Doch wenn jemand etwas in Anwesenheit anderer tatsächlich gesagt hat, ist das nicht auch »veröffentlicht«, und fordert der Betreffende dann nicht mit Recht, dass sein nur mündlich in einem Vortrag, einer Wortmeldung oder auch beim Kaffeetrinken geäußerter Gedanke von anderen entsprechend gewürdigt wird? Und ist das, was in den sozialen Medien verbreitet wird, bereits als Veröffentlichung zu werten? Eigentlich schon, schließlich ist es ja öffentlich. Bewusste Plagiate sind natürlich ein Vergehen – aber oft genug ist es schwierig, den »wahren« Urheber einer Idee überhaupt ausfindig zu machen.

Hinzu kommt, dass wir nur die Texte zur Kenntnis nehmen können, die in einer uns bekannten Sprache erscheinen. Wenn man so töricht war oder ist, im Bereich der Hirnforschung oder in irgendeinem anderen Gebiet der Naturwissenschaften nicht auf Englisch zu publizieren, dann ist es so, als existiere das in der »falschen« Sprache Aufgeschriebene gar nicht, zumindest nicht im internationalen Rahmen. Dann kann man noch so stolz auf seine Erkenntnisse sein, sie können noch so wichtig sein – doch was auf Russisch, Französisch, Spanisch, Italienisch, Deutsch oder gar in einer asiatischen Sprache wie Japanisch oder Chinesisch geschrieben wurde (ganz zu schweigen von Arabisch), kommt auf der internationalen Bühne nicht vor. Auch hier unterliegen wir einer

Beschränkung, nämlich unserem engen Zeit- und Sprachhorizont, der uns den Zugang zu wichtigem Wissen verwehrt.

Professor Pöppel sagt: Kein Experte kann das ganze Wissen erfassen

Wie unübersichtlich die Flut der Veröffentlichungen tatsächlich ist, sei an einem Beispiel aus der eigenen Forschung verdeutlicht. Auf dem Gebiet der Hirnforschung erscheinen jedes Jahr etwa 100 000 wissenschaftliche Publikationen. Kein Forscher auf diesem Gebiet kann das alles lesen; es ist völlig unmöglich, zur Kenntnis zu nehmen, was all die anderen Wissenschaftler leisten. Wenn man sehr fleißig ist, dann studiert man mit Konzentration in einem Jahr vielleicht 100 wissenschaftliche Arbeiten und nimmt 1 000 zur Kenntnis. Man kommt also nur mit Mühe an die Ein-Prozent-Grenze heran, und die meisten lesen sogar sehr viel weniger. Die fehlenden 99 Prozent der wissenschaftlichen Veröffentlichungen enthalten aber auch wichtige Erkenntnisse. Woher soll man nun wissen, dass die Informationen, die einen wirklich weiterbringen, nicht irgendwo in der ungelesenen Masse stecken? Wie wählt man aus, was man liest und was nicht?

Zum Teil geschieht dies durch lokale Netzwerke von Forschern, die sich gegenseitig beeinflussen und sich darüber verständigen, was bedeutsame Forschung ist. Man könnte nun davon ausgehen, dass sich durch eine Art natürlichen Auswahlprozess die Spreu vom Weizen trennt: Wer einen herausragenden Artikel liest, wird anderen davon berichten, und so wird sich der Text weiter verbreiten, während schlechte Arbeiten sich nicht durchsetzen und in Vergessenheit geraten. Aber auch hier wirkt sich die Beschränktheit unseres Hirns aus. Denn wie wir schon an mehreren Stellen in diesem Buch gesehen haben, arbeitet unser Hirn nicht rein rational. Es geht immer auch um Gefühle. Unsere Beweggründe sind meist sehr vielschichtig. Den Wissenschaftlern etwa geht es einerseits darum, ihren Forschungszweig voranzubringen und zu neuen Kenntnissen zu führen. Dies ist ein übergeordnetes ideelles Ziel. Andererseits träumt jeder Forscher davon, wenn schon nicht bedeutend zu sein, so doch mindestens zur Kenntnis genommen zu werden. Das ist das persönliche Ziel. Außerdem fühlt man sich seiner Gemeinschaft, seinem Netzwerk zugehörig. Dies führt dazu, dass sich sogenannte Zitationskartelle bilden. Wissenschaftler zitieren sich gegenseitig, nach dem Motto: Nimmst du mich in deine Literaturliste auf, mache ich das Gleiche auch mit dir. Es entstehen geschlossene Gemeinschaften, die alle wegbeißen, die nicht dazugehören, und sich gegenseitig auf die Schulter klopfen, bis es wehtut. Wer keinem Zitationskartell zugehörig ist, wird leider nicht zitiert und geht in der Flut von Artikeln unter.

Diese Zitationskartelle der Forschung wären im Grunde völlig belanglos und für Außenstehende auch uninteressant, wenn sie nicht politische Konsequenzen hätten. Denn sie erzeugen die Illusion eines Auswahlprozesses, der aber nicht dafür sorgt, dass sich die qualitativ beste Forschung durchsetzt, sondern diejenige, deren Urheber am besten vernetzt ist. Da werden womöglich wichtige Erkenntnisse unterschlagen, nur weil der andere Wissenschaftler vielleicht ein miesgelaunter Eigenbrötler ist, der die Forschung anderer nicht gutheißt. So hält das Selbstmarketing Einzug in die Wissenschaft. Am wichtigsten erscheint derjenige, der am lautesten auf sich aufmerksam macht, über die besten Marketing-Strategien sowie über Kontakte zu den richtigen Leuten verfügt, obwohl seine Forschung vielleicht allenfalls durchschnittlich ist. Da Experten auch als Berater in der Politik fungieren, führen solche Dummheiten dann oft zu politischen Entscheidungen. Ein Beispiel dafür möchten wir Ihnen nun geben.

Human Brain Project und Brain Activity Map – der Wettlauf zum Gehirn

Milliarden für Hirnsimulationen

Auf die Grenzen eigener Möglichkeiten hinzuweisen wäre auch den Machern von zwei großangelegten Hirnforschungsprojekten zu raten, dem europäischen »Human Brain Project« und der US-amerikanischen »Brain Activity Map«. In der europäischen Version wollen rund 250 Forscher diverser Disziplinen aus 23 Ländern die komplexen Funktionsprinzipien des menschlichen Gehirns Stück für Stück nachbilden, es mithilfe neuer Computerarchitekturen simulieren und auf diese Weise ein computerbasiertes Modell erstellen. Im Computer werden nur die Vernetzungen simuliert. Kennt man diese, erkennt man die Arbeitsweise des Gehirns, so die Idee dahinter. Und damit könne man die Entstehung von Hirnkrankheiten simulieren und erforschen, neue Medikamente finden und sie schneller als bisher und ohne Tierversuche testen, so die Versprechen der Wissenschaftler. Die Europäische Kommission hat beschlossen, das Projekt über zehn Jahre hinweg mit insgesamt 1 Milliarde Euro zu fördern.

Wenige Wochen nach Bekanntgabe des Vorhabens kündigte Präsident Barack Obama an, ein ähnliches Projekt in Gang zu setzen: Er setzt seine Hoffnung in eine »Brain Activity Map«. Damit ist eine virtuelle Karte gemeint, welche die Aktivität aller etwa 100 Milliarden Nervenzellen des Gehirns erfasst. Die beteiligten Institute rechnen mit einer Förderung von insgesamt 3 Milliarden US-Dollar, verteilt auf zehn Jahre. Wer wird also zuerst die Terra incognita des menschlichen Gehirns erobern?

Ein großer Schritt für die Menschheit?

Und warum kann das nach Meinung der Autoren, insbesondere des Hirnforschers, nicht funktionieren, sondern scheint zu einem Experten-Schildbürgerstreich zu werden, der freilich viel Geld kostet?

Es ist völlig richtig, dass das Gehirn aus vielen Nervenzellen besteht, die miteinander interagieren, und dass hier bestimmte Moleküle eine Rolle spielen, um Informationen zu übertragen. Es ist auch richtig, dass dieses neuronale Netz nahezu unendlich verzweigt ist. Aber das Phänomen des menschlichen Bewusstseins ist nicht einfach zu enttarnen, indem Struktur und Funktion simuliert werden. Genauso wenig wie man durch die Entschlüsselung des menschlichen Genoms plötzlich alle Funktionen unseres Körpers durchschaut hätte, lässt sich durch eine Gehirnsimulation subjektives Erleben und Verhalten voraussagen.

Diese Frage, ob Bewusstsein entsteht, indem man den Informationsfluss in einem Modell in Gang setzt, ist während der Anfangszeit der Künstliche-Intelligenz-Forschung ausgiebig diskutiert und negativ beantwortet worden. Das ist das Prinzip der Blackbox, auf das auch die genannten Projekte zurückgreifen: Man ahmt die Interaktion der Nervenzellen nach, ohne zu verstehen, was eigentlich passiert, und erwartet Ergebnisse. Der Öffentlichkeit und den Geldgebern wird vorgegaukelt, dass die wesentlichen Menschheitsprobleme in wenigen Jahren durch einen solchen Ansatz lösbar seien. Allerdings ist überhaupt nicht geklärt, was überhaupt simuliert werden soll. Begriffe wie »Bewusstsein« sind nicht allgemeingültig definiert. Niemand weiß, wie sich in neuronalen Netzen auf der Grundlage von Einzelzellaktivität Gestalten bilden können, die dann die Grundlage für subjektive Repräsentationen sind. Auch wird bei dem Ansatz nicht berücksichtigt, dass alle Lebewesen inklusive des Menschen Informationen jeweils im Hinblick auf einen zu erwartenden Erfolg verarbeiten. Dies gilt sogar schon für den Einzeller (mehr dazu in Kapitel 8). Bei den Ansätzen der Mega-Brain-Projekte fehlt ein theoretisches Gerüst, wie aufgenommene und interpretierte Informationen zusammenwirken können. Bottom-up- und Top-down-Prinzipien wirken im Gehirn immer komplementär zusammen. Das wird bei diesen Projekten überhaupt nicht berücksichtigt.

Ein einfaches Beispiel ist das Erkennen von Gesichtern: Es geht nicht einfach nur darum, Informationen aufzunehmen, sondern vor allem auch darum, nach welchen Prinzipien diese verarbeitet werden. Mit einem Human-Brain-Projekt könnte man sicher zeigen, welche Areale aktiviert werden, wenn ein Mensch versucht, ein Gesicht wiederzuerkennen. Es sind die Sehareale, hier gibt es einen speziellen Bereich, den Gyrus fusiformis, der für die Gesichtserkennung zuständig ist. Wie aber die Gesichtserkennung letzten Endes funktioniert, lässt sich nicht über die entdeckten Areale erklären, sondern über eine Störung: Manche Patienten können keine individuellen Gesichter erkennen. Sie leiden unter einer Gesichtsblindheit (Prosopagnosie). Sie wissen zwar, wenn sie ein Gesicht sehen, dass es sich um ein Gesicht handelt, aber sie können es keiner Person zuordnen. Die Gesichtsblindheit kann auftreten, wenn der Gyrus fusiformis verletzt worden ist. Sie kann aber auch bei völlig intaktem Gyrus fusiformis auftreten. Aus dieser Beobachtung lässt sich schließen, dass es in unserem Hirn zwei miteinander verschränkte Prinzipien geben muss, nämlich zum einen die Erkenntnis vom Kleinen zum Großen (Bottom-up) und zum anderen vom Großen zum Kleinen (Top-down). Mit dem Prinzip Top-down wird festgestellt, dass es sich um ein Gesicht handelt. Mit dem Prinzip Bottom-up, wem das Gesicht gehört. Dazu muss es mit bereits gespeicherten Gesichtern im Gehirn verglichen werden. Für diese unterschiedlichen Verarbeitungsprozesse sind unterschiedliche Hirnareale zuständig.

Die beiden großen Hirnprojekte in den USA und in Europa aber legen den Schwerpunkt nicht auf solche Prinzipien, die verdeutlichen, wie Informationen organisiert werden. Und deswegen erschaffen sie vielleicht viele neue Daten, die aber letztlich keine neuen Erkenntnisse zu den zentralen Fragestellungen (Wie bahnen sich Hirnkrankheiten an? Wie kann man bei der Erforschung von Medikamenten auf Tierexperimente verzichten?) liefern, weil solche Fragen nur anhand der Hirnorganisation beantwortet werden können. Und deswegen werden die Hirnprojekte zwar Ergebnisse bringen, aber nicht zu den wirklich wichtigen Fragen.

Warum also Experten?

Kommen wir noch einmal auf unsere Eingangsfrage zurück: Warum gehen Projekte schief, obwohl ausgewiesene Experten damit betraut sind? Die Antwort haben wir nun anhand vieler Beispiele gegeben: Kein Experte weiß alles, aber mancher glaubt dennoch, seine Meinung sei die einzig richtige und alles müsse so laufen, wie er es für richtig hält. Indem wir das ausblenden, was wir nicht durchblicken, reduzieren wir die Komplexität der Welt – anders müssten wir verrückt werden. Aber wir vergessen dabei, uns hin und wieder bewusst zu machen, dass unser Wissen nur ein kleiner Teil des Ganzen ist und dass es jedem noch so fähigen Experten ganz genauso geht.

Egal ob man ein Haus bauen, einen Flughafen planen oder ein Buch schreiben will, das alles ist nur möglich, indem man einen Teil der Welt und des Wissens ausblendet. Und das ist gar nicht so tragisch, solange wir offen für den Zweifel und für neue Wege sind, statt auf unserer Sicht als der einzig gültigen zu beharren.

Tipp!
Der Expertencheck

Wie aber ist es andersherum? Woher sollen wir also nun wissen, ob wir einem Experten – sei es ein Arzt, ein Bauunternehmer, der Versicherungsmakler oder ein Bankberater – vertrauen können? Ist es möglich, Blender und falsche Experten zu durchschauen, wenn wir ihnen begegnen? Ja, das ist es. Wenn ein Experte Sie berät, zum Beispiel in Sachen Finanzen, Versicherungen oder Inneneinrichtung, dann fragen Sie ihn so lange, bis Sie wirklich alles verstanden haben. Bleiben Sie dabei nicht nur an der Oberfläche, sondern fragen Sie gezielt auch in die Tiefe. Der legendäre US-Investor und Multimilliardär Warren Buffett hat es bereits vorgemacht: Er hat sein Geld prinzipiell nur in solche Firmen investiert, von denen er ganz genau begriff, was sie herstellten und wozu man diese Produkte brauchte. Bereichen, von denen er nichts verstand, ist er mit seinem Geld ferngeblieben. Buffett hat diese Einstellung als sein Erfolgsrezept bezeichnet.

Wenn Sie also etwas unterschreiben, dann nur, wenn Sie in allen Einzelheiten begreifen, um was es geht. Der Vorteil ist nicht nur, dass Sie mit dieser Methode erfahren, was genau mit Ihrem Geld, in Ihrer Wohnung oder bei einer Operation passiert. Sondern auch, dass Sie einen unseriösen Experten damit entlarven können. Denn wer nicht dazu in der Lage ist, Sie in allen Details zu informieren und Ihnen die Dinge verständlich zu erklären, wird schnell versuchen, den Antworten auszuweichen oder das Gespräch in eine andere Richtung zu lenken. Sie bekommen dann Floskeln zu hören wie: »Darum müssen Sie sich nicht kümmern, dafür bin ich ja da.« Der echte Experte hingegen nimmt Ihre Bedenken ernst, er hört Ihnen genau zu und versucht, Ihre Überlegungen nachzuvollziehen. Dem Blender gelingt dies nicht, er ist in seinem System gefangen und ab einer gewissen Gesprächstiefe nur noch dazu in der Lage, mit Floskeln und Satzbausteinen zu antworten.

Sie könnten sich natürlich auch in das entsprechende Wissensgebiet einlesen – aber warum Lesen nicht unbedingt klüger macht, darauf kommen wir im nun folgenden Kapitel zu sprechen.

7

Lesen macht dumm, denn wir vernachlässigen unsere fünf Sinne

Da haben Sie sich bis hierher durchgekämpft, und nun müssen wir Ihnen etwas Furchtbares mitteilen: Wir können Ihnen nicht genau sagen, ob Sie durch das Lesen dieses Buches wirklich klüger oder nicht womöglich sogar dümmer geworden sind. Und das sagen Ihnen zwei Autoren, die nicht nur Bücher schreiben, sondern selbst gern und viel lesen. Paradox? Ja, aber die Vermittlung der Welt durch Zeichen – sei es nun beim Lesen von Büchern, von Landkarten, virtuellen Nachrichten oder dem Fernsehen – lenkt unseren Blick weg von dem, was unmittelbar in unserer Umgebung passiert. Und darüber hinaus stehen die Hirnbereiche, die wir fürs Lesen brauchen, der Verarbeitung von Sinneseindrücken nicht mehr zur Verfügung. Lesen macht also gewissermaßen dumm. Trotzdem wünschen wir Ihnen auch mit dem Rest des Buches weiterhin Lesevergnügen und Erkenntnisgewinn. Danach sollten Sie aber hinausgehen und einen Spaziergang machen, um die Welt zu sehen, zu riechen, zu schmecken und zu fühlen.

Lesen – keine natürliche Fähigkeit unseres Gehirns

Wer könnte daran zweifeln, dass die Schrift eine der großartigsten Errungenschaften der Menschheitsgeschichte ist. Lesen und Schreiben sind Kulturgüter. Erst die Schrift ermöglicht es uns, die Erkenntnisse anderer über räumliche und zeitliche Grenzen hinweg nachzuvollziehen. Sie erlaubt uns, in wahre und erfundene Geschichten einzutauchen, und eröffnet damit Erkenntnisräume, die über das hinausgehen, was wir selbst erleben können. Das Lesen hat zweifellos viele Vorteile – wer es hingegen nicht beherrscht, ist in fast allen Bereichen des Lebens benachteiligt, angefangen beim Verstehen von Straßenschildern bis hin zu amtlichen Schreiben, dem Internet oder der Tageszeitung.

Einmal erlernt, erscheint das Lesen als etwas Selbstverständliches. Wir wundern uns nicht einmal mehr darüber, welche Leistungen des Gehirns damit verbunden sind. Aber lesen zu können ist gar nicht so selbstverständlich, es ist uns nicht angeboren, wie etwa das Laufen, das wir nur üben müssen. Lesen ist das Ergebnis zahlreicher Hirnleistungen, deren zuständige Hirnregionen über weite Bereiche verstreut sind und die nun geordnet zusammenarbeiten müssen. Diese Bereiche waren ursprünglich für ganz andere Aufgaben gedacht, sie werden zum Lesen zweckentfremdet. Wir zwingen unser Gehirn also zu etwas, für das es sich evolutionär gar nicht entwickelt hat.

Und das kam so: Lange vor unserer Zeit entdeckten Menschen Regelmäßigkeiten in der gesprochenen Sprache, und sie kamen auf die Idee, diese durch visuelle Symbole zu verbildlichen. So entstanden Buchstabenschriften. An anderen Orten der Welt erschufen sie Piktogramme für ganze Wörter, wie die Keilschriften und die Hieroglyphen. Indem Piktogramme zusammengeschoben und verändert wurden, entwickelten sich beispielsweise die chinesischen Schriftzeichen. Aber egal ob Buchstaben- oder Piktogrammschriften: Alles, was geschrieben steht, will auch wieder entschlüsselt werden. Dazu bedarf es der Lesekompetenz, der Fähigkeit, Schriftzeichen in Sinngehalt zu überführen. Aber was geschieht dabei eigentlich?

Ausflug in die Hirnforschung: Wie wir unser Hirn zum Lesen zwingen

Wenn wir lesen, haben wir den Eindruck, dass unsere Augen kontinuierlich über Buchstaben oder Schriftzeichen gleiten. In Wahrheit aber hüpft der Blick. Im Durchschnitt braucht es drei bis vier Blicksprünge, um eine Zeile zu lesen. Der Gleiteffekt ist also nur eine Illusion unseres Gehirns, aber er ist nützlich, weil er es uns ermöglicht, uns auf den Inhalt des Geschriebenen zu konzentrieren. Eine weitere Besonderheit, die das Gehirn beim Lesen leistet und die es neben vielen anderen hervorzuheben gilt: Wir müssen beim Lesen nicht laut sprechen. Bei geübten Lesern hat sich dieser Prozess vollständig verinnerlicht, sie lesen mit einer nicht hörbaren Sprache. Das Gehirn ist also offenbar zu einer so komplexen Fähigkeit wie dem Lesen fähig. Und trotzdem soll es dumm machen?

Zunächst einmal, wie eingangs schon erwähnt: Das Lesen ist eine künstliche Fähigkeit, keine von der Natur vorgesehene Eigenschaft. Wir haben keine genetische Veranlagung zum Lesen. Stattdessen müssen bestimmte Areale des Gehirns zweckentfremdet werden, die eigentlich für etwas anderes vorgesehen waren. Dies sind zunächst Teile des Visuellen Cortex im Occipitallappen, dem Hinterhauptbereich, der an der Interpretation des Gesehenen beteiligt ist. Vor allem Brodmann Area 17 wird zweckentfremdet. Zudem werden für das Lesen weitere extrastriäre corticale Bereiche gebraucht. Hier werden beispielsweise Farben verarbeitet, hier ist die Bewegungssensitivität verankert, die Tiefe des Raumes wird repräsentiert sowie die Fähigkeit ausgeprägt, Gesichter zu unterscheiden. Und wir brauchen noch mehr zum Lesen: Es sind auch temporale Bereiche des Gehirns, Schläfenlappen genannt, betroffen – vor allem der Gyrus angularis, in dem die Vermittlung der visuellen Information stattfindet und wo den visuellen Signalen semantische Bedeutung zugemessen wird, die dann sprachlich verfügbar ist. Durch das Lesenlernen werden aus all diesen Bereichen neurologische Kapazitäten ausgeliehen.

Dies könnte man unter einem Aspekt positiv bewerten: Die Tatsache, dass wir überhaupt lesen können, ist ein Beweis dafür, dass unser Gehirn außerordentlich anpassungsfähig ist. Denn sehen wir uns die Plastizität des Gehirns, also die Fähigkeit, Hirnareale je nach Bedarf zu verändern, in Bezug auf das Lesen einmal genauer an, stellen wir etwas Bemerkenswertes fest: Gleichgültig, ob wir eine Alphabet- oder eine Piktogrammschrift lesen, werden immer die gleichen soeben beschriebenen Areale des Gehirns zweckentfremdet. Dies zeigt zwar, dass unser Gehirn zu Erstaunlichem in der Lage ist und dass die Umbildung bei jedem Menschen und jeder Schrift auf die gleiche, offenbar bestmögliche Weise vonstattengeht. Hart ausgedrückt könnten wir aber auch sagen: Das Gehirn wird durch Lesen vergewaltigt. Denn die zweckentfremdeten Bereiche stehen uns somit nicht mehr in vollem Maße zur Verfügung, wenn es um die Wahrnehmung und Interpretation von Sinnesinformationen geht.

Dies liegt vor allem daran, dass wir – haben wir einmal die Lesefähigkeit erworben – nicht mehr mit offenen Augen und Ohren durch die Welt gehen. Das heißt, durch das Lesenlernen wird die Welt automatisch und unaufhaltsam wesentlich weniger intensiv und differenziert wahrgenommen, als sie ist. Und diese Einbußen sind unabhängig vom Alter. Manche mögen den Eindruck haben, dass Kinder die Welt noch bunter und intensiver wahrnehmen als Erwachsene. Das ist richtig, es hängt aber nicht allein mit dem Älterwerden zusammen, sondern vor allem mit dem Lesenlernen. In dem Moment, in dem Menschen die Welt nicht mehr direkt wahrnehmen, sondern über Bücher, aber auch über Fernseher, Computer und Navigationssysteme, schränken sie ihre diesbezüglichen Hirnkapazitäten ein.

Professor Pöppel sagt: Lesen beschränkt unseren Blick auf die Welt

Ernst Pöppel, der kriegsbedingt recht spät eingeschult worden ist, kann sich gut an die Zeit erinnern, in der er noch unbelesen war. »Es war etwas vollkommen anderes, ich schweifte mit offenen Augen und Ohren durch die Natur. Die Sinneseindrücke und die Erzählungen der anderen waren ja die einzigen Möglichkeiten, etwas Neues zu erfahren«, erzählt er. Also hörte man seinen Mitmenschen genauer zu, sah sich die Dinge an oder nahm sie in die Hand, um mehr über die Welt zu erfahren. Und wie ist es als lesender Mensch? »Der genaue Blick in die Welt ist erheblich eingeschränkt worden«, sagt der Vielleser Pöppel, obwohl er in seinem Leben mittlerweile 100 000 Stunden mit Lesen verbracht hat und jeden Tag mindestens 100 Seiten liest. »Lesen ist bereichernd, aber trotzdem: Der ursprüngliche Blick ist verloren gegangen und wurde durch eine mittelbare Betrachtung ersetzt.« Das hat Auswirkungen, so der Hirnforscher: »Für die feinen Unterschiede, die sich mir optisch darbieten, bin ich weniger empfänglich als früher. Eigentlich gehe ich verblindet durch die Welt, abgestumpft für den Reichtum dessen, was sich in meinem weiteren Gesichtsfeld zeigt. Ich erkenne die Farben, doch ich erlebe sie nicht mehr.« Die Fokussierung auf das artifiziell Visuelle beim Lesen führt des Weiteren dazu, dass die anderen Sinnesorgane bzw. die Interpretation ihrer Informationen im Gehirn verkümmern. Das Visuelle ist dominant geworden, das Hören, Tasten, Riechen, Schmecken oder Sichbewegen zieht weniger Aufmerksamkeit auf sich. Wir stumpfen in jeder Hinsicht ab für das, was es in der Welt um uns herum gibt. Fairerweise muss man dazusagen, dass auch das Leben in Städten und in geschlossenen Räumen hineinspielt, ebenso wie der Umgang mit Technik, die uns die Welt vermittelt, wodurch es viel weniger notwendig ist, dass unsere Sinne geschärft bleiben.

Natürlich sind Menschen, die nicht lesen können, in unserer Gesellschaft benachteiligt. Aber aus Sicht der Hirnforschung sieht es eben anders aus: Menschen, die ohne Lesenlernen aufwachsen, haben eine intensivere Wahrnehmung der Welt als Menschen, die ihre Zeit über Bücher gebeugt in Zimmern verbringen. Wobei es nicht nur um das Lesen von Büchern geht, sondern generell um die Vermittlung der Welt durch Hilfsmittel.

Smartphone und Navi – Lesen 3.0

Systematische Verblindung

Ist das jetzt nur ein einzelnes Phänomen eines Professors oder eine breite Strömung? Um diese Frage zu beantworten, fuhren die Autoren gemeinsam mit der S-Bahn. Die S7, die vom Münchner Hauptbahnhof sowohl Pullach anfährt, wo Ernst Pöppel zu Hause ist, als auch Icking, das Heimatdorf von Beatrice Wagner, ist ein guter Ort, um das Verhalten von Menschen zu beobachten. Auch Schüler fahren mit dieser Linie, die S-Bahn-Abteile sind erfüllt von Lärm, Geschrei sowie von SMS-Piepsern und Klingeltönen. Viele Kinder und Jugendliche haben ihre Smartphones dabei, tippen herum oder telefonieren. So auch das 16-jährige Mädchen neben uns. Eine Nachricht nach der anderen macht sich mit einem Beep bemerkbar und wird beantwortet. Bis das Telefon klingelt. »Ja wo bist du denn jetzt?«, schallt es laut aus dem iPhone. »Hier im ersten Wagen, es ist voll«, so die lautstarke Antwort des Mädchens. »Aber wir sind doch auch hier«, tönt es blechern aus dem Lautsprecher. Das Mädchen schaut sich um, springt auf und läuft in das Nebenabteil. »Ich hab dich gar nicht gesehen«, ruft sie. Natürlich hat sie die Freundin nicht gesehen, wie könnte sie auch, sie war ja nur mit ihrem Smartphone beschäftigt.

Die beiden Autoren, die sich gerade über den Sinn und Unsinn des Lesens unterhalten haben, müssen grinsen. Volltreffer! Genau das meinten wir. Vergleichbares hätte auch dem Touristen passieren können, der einen Reiseführer über die Schönheit des Isartals liest, anstatt sich selbst umzuschauen. Man geht verblindet durch die Welt und verlässt sich auf die mittelbare Betrachtung durch ein Hilfsmittel. Beim Lesen eines Buches wird beschrieben, was in der Welt passiert, so muss man es nicht mehr selbst erleben. Beim Bedienen eines Smartphones ist man von der Aufgabe entbunden, sich selbst umzuschauen. Die Hilfsmittel übernehmen das, was eigentlich Augen, Ohren, Nase und die anderen Sinne leisten sollten.

Mit dem Navi in die Isar

Die mittelbare Wahrnehmung der Welt bezieht sich nicht nur auf das Lesen von Buchstaben oder Zeichen, sondern auch auf das Lesen und Entschlüsseln von Landkarten. Heutzutage wird die Aufgabe des kartenlesenden Beifahrers oft von einem Navigationsgerät übernommen. Zugegeben, damit wird vielleicht mancher Ehekrach verhindert – aber auf die Technik ist auch nicht immer Verlass, vor allem wenn die Software bereits etwas älter ist. Wer ein Navi im Auto hat, hat sicher schon einiges mit seinem »Pfadfinder« erlebt. Manchmal sind es harmlose Begebenheiten, wie eine Fahrt in die Einbahnstraße, ins freie Feld oder in die Fußgängerzone. Aber es gibt auch die verrückten Extremfälle, wie etwa folgende Begebenheit, die im Januar 2013 durch die Medien ging: Die Belgierin Sabine Moreau (67) wollte aus dem Dorf Soire-du-Sambre ins 75 Kilometer entfernte Brüssel fahren, tippte das Ziel in ihr Navi ein – und landete fast 1450 km später in Zagreb. Brüssel, wo die Rentnerin einen Freund vom Bahnhof abholen wollte, streifte sie dabei nicht einmal. So berichtete es das belgische Nieuwsblad, das in holländischer Sprache erscheint; die Meldung ging daraufhin durch Europas Medien.

Aber wie konnte diese Irrfahrt passieren? Sabine Moreau durchquerte halb Europa, brauchte zwei Tage statt eineinhalb Stunden und wunderte sich nicht? »Ich folgte den Anweisungen, und dann ist es schiefgegangen«, sagte sie dem Nieuwsblad. Ein extremer Fall, der aber unterfüttert wird durch viele ähnlich lautende Geschichten. Zum Beispiel diese aus dem Fichtelgebirge: »Navi blind vertraut: Im Wald verfahren. 150 Rettungskräfte suchten die Verirrten zwei Stunden.« Aus München: »Mit dem Navi in die Isar!« Köln: »Autofahrer wird von seinem Navi auf eine Treppe gelotst und bleibt stecken.« Das Kartensystem des Navis ist vielleicht veraltet, ein neuer Kreisverkehr, eine Ortsumgehung nicht eingespeichert, und schon wird der Autofahrer in die Irre geführt. Aber warum hört der nicht auf seinen eigenen Verstand, sondern nur auf die Technik? Vielleicht eine Folge unserer Gewöhnung daran, die Welt mithilfe von Zeichen und virtuellen Hilfsmitteln wahrzunehmen. Wir gehen verblindet durch die Welt und schauen nicht mehr un-»Mittel«-bar.

Die virtuelle Welt überlagert die physische Welt

Unsere Sinne ragen wie Antennen in die Welt hinaus. In der frühen Kindheit waren sie die einzige Verbindung zur Welt und erschlossen uns ihren Reichtum. Genauso ist es noch bei unbelesenen Völkern der Fall. Der moderne Mensch aber lebt in einer virtuellen Welt. Wir haben gelernt, unsere Umgebung auf einer Karte zu lesen, Gedanken auf Papier zu erkennen oder Unterhaltungen über das Smartphone zu führen. Immer mehr Kapazitäten unseres Hirns sind darauf ausgerichtet, die uns umgebende Zeichenwelt zu beobachten und zu entschlüsseln. Dazu gehören auch die vielen Werbebotschaften auf den Plakaten in den Städten. Unser Gehirn ist ständig damit beschäftigt, zu filtern, auszusortieren und zu deuten. Das bereichert unser Leben, es vereinfacht vieles und macht moderne Kommunikation erst möglich.

Aber andererseits: Viele Potenziale, die uns von Natur aus mitgegeben sind, nutzen wir nicht mehr. Das haptische Erleben geht verloren, sogar beim Lesen selbst, da wir inzwischen vermehrt an Bildschirmen lesen und nicht auf Papier, das wir von Hand berühren und umblättern. Statt eine Stadt kennenzulernen, indem wir uns durch die Straßen schlängeln und uns vielleicht sogar verirren (aber dabei mehr entdecken und über die Stadt lernen), lassen wir uns vom Navi auf dem direktesten Weg an unser Ziel lotsen. Statt uns die verschiedenen Restaurants anzusehen, zu beobachten, ob sie voll oder leer sind, welchen Eindruck die Kellner machen und wie es darin riecht, und auf diese Weise etwas zu finden, das uns gefällt, oder das Wagnis einzugehen, es einfach auszuprobieren, lassen wir uns vom Smartphone das Restaurant mit den meisten positiven Bewertungen anzeigen.

Tipp!
Die Antennen neu ausrichten

Mit Achtsamkeitsübungen können wir versuchen, die abgestumpften Sinnesantennen wieder stärker zu sensibilisieren. Achtsamkeit üben heißt, sich in der Gegenwart ganz auf eine Sache zu konzentrieren. Achten Sie beim Essen im Detail darauf, wie eine Speise aussieht und wie sie riecht, konzentrieren Sie sich auf den Geschmack. Das ist der Unterschied zwischen »stumpfem« Ernähren und achtsamem Speisen.

Wenn Sie ein Musikstück hören, dann konzentrieren Sie sich wirklich auf jeden Ton und jedes Motiv. Geben Sie sich ganz dem Augenblick hin und lassen Sie sich nicht von der Musik berieseln, wie im Kaufhaus, wo sie nur als Hintergrundgeräusch wahrgenommen wird.

Beim Gehen können Sie ebenfalls achtsam sein. Transportieren Sie sich nicht nur, sondern gehen Sie Schritt für Schritt, wie es der Dharma Master Hsin Tao, ein buddhistischer Abt aus Taiwan, empfohlen hat: Achten Sie bei jedem Schritt auf die Grashalme, die Blätter und schauen Sie den Himmel an. So wird selbst der Weg zum Bäcker eine Achtsamkeitsübung für die verkümmerten Sinne.

Durch Achtsamkeit kann auch die möglicherweise eingeschlafene Sexualität in einer langjährigen Partnerschaft wieder spannender und lustvoller werden. Lernen Sie vom Tantrischen, empfinden Sie jede Bewegung – die eigene genauso wie die des anderen – in einem Gegenwartsfenster von wenigen Sekunden als Lust. Nehmen

Sie die Berührung und den Geruch des anderen wahr. Schauen Sie den Partner oder die Partnerin an, wo liegt das Unverwechselbare? Das alles intensiviert das Erleben und die Lust.

Realitätsflucht durch Romane – die Sucht des Lesens

Wer liest, entzieht sich

»Als der letzte Ton verklungen war, wollte Winnetou sprechen – es ging nicht mehr. Ich brachte mein Ohr ganz nahe an seinen Mund, und mit der letzten Anstrengung der schwindenden Kräfte flüsterte er: ›Scharlih, ich glaube an den Heiland. Winnetou ist ein Christ. Leb wohl!‹ Es ging ein Zucken und Zittern durch seinen Körper, ein Blutstrom quoll aus seinem Mund. Der Häuptling der Apatschen drückte nochmals meine Hände und streckte seine Glieder. Dann lösten sich seine Finger langsam von den meinigen – er war tot …«

Und viele, die mit um sein Leben gefiebert haben, vergossen Tränen. Aber es ist doch nur eine Phantasiegestalt gestorben? Trotzdem, während der Lektüre ist die eigene Identität mit der des Icherzählers »Scharlih« (alias Karl May) verschmolzen, wir trauerten mit ihm zusammen um den Freund, der den Lesern auf den vergangenen 1 500 Seiten auch ans Herz gewachsen war. Und wir trauerten für uns selbst, weil das Ende Winnetous auch die Vertreibung aus dem eigenen Paradies bedeutete. Und wer nicht mit Karl May groß geworden ist, wird es von Harry Potter oder Shades of Grey kennen: Mit der letzten Seite eines fesselnden Buches wird man gnadenlos wieder aus der Phantasiewelt in die Realität zurückkatapultiert. Das Aufkommen ist manchmal sehr unsanft. Alle Probleme sind nach wie vor da, die Arbeit hat sich nicht von selbst erledigt, und sich aufzuraffen, um nun endlich selbst etwas zu tun, ist noch schwieriger geworden. Man leidet unter Entzugserscheinungen.

Medizinisch betrachtet handelt es sich hier tatsächlich um eine Sucht. Man sucht das Glück zwischen den Buchdeckeln und entflieht der Wirklichkeit. Das wurde immer wieder als Kritikpunkt am Lesen angeführt, zum Beispiel als am Ende des 18. Jahrhunderts das Hören durch das Lesen als kulturelle Kommunikationsform abgelöst wurde. »Keinen anderen Satz bekam der Leser jener Zeit so oft zu lesen wie die Warnung, nicht zu viel zu lesen«, schreibt der Germanist Heinz Schlaffer in seinem Essay »Lesesucht« (1987). »Denn wer las, war mit dem Buch, seinem Urteil, seiner Phantasie alleine, entzog sich der Rede des Vaters, des Lehrers, des Pfarrers, des Meisters, des Prinzipals.« Lesen galt vor 200 Jahren als die Wurzel des Ungehorsams und musste unterbunden werden. Allerdings waren auch damals schon Anklänge an die Pöppel'sche Kritik des Lesens zu hören, so beispielsweise von Karl Philipp Moritz in seinem autobiografischen Roman »Anton Reiser« aus dem Jahr 1785-1790. Wer las, höre nicht mehr die Geräusche der wirklichen Welt, nicht mehr die Stimme seines Nächsten, er überhörte sogar die Bedürfnisse der wirklichen Welt.

Statt die Realität selbst zu erleben, schließt man sich selbstvergessen in fremde Welten ein. So gesehen trägt das Versinken im Lesestoff sogar autistische Züge. Natürlich hat das Lesen auch einige positive Aspekte: Indem wir andere Lebenentwürfe miter-»leben«, erkennen wir auch ein Stück weit uns selbst. Wir vergleichen das Verhalten einer Romanfigur mit unserem eigenen oder »üben« eine mögliche Handlung, indem wir sie mit der Figur zusammen durchlaufen – und eventuell später selbst in die Tat umsetzen. Lesen weckt Emotionen, es lässt uns lernen und stärkt außerdem die Empathiefähigkeit, also das Vermögen, sich in andere Menschen hineinzuversetzen.

Aber ist das Lesen wirklich eine sinnvolle Alternative zum eigenen Erleben? Aus Sicht der Hirnforschung: Nein! Was wir lesen, verbleibt immer nur im Bereich des Möglichen, es streift die Wirklichkeit nur, ohne selbst real zu sein. Herausforderungen, die wir selbst bewältigen, bringen uns viel stärker an die Grenzen der eigenen Erfahrungsmöglichkeiten und lassen uns über uns hinauswachsen. Das Lesen erschließt zwar Möglichkeiten, regt das Denken und die Phantasie an und bereichert die Gefühlslandschaft. Aber nur die wirkliche Auseinandersetzung mit eigenen Lebensereignissen führt zu der inneren Kraft, die man Lebenserfahrung und Ichstärke nennt. Und hauptsächlich aus eigenen Erfahrungen bleiben die Bilder haften, die in Form eines inneren Museums unser episodisches Gedächtnis bereichern, dessen Besuch ein Leben lang die personale Identität garantiert.

Professor Pöppel sagt: Die Schrift nimmt uns das Erinnern ab

Es war ein interessanter Abend, den Ernst Pöppel mit Abdullah al Mazmi aus Dubai verbracht hatte. Als Mitglied der dreiköpfigen Kommission ISB (International Sounding Board), deren Aufgabe es ist, den Aufbau des Bildungs- und Erziehungssystems in Dubai zu begleiten, hält sich Pöppel regelmäßig in der Stadt auf. Der Regierungschef von Dubai, gleichzeitig Vizepräsident der Vereinigten Arabischen Emirate, ist der Überzeugung, sein Land habe nur eine Zukunft mit »Education, Education, Education«. Pöppels Analyse hat ergeben, dass ein einheitliches Bildungssystem in einem Land, in dem nur 10 Prozent Einheimische leben, einer gemeinsamen Identität bedarf. In Dubai könnte sie dadurch gestärkt werden, dass alle Bewohner Arabisch lernen und sich mit dem Islam und der Landesgeschichte befassen.

Durch dieses Projekt hat auch Pöppel selbst viele Berührungspunkte mit den Vereinigten Arabischen Emiraten und den Bewohnern Dubais. Einige Mitarbeiter des Projekts würde er inzwischen als Freunde bezeichnen, etwa Abdullah al Mazmi, der für die Planung der Projektbesprechungen zuständig ist.

Abdullah al Mazmi ist etwa 30 Jahre jünger als Pöppel und bespricht mit ihm auch persönliche Fragen. Einmal spazierten sie zusammen am Dubai Creek entlang, einem Meeresarm, der ins Land hineinragt. Abdullah zeigt Pöppel die Umgebung, erklärt ihm die Gebäude und führt den Gast schließlich zum Bateaux Dubai, einem noblen Restaurantschiff, von denen es auf dem Creek einige gibt. Und dann sprechen die beiden von Mann zu Mann, Abdullahs Erzählungen werden immer persönlicher. Er berichtet ausführlich von seiner großen Familie, seinem beruflichen Werdegang, den zwei Ehen und vertraut dem Freund schließlich an, dass beide aufgrund ihrer Kinderlosigkeit gescheitert sind. Obwohl er und seine zweite Frau versucht haben, dies durch die Eröffnung eines tollen Privatzoos zu kompensieren, wurde auch diese Ehe geschieden. Seitdem sucht er verzweifelt nach einer neuen Partnerin. Es war damals ein einprägsames Bild für Pöppel zu sehen, wie dieser gut aussehende Single seine traurige Geschichte erzählte.

Wenn Pöppel später daran zurückdachte, tauchte eine Vielzahl von Bildern auf. Er weiß noch, dass der Freund – sehr untypisch für einen Araber – Wein trank, dass er sich, als der Muezzin zum Gebet rief, entschuldigte, seinen kleinen Teppich ausrollte und das rituelle Gebet gen Mekka vollzog. Er erinnert sich, dass ihn das kurz verwunderte, denn so fromm hatte Abdullah bislang nicht auf Pöppel gewirkt. Und er weiß noch, dass er dachte, es sei nicht ungewöhnlich, dass Lebenskrisen Menschen zur Religion führen. An all diese Eindrücke konnte Pöppel sich deutlich erinnern, als er Abdullah zwei Jahre später wiedertraf. Nur der Inhalt des Gesprächs war wie weggeblasen.

»Wie ich dir damals erzählt habe, Ernst …«, legte Abdullah los. Mit großem Detailreichtum erzählte er, was sich aus Begegnungen entwickelt hat, die er damals angesprochen hatte, wie sich diverse Cousins und Cousinen weiterentwickelt hatten, wie die Scheidung verlaufen war … Er schien noch genau zu wissen, welche Themen er Pöppel gegenüber damals ausgeführt hatte, welchen Stand die Dinge damals gehabt hatten, wie viel er Pöppel bereits anvertraut hatte und wo er weitere Erläuterungen hinzufügen musste. Und nicht nur das: Abdullah konnte sich auch gut daran erinnern, was Pöppel ihm damals erzählt hatte, und erkundigte sich nun, welches Ergebnis diese oder jene Arbeit gebracht hatte, wie ein Projekt verlaufen war. Pöppel war verblüfft! Die Erinnerungsfähigkeit des arabischen Freundes schien sehr viel größer zu sein als seine eigene. Während Pöppel sich an die meisten Details des damaligen Treffens nicht mehr erinnerte, schien Abdullah alles noch ganz genau zu wissen.

Nun könnte man sagen, das Erinnerungsvermögen der beiden funktioniere vielleicht einfach unterschiedlich. Aber diese Geschichte bestätigt viele ähnliche Einzelbeobachtungen. In manchen Kulturen ist die Pflege des Gedächtnisses offenbar von großer Bedeutung – in der arabischen Welt ist das so und auch in der indischen und in der russischen Kultur. Wie das funktioniert? Vor allem durch den Anspruch, die Dinge nicht schriftlich festzuhalten, sondern im Gedächtnis zu behalten. In Indien wollen viele Menschen die Upanishaden, die hinduistischen Schriften, auswendig können. Im arabischen Raum sind es die Suren des Korans. Gebildete Chinesen wiederum können sehr viele Gedichte auswendig, vor allem diejenigen aus der Hochzeit der chinesischen Dichtkunst, der Tangdynastie im 8. Jahrhundert mit den bedeutenden Dichtern Li Bai oder Du Fu, aber auch die Aussprüche von Konfuzius, die 2 500 Jahre alt sein sollen. In unserer westlichen Welt aber ist das Auswendiglernen und Behalten eher zu einer Nebensache geworden. Wir wissen ja, wo etwas steht, wo wir es nachlesen können. »Wissen heißt wissen, wo es geschrieben steht«, soll Albert Einstein gesagt haben. Durch die Fähigkeit, Informationen textlich abzuspeichern, können wir unsere Merkfähigkeit vernachlässigen. Wir verlassen uns darauf, dass alles, was wir wissen müssen, irgendwo zu finden sein wird. Das ist teilweise auch richtig. Für das Gespräch zwischen Abdullah al Mazmi und Ernst Pöppel war diese Einstellung sicher nicht hilfreich.

Aber selbst wenn ein Gesprächsprotokoll gemacht worden wäre, fängt dies den Augenblick nicht ein. Wissen ist nicht nur explizites Wissen, das sich in der Sprache widerspiegelt. Darauf kommen wir im nächsten Abschnitt zu sprechen.

Ausflug in die Hirnforschung: Die drei Formen des Wissens

Menschliches Wissen ist in drei Formen repräsentiert. Es erscheint einmal als explizites, sprachlich gebundenes, semantisch verfügbares Wissen, das schriftlich mitteilbar ist. Dies ist das Wissen, das wir gut mit anderen teilen können, denn es besteht aus reinen Fakten. Menschliches Wissen erscheint außerdem in gleichberechtigter Weise als bildliches Wissen. Es sind die Bilder in uns, die sich im Laufe unseres Lebens aufgrund von emotional bedeutsamen Ereignissen angesammelt haben und die sich einer anstrengungslosen sprachlichen Etikettierung entziehen. Und schließlich gibt es auch noch das implizite oder intuitive Wissen, das jenseits der Sprache liegt: unser Körperwissen, das wir nicht ausdrücken können, oder das, was in unbewussten Bereichen unseres Gehirns verarbeitet wird.

Was wir lesen oder schriftlich darlegen können, ist explizites Wissen und repräsentiert also nur eine Teilmenge unseres Wissens. Und doch ist unser Bildungssystem, unsere ganze Gesellschaft auf dieses explizite »lesbare« Wissen ausgerichtet. Dabei verdrängt es verborgene Potenziale der persönlichen Entfaltung. Leider definiert der Rationalismus die personale Identität über explizite Bewusstseinsinhalte, also sprachlich erfassbare Gedanken. Jede Psychoanalyse verdeutlicht dies, wenn gefordert wird: »Wo Es war, soll Ich werden.« – Was also unbewusst vorhanden ist, soll sprachlich verfügbar gemacht werden. Das aber ist unmöglich. Denn neben dem, was wir sprachlich wiedergeben können, läuft noch so viel mehr im Hirn ab, viele weitere Prozesse, die wir nicht explizit wahrnehmen.

Statt zu sagen: »Ich denke«, sollten wir also besser sagen: »Es denkt.« Das schlichte Wort »Einfall« spiegelt diese Tatsache bereits: Einfälle kommen nämlich nicht etwa aus heiterem Himmel auf uns nieder. Dahinter stecken keine Musen oder göttliche Botschaften, sondern vielmehr kognitive Prozesse, die implizit ablaufen und uns dann bei passender Gelegenheit bewusst werden.

Wählen wir Begriffe wie »Es denkt in mir« oder »Es fällt mir ein«, erlauben wir uns eine Außenperspektive zu uns selbst. Der Vorteil: Wenn wir sagen: »Es denkt«, »Es fällt mir ein«, unterdrücken wir die impliziten Denkprozesse nicht und geben uns nicht der Illusion hin, alles unterliege der bewussten Kontrolle.

Zum Weiterlesen

Freud, Sigmund: Neue Folge der Vorlesungen zur Einführung in die Psychoanalyse. Gesammelte Werke, Band 15, S. Fischer Verlag, Frankfurt 2005 (orig. 1940): XXXI. Vorlesung »Die Zerlegung der psychischen Persönlichkeit«.

Diese Vorlesung endet mit dem berühmt gewordenen Satz: »Wo Es war, soll Ich werden. Es ist Kulturarbeit etwa wie die Trockenlegung der Zuydersee.« Letzteres ist in den Niederlanden inzwischen geschehen. Und wie schaut es mit der Forderung aus, das »Es« müsse durch das »Ich« ersetzt werden? Davon kann trotz des großen Erfolges der Psychoanalyse keine Rede sein. Man kann den Satz auch umdrehen und sagen: »Wo Ich war, soll Es werden«. Ist das nicht viel besser? Denn warum sollte alles einer bewussten Kontrolle unterliegen? Man begegnet immer wieder Personen, die erfolgreich eine Psychoanalyse abgeschlossen haben und nun durch ihre mangelnde Spontaneität auffallen. Als Gesprächspartner muss man dann furchtbar aufpassen, weil jedes Wort, das aus dem Rahmen fällt, jede sichtbare Gemütsbewegung sofort in einen Rahmen indiskreter Deutung gestellt wird. Ein Gespräch, das angenehm begonnen haben mag, stirbt vor lauter Kontrolle weg.

Bekannt geworden ist diese Vorlesung von Freud auch aufgrund einer einprägsamen Abbildung der drei Persönlichkeitsinstanzen »Es, Ich, Über-Ich« und wie diese mit dem Unbewussten, dem Verdrängten, dem Vorbewussten und dem Wachbewusstsein zusammenhängen. Es ist wohl so, dass Menschen dann zufrieden sind, wenn ihnen einfache Erklärungsmuster über ihr Erleben und Verhalten angeboten werden. Man bekommt eine Antwort auf die ewige Frage nach dem

Warum, und es ist völlig belanglos, ob die Antwort richtig ist. Dass man dann in einer Falle der Selbsterklärung sitzt, ist ebenfalls unerheblich. Was einen Naturforscher beispielsweise an dem Konzept der »Verdrängung« stört, das ist seine negative Deutung und die Forderung, man müsse das Verdrängte wieder ans Tageslicht heben. Warum soll das Verdrängen eigentlich so negativ sein, und warum darf man das Verdrängte nicht dort lassen, wo es ist? Nur weil bei der Entwicklung der Psychoanalyse einige wenige Patienten untersucht wurden, bei denen verdrängte Erlebnisse zu negativen Effekten führten, muss das nicht heißen, dass ein solcher Mechanismus für alle Menschen gilt. Ein typischer Kategorienfehler, der eigentlich nicht hätte unterlaufen dürfen. Wenn Menschen mit dem segensreichen Mechanismus der Verdrängung ausgestattet sind, dann soll man dies akzeptieren und das Verdrängte dort lassen, wo es hingehört, im Unzugänglichen. Es ist töricht und dumm, sich immer alles vor Augen zu führen. Wir sollten uns selbst immer auch ein Geheimnis bleiben.

Schreiben – die innere Welt lässt sich nicht in ein Alphabet pressen

Aufschreiben, was »Es« denkt

Wie problematisch der Transport von Inhalt über die Schrift wirklich ist, wird auch beim Schreiben deutlich. Darüber unterhalten sich die beiden Autoren beim gemeinsamen Lunch. »Wenn ich etwas schreibe, dann schreibe ich nicht ab, was in meinem Bewusstsein repräsentiert ist«, erklärt Ernst Pöppel, »vielmehr versuche ich aus dem Gewühl meiner Gedanken oder auch aus der Klarheit des Überlegten herauszufiltern und schriftlich festzuhalten, was ich eigentlich meine.«

Beatrice Wagner bestätigt das: »Bevor man anfängt, weiß man eigentlich nicht genau, was man sagen wird. Dieses Buch zum Beispiel. Zunächst haben wir unsere Grundaussage festgelegt, die lautet: ›Wir alle sind von Dummheit geschlagen, weil wir unsere angeborenen menschlichen Fähigkeiten nicht nutzen und entfalten, sondern uns in völlig falsche Richtungen weiterentwickeln.‹ Das wollten wir in verschiedenen Bereichen zeigen. Und so haben wir unsere sieben Kapitel dieses Buches festgelegt. Aber was genau in den einzelnen Kapiteln stehen soll, entwickelt sich erst bei der Arbeit am Buch, beim Schreiben selbst. Ich lasse mich davon überraschen, wohin uns unsere Einfälle treiben.«

Nun schaut Ernst Pöppel ein bisschen kritisch. »So wie du das erzählst, ist es für dich eine spannende Entdeckungsreise. Mir wird beim Schreiben jedoch immer schmerzlich bewusst, dass das, was ich verschriftliche, nicht mehr das ist, was Es in mir gedacht hat. Ich ringe mit dem treffenden Ausdruck und finde ihn nicht. Das Papier gibt einen Rahmen vor, der mich in unangenehmster Weise einschränkt und meine Gedanken in bestimmte Bahnen zwingt.«

Wagner sieht das positiver. Vielleicht findet man nicht immer den treffendsten Ausdruck für die eigenen Gedanken. Aber der Leser macht sich doch ohnehin sein eigenes Bild, ergänzt das Gelesene um seine Lebenserfahrungen. Vielleicht ist es also gar nicht so wichtig, dass ein Buch ganz exakt die Gedanken seines Autors wiedergibt. Andererseits kann diese Übernahme des Textes durch den Leser für einen Autor im kreativen Prozess belastend sein, denn zunächst ist man ja ganz allein mit dem Text. »Dringt dann der potenzielle Leser in meine Vorstellungswelt, bin ich nicht mehr frei, etwas so zu sagen, wie ich es eigentlich meine«, so Pöppel. »Also: Was ein Leser liest, das bildet nicht mehr ab, was Es ursprünglich in mir gedacht hat.«

»Muss es das denn?«, fragt Beatrice Wagner. »Gib doch unsere Worte frei. Lass unsere Leser das herauspicken, was sie möchten.«

Wir überlegen weiter: Was erhoffen sich die Leser überhaupt von diesem Buch? Möglicherweise möchten sie Tipps, um künftig nicht wieder auf billige Tricks von Versicherungsvertretern oder wichtigtuerischen Meinungsbildnern reinzufallen. Andere suchen vielleicht die Unterhaltung und amüsieren sich über die alltägliche Dummheit, die sich etwa darin zeigt, dass von hochbezahlten Experten geplante Projekte wie die Elbphilharmonie, der Hauptstadtflughafen BER oder Stuttgart 21 so grandios scheitern können. Wiederum andere interessieren sich dafür, wie ein Hirnforscher und eine Sexualtherapeutin diese Dummheiten erklären und was die beiden in ihrer täglichen Forschung und Praxis erleben. Vielleicht ist für den einen nur ein einziger Satz in unserem Buch wichtig, und ein anderer identifiziert sich mit einem ganzen Kapitel, weil er Ähnliches erlebt hat.

Jeder Leser ist anders. Und es fängt ja schon bei den beiden Autoren an, die ganz unterschiedliche Erfahrungen und Meinungen in das Buch einbringen. Wie die Autoren im Verlauf des Schreibprozesses über die Themen diskutiert und die Gedanken des jeweils anderen ergänzt haben, so wird auch der Leser Anregungen herausgreifen und sie passend zu seiner eigenen Lebenswelt weiterdenken. Das alles liegt außerhalb der Macht der Autoren. Wagner schätzt diesen Gedanken eines offenen Werkes, das sich in den Köpfen entfaltet und weiterentwickelt. Sie glaubt daran, dass jedes Buch individuell gelesen wird – aber sie hofft auch, dass gute Gedanken, die in die Welt geschickt werden, ankommen und Gutes bewirken.

Pöppel bleibt skeptisch. Er lässt sich von der Begeisterung nicht anstecken, sein Blick ist ein eher pragmatischer: »Ich würde gerne genau das ausdrücken, was Es in mir denkt. Und erst dann bin ich dazu bereit, das Werk der individuellen Rezeption freizugeben.«

Als die Bedienung an den Tisch kommt, bestellen die Autoren zum Essen auch einen kühlen frischen Chardonnay. Es denkt sich einfach freier mit einem Glas Wein. »Ich schreibe gerne abends bei einem Gläschen Wein«, gesteht Wagner. »Ich habe den Eindruck, er öffnet den Zugang zu den Bereichen in unserem Gehirn, die uns meist nicht bewusst sind. Er setzt die Schranken außer Gefecht.« Und Pöppel: »Mir selbst ist oft nur eine Teilmenge meiner Überzeugungen bewusst. Es ist sehr gut möglich, dass die wirklich guten Gedanken sich weigern, an die bewusste Oberfläche zu kommen. Vielleicht unterstützt uns der Chardonnay dabei, als eine Art Geburtshelfer.«

Im Laufe des Lunches einigen sich Wagner und Pöppel darauf, dass es tatsächlich womöglich dumm ist, was sie schreiben, dass es zumindest klüger sein könnte. Was man schriftlich festlegt, ist zumindest mehrere Stufen entfernt von dem, was man sich vorstellt. So geht es jedem Autor – was später im Buch steht, ist nie das Abbild der Idee, die einmal mehr oder weniger diffus im Kopf des Schreibenden herumwaberte.

Jeder Leser liest seinen eigenen Text

Am nächsten Tag gehen die Gespräche über das Lesen und die Dummheit weiter. In der Nacht haben die unbewussten Prozesse in den Gehirnen der beiden Autoren gearbeitet, die Informationen vom Vortag wurden neu strukturiert. Nun soll es noch einmal um die konkrete Situation von Lesern gehen. Schließlich lautet der Leitgedanke dieses Kapitels: »Lesen macht dumm!«

Pöppel kommt darauf zurück, was Wagner am Vortag gesagt hatte: Wenn wir lesen, treten wir jedes Mal mit unserer individuellen Erfahrungswelt an den Text heran. Das heißt, als Leser lesen wir nicht mehr das, was geschrieben steht, sondern lesen das Geschriebene in einen vorgegebenen Rahmen hinein. Dieser Rahmen ist gekennzeichnet durch unsere Erwartungen, Einstellungen und Vorurteile. Wagner erinnert sich an das Leerstellenkonzept von Wolfgang Iser, das in ihrem Germanistikstudium diskutiert wurde. Iser analysierte englische Romane, in denen mehrere Handlungsstränge, die vielleicht gleichzeitig ablaufen, nacheinander erzählt werden. Die Texte weisen dann einen Schnitt auf, vor allem wenn die Handlungsstränge aus unterschiedlichen Perspektiven erzählt werden. Immer wenn solch unterschiedliche Elemente aneinanderstoßen, ist es die Aufgabe des Lesers, diese verschiedenen Elemente in eine Beziehung zueinander zu bringen. Der vollständige Text entsteht also erst im Kopf des Lesers.

Pöppel weist darauf hin, dass man nur Verbindungen schaffen oder Leerstellen schließen kann, wenn man sein eigenes episodisches Gedächtnis mit einbringt. Und tatsächlich hat Iser so gedacht, auch wenn er kein Hirnforscher war. Aber er hat erkannt, dass der Leser die Leerstellen mit seinen eigenen Erlebnissen auffüllt, sie aus seinem eigenen episodischen Gedächtnis speist. Für Wolfgang Iser bestand die Höchstleistung des Leerstellenkonzepts übrigens in dem Roman »Ulysses« von James Joyce. Wer sich daran versucht hat, wird ohne weitere Erklärungen verstehen, was es mit der Theorie der Leerstelle auf sich hat. Auch das Buch »Der Rahmen« von Ernst Pöppel ist so angelegt, dass es dem Leser jede

Freiheit gibt, seine eigene Denk- und Erfahrungswelt einzubringen

Am Ende des Tages steht für beide Autoren fest: Kein gelesener Text ist auf einer »tabula rasa« repräsentiert; alles wird in vorgefasste Schablonen hineingelesen. Man liest also etwas anderes, als der Schreibende schreiben wollte, weil man seine eigenen Assoziationen und Erfahrungen in den Text einbringt. Ein Leser sollte also nicht glauben, er lese etwas, was ihn in dem Sinne belehrt, dass objektives Wissen vermittelt wird. Es ist seine eigene illusionäre Welt, die durch das Gelesene angestoßen wird.

Lesen ist nicht gleich lesen

Natürlich existieren verschiedene Formen des Lesens, abhängig von der Textart. Es gibt Texte, in denen es darum geht, einen abstrakten Sinn zu erschließen, wie bei einem wissenschaftlichen Text, der Zeitungslektüre oder auch einer philosophischen Analyse. Eigentlich sind wir den ganzen Tag damit beschäftigt, Gedanken, Bilder und Gefühle in Sprache zu verwandeln und umgekehrt aus Sprache die darin enthaltenen Gedanken, Bilder und Gefühle herauszulesen. Wissenschaftliche Forschung ist ein gutes Beispiel dafür: Es kommt immer wieder vor – dies gilt zumindest für die Lebenswissenschaften –, dass ein klarer experimenteller Befund durch die Verwandlung in Sprache seine Klarheit verliert oder eine andere Klarheit gewinnt. Hier sei nebenbei bemerkt, dass der Zwang, in einer Fremdsprache zu schreiben – etwa auf Englisch, wie heutzutage in den Natur- und Lebenswissenschaften üblich –, nicht nur eine Ausdrucksbarriere errichtet, sondern auch die Denkwelt von vornherein einengt oder sogar lenkt. Die Sprache nimmt Einfluss auf das Denken und erzeugt einen wissenschaftlichen »Mainstream«, dem man sich kaum entziehen kann.

Eine andere Form des Lesens bezieht sich weniger auf die abstrakte Sinnentnahme aus einem Text, sondern darauf, dass sich im

Lesenden eigene Geschichten entfalten, die üblicherweise bildlich repräsentiert sind, wie in Gedichten, Novellen oder Romanen. Hier werden ganz andere neuronale Prozesse angesprochen, und es gibt gute Gründe anzunehmen, dass die Bildgenese beim Lesen stärker mit Prozessen der rechten Gehirnhälfte, die Sinnentnahme stärker mit Prozessen der linken Gehirnhälfte assoziiert ist.

Wie ein Text wahrgenommen und gelesen wird, welche Ziele der Leser verfolgt und was er dem Text entnimmt, auf all dies hat der Schreibende nur begrenzten Einfluss. »Pro capta lectoris habent sua fata libelli« – frei übersetzt könnte man sagen: Das Schicksal der Bücher liegt in den Händen der Leser. Denn jeder liest seine eigene Geschichte.

Lesezeit = verlorene Lebenszeit?

Wir fragen uns also: Wo sind die 100 000 Lesestunden von Ernst Pöppel geblieben und wo die vielen Lesestunden von Beatrice Wagner, die sie zwar nicht ausgerechnet hat, aber die ebenfalls eine beträchtliche Menge Lebenszeit ausmachen dürften? Was ist von all den Stunden geblieben, zu welchem Resultat haben sie geführt?

Wir lesen sicher nicht nur, um für uns selbst Wissen zu erwerben, sondern auch um uns einer bestimmten Gemeinschaft zugehörig zu fühlen. Viele Menschen lesen Zeitung, um zu wissen, was in der Welt vorgeht, und um mitreden zu können. In Fachkreisen verfolgt man wissenschaftliche Publikationen, um auf dem neuesten Stand zu sein. Natürlich geht es dabei immer auch um die Inhalte, aber eben nicht nur. »Wissen« ist auch ein Vehikel für soziale Teilhabe. Diesen Aspekt betrachten wir Autoren übrigens nicht als dumm, sondern als menschlich, so wie wir gemeint sind – unser Gehirn ist von Geburt an auf soziale Interaktion programmiert, und wenn wir uns in das Wissensgebiet einer Gemeinschaft einlesen, kommen wir damit unserem natürlichen Bedürfnis nach Zugehörigkeit nach.

Doch auch hier beißt sich die Katze in den Schwanz: Denn für das Lesen nutzen wir Zeit, die wir auch in direkte soziale Interaktion hätten stecken können – also zum Beispiel in ein persönliches Gespräch. Und die investierten Stunden stehen in keinem Verhältnis zu dem, was wir im Nachhinein noch über den Inhalt der gelesenen Bücher, Zeitschriften und Zeitungen wissen. Oder können Sie noch im Detail sagen, was Sie in Kapitel 1 gelesen haben? Vermutlich erinnern Sie sich noch an die wesentliche Aussage – die Sie in zwei oder drei Sätzen zusammenfassen können. Was für ein Zeitverlust also, das ganze Kapitel zu lesen. Aber wir hoffen natürlich, Sie hatten dennoch Vergnügen bei der Lektüre!

Professor Pöppel sagt: Gedichte überbrücken die Fremdheit zur Welt

Alles Lesen ist also schlecht und macht dumm, weil es uns von der realen Welt ablenkt? Nun, wie Sie schon gemerkt haben, können wir Autoren uns trotz dieser Überzeugung nicht ganz vom Lesen lossagen. Wie in vielen Bereichen des Lebens kommt es auch hier darauf an, ein ausgewogenes Verhältnis zu finden – die Dosis macht das Gift. Lesen kann auch dumm machen, das haben wir nun gesehen. Aber nicht immer.

Ernst Pöppel gesteht: »Bestimmte Bücher und vor allem Gedichte lese ich immer wieder, und ich muss bekennen, dass ich dies vorzugsweise in der Nacht mache, um die Schlaflosigkeit lesend zu überbrücken. Die Lektüre wird mir zum Traumersatz, zur versuchten Flucht aus der Ödnis des Alltäglichen. Doch hier gibt es eine Einschränkung: Wenn ich das lese, was ich schon kenne, dann fühle ich mich sicher, dann reduziert sich der Zeitverlust, und ich kann mich in eine bekannte Phantasiewelt einspinnen. Ein Buch zu lesen, dessen Inhalt mir noch unbekannt ist, bringt hingegen das Risiko mit sich, meine Zeit mit etwas Nutzlosem zu vergeuden. Und warum Gedichte? Weil sie mich mit wenigen Worten in Lebenssituationen hineinversetzen, die mir aus eigener

Erfahrung bekannt sind, und so die Fremdheit zur Welt überwinden helfen. Aber dann muss ich die Gedichte auswendig lernen, ich muss sie sprechen können und sie in mir hörbar machen. Das schriftlich niedergelegte Gedicht muss wieder zur gesprochenen Sprache zurückkehren. Nur Gedichte können für mich entschuldigen, dass die Schrift erfunden wurde.«

Aber natürlich liest nicht jeder Gedichte oder lernt sie auswendig. Was gibt es denn sonst, was die Unfruchtbarkeit des Lesens überwinden könnte? Man sagt immer, Lesen fördere die Beweglichkeit des Geistes. Aber was ist mit der Beweglichkeit des Körpers? Wir sind eigentlich dazu geboren, uns zu bewegen. Und damit kommen wir zu einem nächsten Aspekt: Lesen fördert unsere sitzende Lebensweise.

Bewegungslosigkeit – wie die mittelbare Erfahrung der Welt krank macht

Ständig werden neue Bücher und Zeitungen gedruckt, neue Artikel online veröffentlicht, täglich gehen neue Nachrichten auf unserem Handy oder in unserem Mailpostfach ein, die uns dazu verführen, viel Zeit sitzend und oft auch noch in gebeugter Haltung mit rundem Rücken zu verbringen – im Lesesessel, auf dem Sofa oder dem Bürostuhl. Alle Aktivitäten, die uns die Welt virtuell repräsentieren (und dazu gehört auch das Fernsehen), machen unser Leben bewegungslos. Was das mit unserem Körper und Geist anstellt, soll folgendes Beispiel verdeutlichen.

Der Krankheit einfach davongelaufen

Hans Lauber war 51, als bei ihm die Zuckerkrankheit Diabetes Typ 2 massiv ausbrach. Sein Arzt sagte ihm, er müsse lebenslang Insulin spritzen, um den Blutzucker in den Griff zu bekommen. Für Lauber war das keine Perspektive, und so begann er stattdessen zu laufen. Die Joggingwelle hatte gerade mal wieder einen Höhepunkt erreicht, und jeder sprach darüber, wie gesund das Laufen sei. Lauber, damals Marketing-Direktor bei ProSieben, ließ sich anstecken. Im Gespräch mit den Autoren erzählt er: »Es war überhaupt nicht leicht am Anfang. Ich hatte wenig Zeit für Sport, einen mörderischen Beruf und ein ungesundes Leben. Aber ich habe auch viel Respekt vor der Krankheit, die ich von meinem Vater und meinem Großvater kenne.«

Um es kurz zu machen: Lauber krempelte sein Leben radikal um, kündigte seine Arbeitsstelle, machte sich selbstständig, und das alles nur, um wieder Bewegung in sein Leben zu bringen. Und von da an veränderte sich sein Körper. Innerhalb von zwei Jahren purzelten die Kilos, die Zuckerwerte pendelten sich auf ein Normalmaß ein, ebenso der Cholesterinspiegel und die Leberwerte. Mittlerweile ist Hans Lauber 65, putzmunter und gesund. Und darüber hinaus hat er festgestellt: Je mehr er läuft, desto fitter fühlt er sich auch geistig.

Das ist kein wundersamer Einzelfall. Heute weiß man, dass sich Sport auf Körper, Geist und Seele positiv auswirkt. Oft ist Sport die beste Medizin. Belege gab es dafür bislang vor allem auf der körperlichen Ebene. Durch regelmäßige Bewegung werden Stoffwechsel und Blutwerte normalisiert, die Blutgefäße freigeputzt und die Knochen stabilisiert. Und nun verdichten sich die Forschungsergebnisse, dass Bewegung auch dem Gehirn guttut – ja mehr noch, dass es Bewegung braucht, um die von Natur aus vorgesehenen Potenziale zu entfalten. Offenbar hat sich der Stoffwechsel des Gehirns in der mehr als zweieinhalb Millionen Jahre dauernden Steinzeit darauf eingestellt, dass wir immer in Bewegung sind. Die damaligen Jäger und Sammlerinnen hatten ihre Lebensweise auf Mobilität ausgerichtet, sodass sie immer in ertragreiche Gebiete wandern konnten, in denen Nahrung vorhanden war. Fußmärsche von bis zu 40 Kilometern pro Tag sollen dabei zusammengekommen sein. Verbürgt ist die Zahl natürlich nicht, genauso wenig wie die 800 bis 1 500 Meter, die der heutige westliche Zivilmensch zu Fuß zurücklegt. Die Tendenz von einem bewegten hin zu einem unbewegten Alltag ist aber sicher richtig, und das ist fatal.

Denn wenn wir wandern, joggen, schwimmen, tanzen, Rad fahren, im Fitnessstudio schwitzen oder lange Spaziergänge mit dem Hund machen, kommt der Herzschlag in Schwung, und die Durchblutung steigt, in bestimmten Hirnregionen sogar, je nach Belastung, um bis zu 30 Prozent. Dies regt die Bildung der Wachstumsfaktoren VEGF und IGF1 an, einer bestimmten Klasse von Hormonen, und daraufhin sprießen neue Blutgefäße, damit der gesamte Körper noch besser mit Sauerstoff versorgt wird. Weitere

Wachstumsfaktoren werden ausgeschüttet, die BDNF (brain-derived neurotrophic factor). Diese begünstigen die Entwicklung neuer Nervenzellen aus den Stammzellen in den beiden Hippocampi in der rechten und linken Hirnhälfte, welche beim Abspeichern von Langzeitinhalten helfen. Werden hier neue Nervenzellen gebildet, fallen vermutlich die Denk- und Merkleistungen leichter. Und schließlich wird durch regelmäßige Bewegung der Wachstumsfaktor VGF gebildet. Der hilft, die Synapsenbildung, also die Verschaltungen zwischen den Neuronen, zu verbessern. Außerdem wirkt er pharmakologisch gesehen wie eine Arznei gegen Depressionen. Effektive Stimmungsaufheller sind auch die durch Sport ausgeschütteten körpereigenen Endorphine, welche zum »Runner's High« führen, dem Hochgefühl nach dem Joggen. Wenn Hans Lauber sich nun geistig fitter fühlt als zuvor, ist das biochemisch gut nachzuvollziehen!

Tipp!
Den Lesesessel gegen das Tanzparkett oder den Trimm-dich-Pfad tauschen

Bereits durch eine Woche Training erhöht sich die Menge an Wachstumsfaktoren deutlich und beginnt auf das Denkvermögen zu wirken. Probieren Sie es doch einmal aus. Holen Sie die Joggingschuhe, Wanderstiefel oder Nordic-Walking-Stöcke heraus, melden Sie sich zum Tanzkurs an oder probieren Sie eine Sportart, die Sie immer schon gereizt hat. Statt lesen: selbst erleben!

Wichtig dabei ist die Abwechslung, um Ihr Gehirn so richtig auf Trab zu bringen. Beim Tanzen immer wieder andere Musik auflegen, neue Tanzschritte einüben. Beim Wandern oder Joggen: alternative Wege erkunden. Und generell: auch die Bewegungsmöglichkeiten variieren. Mal spazieren gehen, mal Rad fahren, mal Yogastellungen üben und dann wieder den Berg erklimmen. So macht der Sport nicht nur Spaß, sondern wirkt sich auch noch optimal auf Ihre Hirnstrukturen aus.

Vielleicht haben Sie ja bereits Lust bekommen, es auszuprobieren. Oder Sie wenden sich gleich dem nächsten Thema zu: den wissenschaftlichen Überlegungen, die hinter der These »Der Mensch ist eine Fehlkonstruktion der Natur« stehen. Das nun folgende Kapitel stammt von Ernst Pöppel, hier fasst er die wissenschaftlichen Hintergründe des Buches zusammen, erläutert sie genauer und setzt sie zueinander in Beziehung.

8

Der Mensch – eine peinliche Fehlkonstruktion der Schöpfung

Das Anschauungsmaterial über die menschliche Dummheit ist unerschöpflich, dieses Buch hätte so dick werden können wie eine Enzyklopädie. Doch wir hören an dieser Stelle mit den Beschreibungen und Analysen auf und fragen uns stattdessen: Was ist eigentlich das Prinzip unseres Gehirns? Lässt sich hier, in unserer neuronalen Architektur, der Sitz der Dummheit ausmachen? Was hat sich die Natur dabei »gedacht«, als sie uns erschuf? Ernst Pöppel zeichnet in diesem Kapitel den Weg vom Einzeller zum komplexen Hirn des Menschen nach, denkt wissenschaftliche Erkenntnisse weiter und setzt sie in Bezug zu Fragen der Philosophie und den – oft überraschend einfachen und hintersinnigen – Weisheiten der Dichtung.

Manche Texte kann man einfach nicht verstehen. Unchristliche und unphilosophische Bemerkungen

Ich weiß, dass ich nicht(s) weiß?

Heißt es nun »Ich weiß, dass ich *nicht* weiß«, oder heißt es »Ich weiß, dass ich *nichts* weiß«? Leider kann ich kein Griechisch, und so kann ich nur jemanden bitten, für mich zu übersetzen, was Sokrates vor langer Zeit gesagt haben soll. Doch merkwürdig: Einer der Kenntnisreichen sagt, dass Sokrates *nicht* weiß, ein anderer, dass er *nichts* weiß.

Aber das ist im Grunde auch belanglos, denn ich würde weder den einen Satz noch den anderen verstehen. Ich kann nicht sagen, dass ich weiß, dass ich *nicht* weiß, denn dann weiß ich zumindest das. Also widerspricht sich der Satz selber; zumindest nach meinem Verständnis von Logik und Sprache.

Und wie steht es mit dem anderen Satz, dass ich weiß, dass ich *nichts* weiß? Auch hier sieht es nicht viel besser aus. Zwar hat diese Übersetzung einen Vorteil, denn im Gegensatz zu dem Wort »nicht«, das sich auf das Verb »wissen« bezieht und diesen Zustand an sich verneint, bezieht sich das Wort »nichts« auf die Dinge, die mir unbekannt sind. Doch auch dieser Satz ist natürlich eine maßlose Übertreibung, denn manches weiß ich schon.

Oder? Vieles weiß ich tatsächlich nicht, eigentlich weiß ich sogar das Allermeiste nicht. Mein Wissen ist angesichts der Fülle der Welt sehr begrenzt, und ich sehe mit Betrübnis, wenn ich mir die riesige Fläche möglichen Wissens vorstelle, dass ich von dieser Wissenslandschaft sehr wenig und sogar immer weniger weiß. Mein Wissen nimmt zwar zu, auch wenn ich viel wieder vergesse – doch in dem Maße, in dem das Wissen zunimmt, wird auch das Nichtwissen größer. Jede Antwort erzeugt neue Fragen. Je mehr man weiß, umso weniger weiß man. Eine paradoxe Situation. Wie kann man sich in dieser unübersichtlichen Landschaft zurechtfinden? Denn da das Nichtwissen mit neuem Wissen zunimmt, verirrt man sich ja immer mehr. Oder man beschließt, das Wissenstor einfach zuzumachen, dumm zu bleiben, um Sicherheit zu gewinnen und sich nicht mehr zu verirren.

Traum oder Wirklichkeit

»Zwar weiß ich viel, doch möcht ich alles wissen«, sagt bei Goethe der Famulus Wagner zum Dr. Faust, der seinerseits meint, »daß wir nichts wissen können!«. Schon wieder diese Übertreibung. Weder können wir alles wissen, noch gilt die trotzige Gegenreaktion, man habe von nichts eine Ahnung. Das ist die paradoxe Arroganz der Bescheidenheit. Und was heißt überhaupt wissen? Sogar das bleibt völlig unklar. Es klingt danach, »etwas« zu beherrschen. Und nicht umsonst steckt darin wiederum das Verb »herrschen«. »Wissen ist Macht« hat der Philosoph Francis Bacon vor etwa 400 Jahren gesagt und auch: »Wahres Wissen ist ein Wissen durch Ursachen.« (Er hat es allerdings lateinisch ausgedrückt, und dann lautet der großartige Ausspruch so: »Vere scire, esse per causas scire.«) Doch wie sieht die Wirklichkeit aus? Bei mir, und ich darf vermuten bei vielen anderen auch, gilt: Von den meisten Dingen habe ich keine Ahnung.

Zum Beispiel: Wenn ich morgens aufwache und mich frage, warum ich nach einigen Stunden Schlaf aufgewacht bin – ich könnte es nicht sagen. Eine schnelle Antwort ist (und Wissenschaftler neigen zu schnellen, oft sogar zu vorschnellen Antworten), dass ich genug geschlafen habe, dass meine »innere Uhr« mir signalisiert hat, jetzt die Augen aufzuschlagen und mich zu erheben.

Aber was bedeutet das? Das ist keine Antwort, sondern nur der Hinweis auf etwas anderes. Vielleicht sollte ich mich, bevor ich darüber nachdenke, wieso ich aufwache, erst einmal fragen, warum ich überhaupt geschlafen habe. Warum schlafen Menschen? Keiner weiß das so genau. Eine naheliegende Antwort wäre: Weil wir müde, zu müde geworden sind. Und warum werden wir müde? Das weiß auch niemand so genau. Weil man sich erholen muss, könnte man sagen. Aber das hätte die Natur auch anders einrichten können; manche Lebewesen schlafen nicht und leben dennoch problemlos. Oder müssen wir schlafen, um zu träumen? Auch das könnte sein, aber dann ist immer noch unklar, was eigentlich Träume sind.

Es mag sein, dass manche kluge Menschen – vielleicht Forscher, Experten also, die sich mit diesen Problemen befassen – die Antworten auf diese einfachen Fragen kennen oder sie zu kennen glauben. Ich kenne sie jedenfalls nicht und schlafe dennoch, träume und wache morgens erquickt oder manchmal nicht so erquickt wieder auf. Dies alles geschieht, ohne dass ich etwas davon verstehe. Eigentlich peinlich. Oder ist es vielleicht gar notwendig, all dies Selbstverständliche nicht zu verstehen, also in Bezug auf viele unserer täglichen Funktionen dumm zu sein und zu bleiben? Denn wüsste ich es, was würde das nützen? Ich wäre zwar weniger beschränkt, doch würde ich dann besser schlafen, schönere Träume haben? Meistens sind Träume nicht so schön, manchmal sind sie ganz schrecklich. Und manchmal sind sie so realistisch, dass man den Traum als Wirklichkeit erlebt und sich erst bewusst wird, geträumt zu haben, wenn man aufgewacht ist.

Doch woher weiß ich eigentlich, dass nicht das, was ich als Traum bezeichne, meine »Wirklichkeit« ist – und dass das, was ich als Wirklichkeit erlebe, nur eine Scheinwirklichkeit, ein Traum ist? Ich weiß es nicht, und ich habe sogar Grund zur Annahme, dass mein Wachbewusstsein mir nur den Schein einer Welt liefert und dass ich mir selbst im Traum sehr viel näher bin. Dort kann ich meine »Wirklichkeit« entfalten und bin nicht mehr der Welt um mich ausgeliefert, nicht mehr Sklave einer äußeren Welt, die mir durch meine Sinne vermittelt wird. Wie lässt sich ein solches Argument widerlegen? Mit den gängigen Methoden der Wissenschaft jedenfalls nicht. Hier kommt es vielmehr auf den Standpunkt an, den man gegenüber einer solchen Frage einnehmen möchte. Innerhalb der Wissenschaft gibt es verschiedene Positionen, die man beziehen kann. Und für das, was die Forschung nicht beantworten kann, sind Philosophie und Religion zuständig.

Das christliche Menschenbild

Und noch etwas: Ich bin bestimmt kein frommer Mensch, jedenfalls nicht im Sinne dessen, was man landläufig als »fromm« bezeichnet. Doch oft nehme ich die Bibel zur Hand, um endlich zu verstehen, was unser »christliches Menschenbild« eigentlich ist, von dem so viel gesprochen wird (vor allem in Sonntagsreden, die oft genug im Lauf der folgenden Woche schon wieder vergessen sind). Mit den vier Evangelien im Neuen Testament kann ich wenig oder gar nichts anfangen. Vieles ist einfach nicht glaubhaft und widerspricht dem gesunden Menschenverstand. Und das Alte Testament? Das ist nun oft gar nicht »christlich«, ganz im Gegenteil. Muss mir erst ein Theologe, ein Gelehrter also, erklären, was in der Bibel steht? Sollte ich besser auf das Selberlesen verzichten? Aber im Protestantismus gilt die Regel: Sola scriptura – nur die Schrift. Also soll ich wohl selber lesen.

Doch mit dem Text vor Augen denke ich: Nein, man muss Laien das Lesen solcher Texte verbieten. Man wird nur in die Irre geführt. Dass Martin Luther die Bibel übersetzt hat, hat wohl die deutsche Sprachgemeinschaft gestärkt oder vielleicht erst geschaffen, aber es hat vor allem Verwirrung in den Köpfen jener gestiftet, die diese Texte selbst lesen. Nehmen wir einmal den Römerbrief des Paulus zur Hand, einen der wichtigsten Texte des Christentums, wie mir ein Schriftgelehrter gesagt hat. Dort steht: »Vers 15: Denn ich weiß nicht, was ich tue. Denn ich tue nicht, was ich will; sondern was ich hasse, das tue ich. Vers 16: Wenn ich aber das tue, was ich nicht will, so gebe ich zu, dass das Gesetz gut ist. Vers 17: So tue nun ich nicht es, sondern die Sünde, die in mir wohnt. Vers 18: Denn ich weiß, dass in mir, das heißt in meinem Fleisch, nichts Gutes wohnt. Wollen habe ich wohl, aber das Gute vollbringen kann ich nicht. Vers 19: Denn das Gute, das ich will, das tue ich nicht; sondern das Böse, das ich nicht will, das tue ich. Vers 20: Wenn ich aber tue, was ich nicht will, so tue nicht ich es, sondern die Sünde, die in mir wohnt.«

Ich verstehe das nicht: Offenbar bin ich zweigeteilt, nämlich in »mich« und meine »Sünde«. Was ist das für ein merkwürdiges Menschenbild, das die Grundlage dieser Weltreligion bildet? Kann ein einfaches Gemüt, ein hoffentlich normales Gehirn das verstehen? Ich verstehe es jedenfalls nicht. Wie kann man so etwas hinnehmen, einfach an das Nichtverstehbare glauben? Oder ist das »der Witz«, »die Pointe« des Glaubens – wissentlich auf das Verstehen zu verzichten, also freiwillig dumm zu bleiben?

Vielleicht muss man sich tatsächlich zweiteilen, in ein »gutes Ich« und ein »böses Ich«, und beide kämpfen gegeneinander. Wenn das so ist, dann steckt wohl ein böser Geist, der Teufel, dahinter. Kein Wunder also, dass sich Menschen den Teufel als reale Figur ausgedacht haben und ihn sogar auf gleicher Augenhöhe mit Gott verorteten. Nach Meinung der Kirche »irregeleitete« Christen, die Katharer in Südfrankreich, haben das vor mehreren Jahrhunderten tatsächlich geglaubt, was nachvollziehbar ist, wenn man den Römerbrief des Paulus liest. Diese Lehre fand aber bei »rechtgeleiteten« Christen keine Zustimmung, und so wurden die Katharer im Auftrag der Päpste wie Innozenz III., der zum Albigenserkreuzzug gegen die Katharer aufrief, in einem Völkermord vernichtet. Das ist im Rahmen eines »christlichen Menschenbildes« schwer zu begreifen, aber vermutlich hat sich alles in den letzten Jahrhunderten zum Besseren gewendet.

Es bleibt die Frage: Sind jene, die eine Erklärungshoheit für sich beanspruchen, um derart schwierige Texte zu interpretieren, eigentlich klug genug, das Unbegreifliche zu begreifen und anderen begreifbar zu machen? Haben jene tatsächlich die notwendige geistige Kraft, die offenbar den meisten abgeht, all dieses Unverständliche verstehbar zu machen? Warum sollte man ihnen eigentlich glauben? Das ist auch deshalb problematisch, weil der um Rat Suchende nie nur eine Erklärung bekommt, sondern meist recht verschiedene Deutungen erhält. Vielleicht sind diese Erklärungen auch nur Anmaßung, institutionell sanktioniert, verschleierte Professorenbesserwisserei, versteckter Machtanspruch oder lediglich dazu da, den Erklärungsnotstand zu beseitigen.

Hegels Logik

Ein guter Freund sagte mir, ich müsse unbedingt den Philosophen Georg Wilhelm Friedrich Hegel lesen. Und so stieß ich, direkt am Anfang der »Enzyklopädie der philosophischen Wissenschaften« in § 2, auf folgende Überlegung: »Die Philosophie kann zunächst im Allgemeinen als denkende Betrachtung der Gegenstände bestimmt werden. Wenn es aber richtig ist (und es wird wohl richtig sein, E. P.), daß der Mensch durchs Denken sich vom Tiere unterscheidet, so ist alles Menschliche dadurch und allein dadurch menschlich, daß es durch das Denken bewirkt wird.«

Das glaube ich noch zu verstehen und kann nur energisch erwidern: »Nein!« Was für ein ungeheuerlicher Machtanspruch, sich derart über alles andere Lebendige zu erheben, die einmalige Stellung des Menschen zu betonen, weil nur der Mensch »denke«. Woher weiß der Philosoph, dass nur der Mensch »denkt«? Dies ist eine leere Behauptung ohne Begründung und für einen Naturforscher ziemlich ärgerlich. Oder gehören Naturforscher von vornherein zur Liga der Beschränkten, denen Zugang zu einer bestimmten Form des Wissens und deren sprachlicher Darstellung verwehrt ist?

Aber man will ja lernen und kämpft sich durch viele Seiten Text, auch wenn manchmal die Augen nur noch über die Seiten gleiten, ohne eine Spur von Sinn zu erfassen; nichts bleibt im Bewusstsein hängen. In solchem verzweifelnden Lesen erkennt man die Grenzen des Auffassungsvermögens – verzweifelt über die eigene Beschränktheit, nichts zu verstehen. Doch man soll nicht aufgeben; wenn man auf einen Gipfel will, dann muss man sich den Berg hochquälen. Ich will unbedingt begreifen, was es mit dem »Sein« auf sich hat, und dann lese ich bei Hegel in »Erste Abteilung der Logik. Die Lehre vom Sein. § 84« die sich mir einfach nicht erschließenden Zeilen, und ich lese sie trotzdem immer wieder: »Das Sein ist der Begriff nur an sich; die Bestimmungen desselben sind seiende, in ihrem Unterschiede Andere gegeneinander, und ihre weitere Bestimmung (die Form des Dialektischen) ist ein Übergehen in Anderes. Diese Fortbestimmung ist in einem ein Heraussetzen und damit Entfalten des an sich seienden Begriffs und zugleich das Insichgehen des Seins, ein Vertiefen desselben in sich selbst. Die Explikation des Begriffs in der Sphäre des Seins wird ebensosehr die Totalität des Seins, als damit die Unmittelbarkeit des Seins oder die Form des Seins als solchen aufgehoben wird.«

Das also ist die Antwort. Man hat mir gesagt, man müsse sich auf diese Sprache einlassen, dann ahne man schon und verstehe auch, was Hegel gemeint habe. Ich habe aber, nach vielen Stunden des Hoffens auf Verstehen, aufgegeben. Es mag sein, dass mir jemand in einfachen oder zumindest anderen Worten erklären könnte, was »eigentlich« gemeint ist. Aber für mich ist es ein Zeitverlust, den ich mir selbst gegenüber nicht verantworten kann, wenn ich weiterlese. Ich darf mich damit nicht weiter befassen, und dies auch zum eigenen Schutz: Wenn ich nicht aufhöre, mich in solche Texte lesend hineinzuwühlen, dann droht die Gefahr, mich in einer paranoiden Welt zu verlieren, dass ich irre an mir selber werde. Ich lese etwas, das ich nicht verstehe, sodass sich eine Gedankenwelt auftun könnte, in der mir signalisiert wird, nicht normal zu sein. An diesem Glauben an mein Normalsein möchte ich aber festhalten. Auch wenn er eine Illusion sein mag, so gibt es auch Grenzen der Beschränktheit, sodass die Gefahr gebannt wird, sich bis zur Verzweiflung mit Dingen zu befassen, die jenseits des Begreifens liegen.

Geistige Erholung kann man sich bei Gedichten und Witzen holen

Die Warumfalle

Etwas Geschriebenes verstehen zu wollen ist offenbar Ausdruck unserer Sehnsucht nach Begründungen. Wir alle tragen die Kausalitätssucht in uns. Doch etwas verstehen zu wollen, was schon beim ersten Blick jenseits des geistigen Horizonts liegt, das ist ein Ausdruck von Torheit. Allerdings: Die ewige Frage nach dem »Warum«, diese Sucht nach Begründungen ist selbst ein Zeichen von Beschränktheit, wenn nicht gar eine Krankheit. Warum überkommt uns dauernd die Frage nach dem »Warum« – und »warum« können wir nicht das meiste so hinnehmen, wie es ist? Selbst diese Frage krankt an dem Warum; offenbar sitzen wir in einer »Warumfalle«, weil wir so konstruiert sind und unser Gehirn uns keine andere Wahl lässt. Trost kommt von dem Dichter Erich Kästner, der eine klare Meinung über dieses Kausalitätsbedürfnis hatte. Es ist herrlich befreiend, dass Worte nicht immer alles verdunkeln müssen:

Wieso, warum?
Warum sind tausend Kilo eine Tonne?
Warum ist dreimal drei nicht sieben?
Warum dreht sich die Erde um die Sonne?
Warum heißt Erna Erna statt Yvonne?
Und warum hat das Luder nicht geschrieben?

Warum ist Professoren alles klar?
Warum ist schwarzer Schlips zum Frack verboten?
Warum erfährt man nie, wie alles war?

Warum bleibt Gott grundsätzlich unsichtbar?
Und warum reißen alte Herren Zoten?

Warum darf man sein Geld nicht selber machen?
Warum bringt man sich nicht zuweilen um?
Warum trägt man im Winter Wintersachen?
Warum darf man, wenn jemand stirbt, nicht lachen?
Und warum fragt der Mensch bei jedem Quark: WARUM?

Erich Kästner

Gedichte wie dieses können eine geistige Erholung sein, wenn man sprachlich und »denklich« erschöpft ist, sie erschließen sich dem Verstehen so viel leichter als komplizierte Texte. Insbesondere dann, wenn der Dichter – wie Kästner – das vermeintlich Selbstverständliche infrage stellt und auf die Schippe nimmt. Sogar Blödeln, die sprachliche Inszenierung von Dummheit, ist wie eine Befreiung aus dem zu engen Korsett des Tiefsinnigen. Hier ein paar Beispiele:

Anhänglichkeit
Das Kind hängt an der Mutter,
der Bauer an dem Land,
der Protestant an Luther,
das Ölbild an der Wand.
Der Weinberg hängt voll Reben,
der Hund an Herrchens Blick,
Der eine hängt am Leben,
der andere am Strick …

Heinz Erhardt

Hertha
Was geschieht, ist offenbar nicht
Als ein Abschluß aufzufassen;
Hertha spricht: – »Man kann sich gar nicht
Oft genug entjungfern lassen.«

Alfred Kerr

Die schlimme Sorte

Eine Sorte von Menschen macht mich gleich verstummen,
Das sind die superklugen Dummen.
Da hilft nur dies: Sie schweigend zu tragen
Oder sie einfach nur niederzuschlagen.

Heinrich Seidel

Mitmenschen

Ein Mensch schaut in der Straßenbahn
Der Reihe nach die Leute an:
Jäh ist er zum Verzicht bereit
Auf jede Art Unsterblichkeit.

Eugen Roth

Wenn man sich geistig erholen möchte, weil man sich am Verstehen zu schwieriger Texte versucht hat, helfen auch Witze. Die Sammlung »Jüdische Witze« von Salcia Landmann enthält viele amüsante Kostproben für die menschliche Beschränktheit, und oft wird dabei in unnachahmlicher Weise mit der Sprache gespielt:

»Aus dem Brief eines Ehemanns an sein Weib: Teure Riwke, sei so gut und schick mir Deine Pantoffeln! Natürlich meine ich meine und nicht Deine Pantoffeln. Aber wenn Du liest ›meine Pantoffeln‹, dann meinst Du, ich möchte Deine Pantoffeln. Wenn ich aber schreibe: Schick mir Deine Pantoffeln, dann liest Du ›Deine Pantoffeln‹ und verstehst richtig, dass ich meine: ›meine Pantoffeln‹, und schickst mir meine Pantoffeln. Schick mir also Deine Pantoffeln.«

»Im Hitler-Reich. Als Juden noch die Reichsbahn benützen durften, saß der alte Meisl sinnierend im Abteil. Sein Blick fällt auf ein Propaganda-Plakat ›Ein Deutscher lügt *nicht!*‹ – Meisl liest halblaut: *Ein* Deutscher lügt nicht! Miese Prozent bei 80 Millionen.«

»Reb Koppel ist gestorben. Gehst du zu seinem Begräbnis? – Warum sollte ich? Wird er zu meinem Begräbnis kommen?«

»Der Bankier Fürstenberg war für sein freches Mundwerk bekannt: ›Ausnahmslos alle Aktionäre sind dumm und frech.

Dumm, weil sie fremden Menschen ihr Geld anvertrauen. Frech, weil sie für diese Dummheit auch noch Zinsen haben wollen.‹«

Zum Weiterlesen

Landmann, Salcia: Jüdische Witze. Deutscher Taschenbuch Verlag, München 2007. Dies ist die wohl bedeutendste Sammlung von Witzen, die einen tieferen Einblick in menschliche Dummheit und Klugheit vermitteln. »Ein Sportschwimmer hat bei Calais den Ärmelkanal durchquert. Als er an Land steigt, umringen ihn jubelnde Massen. Ein Jude tritt interessiert auf den Schwimmer zu und fragt: ›Wussten Sie nicht, dass hier ein Dampfer verkehrt?‹« Mit solchen Beispielen beschreibt Salcia Landmann, was den Witz als Witz ausmacht, und orientiert sich dabei wesentlich auch an Sigmund Freuds »Der Witz und seine Beziehung zum Unbewußten«. In Witzen wird vieles verdichtet, wie es auch in der »Traumarbeit« geschieht, wenn etwa in einem Traum eine Person gleichzeitig die Ehefrau und eine Geliebte ist. Eine bekannte literarische Verdichtung stammt von Heinrich Heine: »In Göttingen leben Studenten, Professoren, Philister und Vieh.« Ein anderes Beispiel einer extremen sprachlichen Verdichtung liefert Heinrich Heine, als er berichtet, dass ihn Baron Rothschild in Paris »famillionär« behandelt habe. Witze bringen insbesondere auch Verdrängtes ans Tageslicht, etwa in obszönen oder auch aggressiven Witzen. »Moische Halbgewachs besteigt den Zug nach Lemberg. Im Abteil findet er seinen Freund Laib Merores sehr intensiv mit einer Dame beschäftigt. ›Laib, was tust du!‹ – ›Ich fahr nach Lemberg.‹ – ›Mitten durch die Leut?‹« Der Witz ist auch ein sprachliches Heilmittel gegen das beschränkte Denken. Man kann im Witz indirekt sagen, was man direkt nicht sagen kann. Was dumm erscheint, ist klug gemeint: »Die Leute nennen Salomo einen weisen Mann, weil er die Mutter eines Kindes ausfindig gemacht hat. Den Vater des Kindes hätte er ausfindig machen sollen: Das wäre die wahre Weisheit gewesen.«

Und noch ein Gedicht, das den Kerngedanken dieses Buches in wenigen Zeilen erfasst:

Wer weiß
Ein Mensch schreibt feurig ein Gedicht:
So, wie's ihm vorschwebt, wird es nicht.
Vielleicht hat Gott sich auch die Welt
Beim Schöpfen schöner vorgestellt.

Eugen Roth

Mit dem Beginn des Lebens vor vier Milliarden Jahren hat eigentlich alles ganz gut angefangen

Im Ozean unserer Beschränktheit

Zurück zum persönlichen Nichtverstehen: Bin ich ein Sonderfall mit beschränkten Verstehenskapazitäten? Bin ich der Einzige, der ratlos ist, der einen »Erklärungsnotstand« hat, wenn ich manche Texte lese und nicht begreife, was in ihnen steht? Natürlich hat jeder seine eigenen und besonderen Beschränktheiten und Ratlosigkeiten, doch insgesamt sind wir wohl alle belastet und stoßen schnell an die Grenzen unseres Verstandes. Ist das nicht peinlich für eine Kreatur, die doch die Krone der Schöpfung sein will, eine Kreatur, deren herausragendes Merkmal das Denken ist, wie wir vorhin bei Hegel gesehen haben? Wenn das Denken das Juwel in unserer Krone sein soll, dann ist etwas schiefgelaufen. Aber vielleicht bilden wir uns das mit der »Krone der Schöpfung« nur ein – auch ein Symptom für unsere Fehlkonstruktion –, und in Wahrheit sind wir das Produkt einer missglückten biologischen Entwicklung. Oder wie es der Schriftsteller Arthur Koestler einmal ausgedrückt hat: »der Mensch als Irrläufer der Evolution«. Und dann kann sich keiner von dieser Beschränktheit ausnehmen.

Wenn das so ist, sind unsere Möglichkeiten, etwas über uns oder über die Welt zu verstehen, notwendigerweise eingeschränkt. Aber es ist schon ein großer Schritt, diese Begrenztheiten zu erkennen und zu verstehen, dass viele unserer Probleme außerhalb der Reichweite menschlicher Einsicht liegen. Sie können und müssen nicht bedacht und beantwortet werden, weil sie im großen Ozean dessen schwimmen, was wir mit unserer unvermeidbaren Dummheit gar nicht zu fassen bekommen können.

Was also wissen wir eigentlich? Beziehungsweise: Was glauben wir trotz aller Begrenztheit zu wissen? Was können wir über die Möglichkeiten und Grenzen unserer Einsicht sagen – oder zu sagen versuchen? Machen wir uns auf eine Reise, schlagen wir eine Schneise durch den Dschungel des Unbekannten. Dann bahnen wir vielleicht einen Weg, aber links und rechts dieses Weges liegt weiterhin das Unbekannte, und je weiter wir vordringen, desto deutlicher werden uns die wahren Ausmaße des Dschungels. Das ist leider auch eine Tatsache: Je mehr man weiß, desto weniger weiß man.

Wir kommen um die Tatsache nicht herum: Wir sind dumm geboren. Und dies nicht nur zu Beginn unseres individuellen Lebens, wenn wir noch nichts gelernt haben, sondern weil wir Menschen sind. Wir sind zur Dummheit geradezu verdammt, und wir haben keine Chance, jemals richtig klug zu werden, so viel wir auch lernen mögen. Unwissend zu sein und zu bleiben und immer unwissender zu werden ist ein Teil unserer Natur.

Um den Grenzen unserer Möglichkeiten näherzukommen, ist es notwendig, in die Geschichte zurückzugehen, in die biologische Geschichte. Vieles kann man leichter nachvollziehen, wenn man zurückblickt und nachschaut, woher man kommt. Eigentlich hat mit dem Urknall alles ganz gut angefangen, doch dann ist etwas schiefgegangen, nämlich als der Mensch in die Welt kam. Der Mensch ist der Erfinder der Dummheit. Oder um es etwas bescheidener auszudrücken: Der Mensch ist ein Erfinder der Dummheit, denn wir wissen nicht, ob sich nicht auch andere Lebensformen den Luxus der Dummheit leisten.

Woher kommt das Leben?

Vor etwa vier Milliarden Jahren wurde das Leben erfunden, zumindest auf der Erde und nach unserem – wie wir wissen beschränkten – derzeitigen Kenntnisstand. Wenn man sagt, das Leben wurde erfunden, ist dann »erfinden« überhaupt das richtige Wort? Ist das Leben nicht vielleicht »entdeckt« worden, war also immer schon irgendwie vorhanden; nach einem geheimnisvollen Plan, den wir nicht kennen und der nur auf seine Erfüllung wartete? Darauf, dass sich die notwendigen Bedingungen in der Umwelt entwickelten?

Oder wurde Leben aus dem Nichts »geschaffen«, auf der Grundlage einer »höheren« Absicht? Und wer war dann der Schöpfer? In diesem Fall hätten wir allen Grund, uns zu beklagen, denn es sind einfach zu viele Mängel an uns festzustellen. Allerdings erledigt sich für manche Gläubigen diese Frage von selbst, sie ist also gar keine Frage. Man akzeptiert sich als das Geschöpf, das der Schöpfer aus einem gemacht hat. Ein Christ sagt: »Dein Wille geschehe«, ein Muslim: »Inschallah«. Und der römische Dichter Horaz schreibt: »Ut melius quidquid erit pati.« (Denn es ist besser, was immer auch sein wird, es hinzunehmen.)

Doch was meint der Naturforscher, der sich die Welt ohne ein solches zuverlässig erscheinendes Netz des Glaubens erschließt? Auch er hat keine Antwort, was den Beginn des Lebens betrifft. Wie dieser erste Schritt hin zum Menschen überhaupt geschehen konnte, was die treibende Kraft dahinter war, dies bleibt das große Rätsel. Wie war es möglich, dass aus leblosen chemischen Bausteinen etwas entstand, das wir »Leben« nennen und das die Grundlage unseres »Er-lebens« bildet? Dem Forscher bleibt nur das Staunen. Ist es nun Dummheit, Klugheit oder Bescheidenheit, wenn man vor der Beantwortung dieser Frage zurückschreckt?

Es waren einzellige Organismen, die zuerst die Welt bevölkerten und die unerhört erfolgreich waren: Sie schufen die Atmosphäre, die Luft, die wir atmen. Die ersten Lebensformen haben erst die Natur geschaffen, die für uns als Umwelt selbstverständlich (und lebensnotwendig) geworden ist. Fragt man sich, wie diese einfachsten Lebewesen aufgebaut waren und es immer noch sind, dann stellt man etwas Erstaunliches fest: Von Anbeginn des Lebens sind Organismen durch Funktionen gekennzeichnet, die für alle Lebewesen gelten – also auch für jene, die man gerne als »höher entwickelt« bezeichnet, also solche, die mit Gehirnen ausgestattet sind.

Wenn man es genau betrachtet, dann sind nur wenige Funktionen im Laufe der Evolution seit etwa vier Milliarden Jahren hinzugekommen, auch wenn dies uns vielleicht in unserem menschlichen Stolz kränkt. Die Prinzipien des Lebens und auch des Erlebens sind mehrere Milliarden Jahre alt, viel älter als der Mensch. Diese Tatsache sollte uns mit der Natur versöhnen, die uns so beschränkt eingerichtet hat, und uns als Signal dienen, dass wir uns selbst als Menschen nicht zu ernst nehmen.

Zum Weiterlesen

Raup, David M.: Extinction. Bad Genes or Bad Luck? Norton & Co., New York 1991. In diesem Buch erfährt man, dass die durchschnittliche Lebenserwartung von Arten auf dieser Erde nur wenige Millionen Jahre beträgt, dass also die meisten jemals entstandenen Arten schon wieder ausgestorben sind. Ist dies nun Klugheit oder Dummheit von Mutter Natur, die jeweiligen Lebenszeiten derart einzuschränken? Diese kurze Lebenszeit der Arten kann bedeuten, dass wir als »Homo sapiens sapiens« – also der sogenannte wirklich Wissende – bereits lange genug gelebt haben. Wäre eine Beendigung des menschlichen Lebens auf der Erde, ein Anthropozid, ein Zeichen von Klugheit oder Dummheit? Beides mag richtig sein. Wenn die Lebenszeit von Arten auf nur wenige Millionen Jahre beschränkt ist und wenn die Menschheit als Ganzes vom Erdball verschwinden würde, dann könnte dies als Zeichen einer biologischen Klugheit gewertet werden. Es würde Raum geschaffen für neue evolutionäre Entfaltungen. Dass wir Menschen vieles oder sogar alles tun, um dieses Ziel zu erreichen, sei es durch die Zerstörung der Umwelt oder die Entwicklung von immer wirkungsvolleren Waffen, das wäre dann eine Konsequenz menschlicher Dummheit unter dem Deckmantel irregeleiteter Intelligenz. Aber darin würde sich auch eine höhere Klugheit der Natur ausdrücken, wieder Raum zu schaffen für das Neue, dem wir im Augenblick noch im Wege stehen. Und man mag den Zynismus noch weiter treiben: Warum versucht man verzweifelt, das Aussterben bestimmter Arten zu verhindern? Unter dem Gesichtspunkt evolutionärer Prozesse, die Jahrmillionen beanspruchen, könnte man auch den Dingen seinen Lauf lassen und somit neuen Lebensentfaltungen ökologische Nischen eröffnen.

Grundmotive des Lebens

Auf abstrakter Ebene kann man eine Zelle, einen einzelligen Organismus also, als einen umschlossenen Raum betrachten, in dem Zeit gleichsam »eingefroren« ist. Denn was ist eigentlich die Erbsubstanz? Sie besteht aus chemischen Verbindungen, die Zustände von früher für später festhalten, also im übertragenen Sinne »einfrieren«. In der Erbsubstanz wird etwas festgelegt und aufbewahrt, was in Zukunft benötigt werden könnte. Damit »wissen« diese »dummen« Zellen auf ihre Weise, dass es Zukunft gibt. Und so beantwortet ein Blick auf diese Zellen ganz einfach eine vermeintlich komplizierte Frage, an der manch unglücklicher Philosoph schon gescheitert ist: Ob es »Zeit« überhaupt gibt. Für gewisse Denker mag es die »Zeit« nicht geben. Aber für die ohne menschliche Intelligenz ausgestatteten Zellen ist sie Realität, denn sie »planen« für die Zukunft. Und Zukunft kann es nur geben, wenn es Zeit gibt. Hier kommt der Verdacht auf, dass mit der menschlichen Intelligenz vielleicht etwas nicht stimmen mag, wenn sie die selbstverständlichsten Sachverhalte dermaßen verkompliziert.

Aber bleiben wir noch einen Moment bei der Zelle: Damit etwas aufbewahrt werden kann, muss ein eigener Raum geschaffen werden, der sich heraushebt aus dem sonst überall wirkenden Zerfall. Zellen haben deshalb eine Membran. Diese Membran stellt sicher, dass die chemischen Abläufe innerhalb der Zelle nicht mehr den Gesetzen des zweiten Hauptsatzes der Thermodynamik unterliegen, dass alles zerfällt und vergeht. Die Membran schafft einen neuen Raum, aber sie schafft kein abgeschlossenes System, denn sie ist in beiden Richtungen für bestimmte Stoffe und vor allem für Information durchlässig; sie ist also sozusagen eine Wand mit Türen und Fenstern.

Mit dem Entstehen von Zellen, mit dem Beginn des Lebens auf der Erde geschah etwas völlig Neues: Es fand eine Befreiung vom Zerfall und Verfall in der Welt statt; lebende Organismen schützten sich durch ihre Struktur davor, in Unordnung zu zergehen. Nebenbei bemerkt beweisen Zellen damit auch, dass es den »Raum« gibt, dessen Existenz ebenfalls von manchen Denkern in Frage gestellt wird, denn den umschlossenen Raum der Zelle kann es nur in einem umschließenden Raum geben. Ein Blick auf das einfachste aller Lebewesen lässt also so manche Frage, die der Mensch mit viel Kopfzerbrechen zu beantworten versucht, von vornherein als absurd erscheinen.

Um ein geordnetes Gleichgewicht zu schaffen, eine Homöostase aufrechtzuerhalten, die zum Lebenserhalt notwendig ist, sind Lebewesen mit Fähigkeiten ausgestattet, die es seit Anbeginn des Lebens gibt und ohne die kein Leben entstanden wäre. Einzellige Lebewesen können mit bestimmten chemischen Verbindungen in ihrer Zellmembran verschiedene Wellenlängen im elektromagnetischen Spektrum unterscheiden; sie können also »sehen«. Und sie können sich bewegen, um Orte aufzusuchen, die für die Regulation ihrer Lebensprozesse besonders günstig sind.

Damit ist ein Grundmotiv des Lebens überhaupt angesprochen, nämlich sich immer dorthin zu bewegen, wo es einem besser geht. Ohne zielorientierte Bewegung ist eine solche Ortsverlagerung nicht möglich. Um sich bewegen zu können, muss man mit den notwendigen Strukturen ausgestattet sein, seien es unsere hochentwickelten Beine oder die Cilien, die am Anfang der Evolution standen und etwa wie Schiffsschrauben funktionieren. Solche einzelligen Strukturen haben übrigens auch wir Menschen noch, nämlich die Spermien, die sich zu dem zu befruchtenden Ei hin bewegen. Aldous Huxley hat sich in einem Gedicht über die Befruchtung seine eigenen Gedanken gemacht:

Fünfter Philosophen-Song

Abermillionen Spermatozoa,
Die alle leben:
Welch eine Sintflut – und nur *ein* Noah
Darf überleben.

Vielleicht steckte in dieser Abermillion
Minus eins ein Shakespeare – warum nicht?
Vielleicht auch ein neuer Newton, ein Donne –
Doch der Eine war Ich.

Der drängt sich vor, schnappt die Arche, und Schluß –
Die Besseren sind abserviert!
Unerhört! Wärst du dreister Homunculus
Nicht besser krepiert?

Aldous Huxley

Um ein Ziel zu erreichen, also einen anderen Ort aufzusuchen, muss das einzellige Lebewesen – wie jedes höher entwickelte Lebewesen auch – vorher den jeweiligen Ist-Zustand bewerten. Nur wenn klar ist, wo man sich befindet, kann bestimmt werden, wohin man will oder ob es doch besser ist, an Ort und Stelle zu bleiben. Und damit sind wir bei einem weiteren Grundprinzip des Lebens: der Bewertung.

Damit etwas bewertet werden kann, ist eine weitere Operation notwendig: Es muss ein Vergleich zwischen verschiedenen Ist-Zuständen vorgenommen werden. Um die Relation zwischen verschiedenen Zuständen analysieren und nutzen zu können, müssen diese Zustände zeitlich nacheinander ablaufen. Wie groß der nötige zeitliche Abstand ist, das unterscheidet sich von Organismus zu Organismus. Jedes Lebewesen hat ein typisches »Zeitfenster«, das für einen Einzeller vermutlich anders aussieht als für den Menschen oder andere mehrzellige Lebewesen. Wie lang dieses Zeitfenster jeweils ist, dies ist eine empirische Frage, mit der sich Forscher beschäftigen; bei Menschen sind es oft nur wenige Sekunden, die für Vergleiche genutzt werden, um zu einem Urteil zu kommen. In Kapitel 6 haben wir bereits vom Gegenwartsfenster gehört. Ein Beispiel für schnelle Entscheidungen kennt jeder, der sich beim Fernsehen durch die vielen Kanäle »zappt« und innerhalb von drei Sekunden beschließt, dass er etwas nicht anschauen möchte.

Was auch erstaunen mag, ist die Tatsache, dass viele Einzeller bereits durch Sozialverhalten gekennzeichnet sind. Abhängig von den Umweltbedingungen können sie sich zu Verbünden zusammenschließen und diese je nach Situation auch wieder auflösen. Sie bilden dabei Muster, die wir mit unserem menschlichen Blick als schön empfinden. Ein erfreulicher, vielleicht aber auch beunruhigender Hinweis darauf, dass selbst die Grundlagen des ästhetischen Sinns möglicherweise schon ein paar Milliarden Jahre alt sind. Auch dieses spricht für die Einheit der Natur, der wir angehören und der wir nicht entfliehen können – und es daher besser gar nicht erst versuchen sollten.

Tiefer Einschnitt

Wir sehen also: Bereits bei Einzellern findet innerhalb eines vorgegebenen Zeitfensters ein Vergleich statt, auf dessen Grundlage eine Bewertung vorgenommen wird. Diese wiederum entscheidet darüber, ob der Organismus an Ort und Stelle bleibt oder sich dorthin bewegt, wo die Bedingungen besser, vielleicht sogar optimal sind. Um überhaupt einen Vergleich anstellen zu können, nutzt der Organismus seine Wahrnehmungsfähigkeit, sie ermöglicht eine Kontrolle der Rahmenbedingungen: Bereits die einfachsten Lebensformen sind in der Lage zu antizipieren, ob eine Bewegung hin zu einem bestimmten Ort gegenüber dem Verweilen am aktuellen Ort von Vorteil ist.

Die Analyse der grundlegenden Prinzipien des Lebens zeigt, dass die schlichtesten Lebensformen nicht einfach nur reaktive Wesen sind. Zielgerichtetes Bewegen (oder Handeln), Bewerten auf der Grundlage gespeicherter und in einem Zeitfenster aufgenommener Informationen (Wahrnehmung), einen Zustand in seiner Identität bestimmen und für eine gewisse Zeit festhalten (Erinnern), dies alles in einem umschlossenen Raum, den man »Zelle« nennt – das sind Grundoperationen von Organismen, die seit Anbeginn der Zeiten gelten, seit es überhaupt Leben auf dieser Erde gibt. Und das hat funktioniert, es hat bestens funktioniert, bis es einen tiefen Einschnitt bei der Entwicklung des Lebens gab, der viele Millionen Jahre später (auf dieser großen Zeitskala also erst vor kurzem) auftrat und der uns zu einem evolutionären Irrläufer gemacht hat. Doch dazu später mehr.

Mehrzellige Organismen benötigen ein Informationssystem, um als Ganzes agieren zu können

Die zweite Erfindung des Lebens

Es ist bemerkenswert, dass die Prinzipien, die den Lebenserfolg der Einzeller garantierten, in der Evolution von höheren Organismen, also solchen mit Gehirnen, noch einmal erfunden wurden. Vor etwa 700, vielleicht 800 Millionen Jahren schlossen sich einzellige Organismen zu mehrzelligen Verbünden zusammen; so entstanden mehrzellige Organismen. Damit diese als Ganzes funktionieren konnten, mussten sie ein Informationssystem aufbauen, sodass die einzelnen Zellen miteinander kommunizieren und der Organismus sich als Ganzes bewegen oder handeln konnte. Aus diesen Informationsnetzwerken entwickelten sich dann nach und nach Nervensysteme und Gehirne.

Es begann die faszinierende und sich immer stärker beschleunigende Entwicklung neuer Lebensformen, angetrieben vor allem durch die sexuelle Fortpflanzung mehrzelliger Organismen. Diese Entwicklung erfolgte parallel zur weiteren Entfaltung der einzelligen Organismen, die auch heute noch die Welt beherrschen. Lebewesen mit Gehirnen machen, was die Biomasse auf der Erde betrifft, nur einen kleinen Bruchteil aus. Wir sind uns dessen meist nicht bewusst, aber wir sind in der Minderzahl.

Die sexuelle Fortpflanzung hat aber noch einen ganz anderen Effekt: Mit ihr wird der Tod ins Leben geholt. Es entstehen jeweils einmalige Ausprägungen des Lebens, die geboren werden und sterben müssen. Einzellige Lebewesen, die sich durch Zellteilung vermehren, können nicht sterben, da ein Teil des ursprünglichen

Organismus immer erhalten bleibt. Wenn es ein übermächtiger Schöpfer wirklich gut mit dem Menschen gemeint hätte, dann hätte er eine Lösung gefunden, das Sterben zu vermeiden. Aber vermutlich kam es in der Entwicklungsgeschichte des Lebens gar nicht so sehr auf uns an; wir sind wie alle anderen Lebewesen auch nur Mitläufer im evolutionären Geschehen.

Aufgrund der Kombination des Erbgutes von jeweils zwei Individuen (den Eltern) wurde durch die sexuelle Fortpflanzung die evolutionäre Entwicklung, also die Anpassung an jeweils neue Umgebungsbedingungen, erheblich beschleunigt. Sexuelle Fortpflanzung erhöht die Vielfalt individueller Ausprägungen und stellt damit mehr Auswahlmaterial für Selektionsprozesse bereit. Sterbensfähigkeit ist also auch ein Gewinn, vielleicht nicht für den Einzelnen, aber für das Leben als Ganzes. Durch die zufällige Vermischung von Erbmaterial wurden und werden immer neue Nischen aufgetan, in denen sich Lebensprozesse entfalten.

So weit, so logisch. Das Erstaunliche ist aber, dass in den komplizierteren Organismen mit Gehirnen dieselben Prozesse der Informationsverarbeitung noch einmal erfunden wurden, die sich vorher schon bei den Einzellern bewährt hatten. Dass diese Prozesse in identischer Weise noch einmal »neu aufgelegt« wurden, spricht dafür, dass es Merkmale der physischen Welt sind und nicht Eigenschaften im Organismus selbst, die solche evolutionären Abläufe mit einem analogen Ziel geradezu erzwingen. Wenn man so will, kann man dies als brutalste Freiheitseinschränkung verstehen, die Lebewesen angetan wird. Wir konnten gar nicht anders konstruiert werden, weil die Welt so ist, wie sie ist.

Vom Einzeller zum Menschen

Machen wir also den Sprung vom Einzeller zum Menschen: Wir tragen das evolutionäre Erbe immer noch in uns. Dieses Erbe gibt uns einen Rahmen vor, den wir nicht sprengen können. Und man muss ehrlicherweise sagen, dass wir darüber hinaus wenig mit auf den Lebensweg bekommen haben, mit dem wir uns über andere Lebewesen erhöhen könnten. Wir haben durch unsere Sinnesorgane Zugang zur Welt um uns, genau wie diese; wir hören, sehen, fühlen, schmecken und riechen wie viele andere Lebewesen auch. Es haben sich in uns und für uns Bewertungssysteme entwickelt, die wir Gefühle nennen. Wir bilden Kategorien, die miteinander in Beziehung gesetzt werden, damit wir Vergleiche vornehmen können. Vergleichen zu können ist die Grundlage aller geistigen Operationen.

Alle diese Operationen dienen wie beim Einzeller dazu, die Homöostase sicherzustellen und unser inneres Gleichgewicht auch unter schwierigen Bedingungen zu bewahren. Selbst die sogenannten »höheren« Funktionen, die komplexen Denkfunktionen dienen letzten Endes nur dem Erhalt des homöostatischen Gleichgewichts, auch wenn manche das Denken als Freiheit und vielleicht sogar eine Freude des Denkens erleben und wir der Welt um uns durch das Denken einen Sinn verleihen können. »Freude« ist hier nur ein Nebeneffekt (allerdings ein praktischer) einer notwendigen biologischen Operation. Die grundlegenden Mechanismen des Lebendigen haben sich entwickelt, damit wir unser Gleichgewicht aufrechterhalten können, und nicht, damit wir uns darüber freuen können.

Entscheidend ist: Lebensprinzipien sind Erlebensprinzipien. Für die genannten Operationen und Prinzipien des Lebendigen verwenden wir aus psychologischer Sicht solche Begriffe wie »Wahrnehmung«, »Gefühl«, »Absicht« oder »Erinnerung«. Damit wir fühlen, Absichten haben und uns erinnern können, ist eine kontinuierliche Informationsverarbeitung und insbesondere eine ständige Wahrnehmung notwendig. Die fortlaufende Aufnahme und Verarbeitung von Information stellt für den Organismus den Bezug zur Welt sicher. Durch Aufnahme von Information über die Sinneszellen, über die »Antennen«, die in die Welt ragen, wird ein Bezug zur Realität hergestellt; wir sind über sinnliche Informationen an die Welt um uns gekoppelt, die wir dann wahrnehmen und interpretieren. Jeder lebende Organismus, alles

Lebendige ist derart strukturiert, dass es seinen Innenzustand mit der von außen kommenden Information abgleicht; auch im Schlaf wird dieser Abgleich nur wenig unterbrochen. Dies ist ebenfalls eine Art von Freiheitsberaubung: Wir können uns nie vollständig von der Welt um uns abwenden. Und wenn dies bei manchen Menschen dennoch geschieht, wie etwa beim Autismus, dann hat ein solches Erleben und Verhalten Krankheitswert.

Nun geschah allerdings etwas Ungewöhnliches in der Evolution, das insbesondere den Menschen betrifft, und damit begann der ganze Ärger, den wir mit uns haben. Die Außenperspektive entstand, also das Denken über das Denken, und damit kam die Dummheit in die Welt. Was vorher gut funktioniert hatte, wurde nun problematisch. Es traten Lebewesen in die Welt, die bemerken, dass sie etwas bemerken können – denen also etwas bewusst werden kann und die gleichzeitig wissen, dass ihnen etwas bewusst ist. Sie entdecken, dass sie sehen und hören können, und damit, dass auch andere sehen oder hören, sich etwas wünschen oder sich an etwas erinnern können. Man kann sich in andere hineinversetzen, man kann sich selbst beobachten. Wenn man eine Außenperspektive zu sich selbst einnehmen kann, dann ist es auch möglich, gemeinsam über etwas zu sprechen, gemeinsam etwas zu betrachten, weil alle einen Referenzpunkt außerhalb von sich selbst einnehmen können. Man kann die eigene Perspektive mit der anderer vergleichen; man kann das Gleiche und das Verschiedene an anderen erkennen.

Dies ist ein bemerkenswerter Fortschritt. Und doch ist die Fähigkeit, eine Außenperspektive zu sich selbst einnehmen zu können, gleichzeitig die Wurzel allen Übels. Denn nun ist es möglich zu lügen, zu heucheln, sich misszuverstehen, dumme Fragen zu stellen, falsche Entscheidungen zu treffen. Fortschritt bedeutet an sich noch nicht, dass damit alles besser wird – es kann auch alles schlechter werden, und wir sind unter einer biologischen Perspektive der beste Beweis dafür, wie alles bergab gehen kann. Um dies deutlicher zu machen, sei ein genauerer Blick in unser Inneres geworfen, das Innere des Kopfes.

Psychische Funktionen sind in der Architektur des Gehirns verankert und kommen nur dort vor

Evolutionäre Anpassung

Die Ausgangsthese, der sich wohl alle Hirnforscher verpflichtet fühlen (sollten), ist also, dass psychische Funktionen durch evolutionäre Selektionsprozesse entstanden sind. Unser Seelenleben ist das Ergebnis spezifischer Anpassungen an die Herausforderungen der Welt, denen unsere biologischen Vorfahren ausgeliefert waren und denen auch wir noch ausgeliefert sind. Solche evolutionären Anpassungsprozesse verlaufen über einen sehr langen Zeitraum und sind nicht von Tag zu Tag oder im Lauf eines Menschenlebens zu beobachten. Sie haben dazu geführt, dass alle psychischen Funktionen – also was wir wahrnehmen, erinnern, fühlen, wollen oder denken – in neuronalen Programmen des Gehirns verankert sind. Das heißt aber auch, dass die Verfügbarkeit psychischer Funktionen an intakte neuronale Strukturen gebunden ist. Und hier treten leider immer wieder und vor allem mit steigendem Alter Probleme auf, die unsere geistige Leistungsfähigkeit herabsetzen.

Körper, Geist und Seele

Die Hirnforschung kommt um eine philosophische Positionierung nicht herum. Im erkenntnistheoretischen Sinne vertreten die meisten Neurowissenschaftler, sofern sie überhaupt darüber nachdenken, eine monistische Position – das heißt, dass wir ein Wesen sind, bestehend aus Körper und zugleich Geist. Das, was wir als unseren Geist oder unsere Seele bezeichnen, ist außerhalb des Gehirns nicht vorhanden, und das Gehirn funktioniert nur in einem lebendigen Körper. Diese Position wird als pragmatischer Monismus oder empirischer Realismus bezeichnet: Geist und Seele sind ein vom restlichen Körper nicht abtrennbarer Teil.

Die monistische Auffassung ist für Neurowissenschaftler zwar eine Selbstverständlichkeit, doch wird sie außerhalb der Hirnforschung nicht gleichermaßen akzeptiert, weil die Alltagspsychologie oft einen Dualismus nahezulegen scheint. Sprichwörter wie »Essen hält Leib und Seele zusammen« oder »Der Geist ist willig, aber das Fleisch ist schwach« legen Körperliches und Psychisches als unterschiedliche Seinsbereiche aus.

Wir dürfen also skeptisch sein, ob es eine unsterbliche Seele gibt. Das fand wohl auch Arthur Schopenhauer, als er dichtete:

Gebet eines Skeptikers
Gott – wenn du bist – errette aus dem Grabe
Meine Seele – wenn ich eine habe.

Arthur Schopenhauer

Die Trennung von Geist/Seele und Körper ist allerdings auch nur typisch für unseren Kulturkreis. In eher östlichen Kulturkreisen wird man oft sogar verständnislos angeschaut, wenn man auf dieses »Leib-Seele-Problem« verweist. Genauso wie es vielen von uns im Alltag schwerfällt, Körper und Seele als eins zu betrachten, fällt es Asiaten schwer, sich eine Trennung vorzustellen. Das Leib-Seele-Problem musste also offensichtlich erst als Problem entdeckt oder wohl besser erfunden werden. Und womöglich handelt es sich dabei um eine ziemlich »dumme« Entdeckung oder Erfindung, die uns unserer selbst entfremdet.

Dies thematisierte auch Robert Gernhardt in einem Gedicht:

Philosophie-Geschichte
Die Innen- und die Außenwelt,
die war'n mal eine Einheit.

Das sah ein Philosoph, der drang
erregt auf Klar- und Reinheit.

Die Innenwelt,
dadurch erschreckt,
versteckte sich in dem Subjekt.

Als dies die Außenwelt entdeckte,
verkroch sie sich in dem Objekte.

Der Philosoph sah dies erfreut:
Indem er diesen Zwiespalt schuf,
erwarb er sich für alle Zeit
den Daseinszweck und den Beruf.

Robert Gernhardt

Die Psyche sitzt im Hirn

Die Trennung von Leib und Seele ist also ein Gedankenspiel in der Philosophie, während sie in der Neurobiologie kein Thema ist. Hier geht man pragmatischerweise vom Monismus aus. Der Grund ist einfach: Der Neurobiologe befasst sich mit psychischen Funktionen wie Freude, Empathie und Aggression und sieht in seiner täglichen Arbeit, dass diese sich durch Krankheiten oder Verletzungen am Gehirn verändern können. Alle psychischen Funktionen, die man klar definieren und dadurch für experimentelle Beobachtungen operationalisieren kann, können aufgrund von Störungen – sei es durch örtliche Funktionseinschränkungen oder durch Veränderungen im Gesamtsystem Gehirn – verloren gehen. Wer unter einer Depression leidet, bemerkt an sich einen Verlust von Interesse und Gefühlen. Ein Alzheimer-Patient verwandelt sich unter Umständen von einem friedfertigen in einen aggressiven Zeitgenossen. Ein nicht-behandelter Parkinson kann mit einer allgemeinen Antriebsstörung einhergehen. Durch solche selektiven Ausfälle liefert die Natur gewissermaßen einen Existenzbeweis dieser Funktionen und ihrer Verankerung im Hirn, denn dadurch kann die Kopplung einer bestimmten Struktur und einer psychischen Funktion unmittelbar nachvollzogen werden.

Weitere Beispiele verdeutlichen dies: Wenn Patienten bei einem strukturellen Ausfall wie nach einem Schlaganfall im hinteren Bereich des Gehirns (im Okzipitallappen) an Sehstörungen leiden, dann kann man davon ausgehen, dass im Normalfall diese Strukturen für das Sehen zuständig sind. Andere Areale sind für das Hören, wieder andere für die Sprache, für Bewegungskontrolle, für die Gefühlsregulation oder für die Selbststeuerung zuständig.

Eine derartige Lokalisation von Funktionen in bestimmten Bereichen mag selbstverständlich erscheinen, doch könnte man sich im Prinzip auch eine andere Weise der Repräsentation von Funktionen vorstellen, wie sie teilweise in technischen Systemen, etwa in Hologrammen, verwirklicht ist. Alle Funktionen könnten jeweils übereinandergelagert im ganzen Gehirn repräsentiert sein, sodass die Verfügbarkeit der einzelnen Funktionen an spezifische neuronale Programme gekoppelt wäre, die ortsunabhängig arbeiten. Bei den elementaren Grundfunktionen, auf die unser Seelenleben aufbaut, scheint das aber nicht der Fall zu sein.

Dieses Prinzip der örtlichen Repräsentation von Funktionen in unserem Hirn scheint aber in dreierlei Hinsicht durchbrochen zu werden: Erstens ist es eine Tatsache, dass stets mehrere Orte im Gehirn zusammenwirken müssen, um eindeutige Bewusstseinszustände zu erzeugen. Zweitens können wir beobachten, dass sich Allgemeinzustände wie Aktivation oder Müdigkeit auf das ganze Gehirn auswirken. Und drittens haben wir experimentelle Befunde, dass innerhalb umschriebener Orte oder Module, die spezifische Funktionen repräsentieren, die eindeutige Ortszuweisung von Unterfunktionen nicht mehr gegeben ist. Ganz im Gegenteil, hier scheint das Gesetz der »Äquipotenzialität« von Nervenzellen zu gelten, in der jede Zelle jede andere in der Bereitstellung einer Funktion ersetzen kann.

Annahme verweigert: Mit einem solchen Gehirn möchte man eigentlich nicht ausgestattet sein

Drei Arten von Zellen

Trotz der hohen Komplexität, mit der man bei der Analyse von Gehirnen einzelner Lebewesen konfrontiert ist, sind – von einer höheren Abstraktionsebene aus betrachtet – die Gehirne aller Arten im Prinzip gleich aufgebaut. Auf dieser Ebene der Verallgemeinerung kommt man zu dem Schluss, dass alle Gehirne nur drei Arten von Nervenzellen besitzen. Zunächst einmal solche, die Informationen von außen aufnehmen, die also den Input repräsentieren (Sinneszellen oder Rezeptoren). Dann solche, die Informationen nach außen abgeben, indem die Muskeln und die inneren Organe angesteuert und kontrolliert werden – diese Zellen repräsentieren also den Output. Und schließlich solche, die zwischen den beiden erstgenannten Typen liegen und Informationen zwischen ihnen vermitteln und transportieren; manche Neuroanatomen beziehen sich bei diesen Neuronen auf das »große intermediäre Netz«.

Von den Sinneszellen gibt es beim Menschen einige Hundert Millionen, von den motorischen Nervenzellen verglichen damit relativ wenige, nämlich nur etwa 4 Millionen. Das große intermediäre Netz besteht nach traditionellen Schätzungen aus etwa zehn Milliarden Nervenzellen, aufgrund neuerer Schätzungen sind es sogar noch sehr viel mehr; vielleicht über 100 Milliarden, vielleicht sogar eine Billion. Damit hat das große intermediäre Netz beim Menschen im Vergleich zu Tieren eine besondere Größe erreicht; allerdings haben wir auch ernstzunehmende Konkurrenten wie etwa die Wale.

Wie werden Informationen in diesem komplexen Netzwerk verarbeitet? Zur Erörterung dieser Frage muss man zunächst auf die Verbindungsmöglichkeiten zwischen Nervenzellen, also auf die Architektur des Gehirns eingehen. Jede Nervenzelle hat Kontakt mit vielen anderen; man vermutet, dass jede einzelne Nervenzelle im Durchschnitt mit 10 000 anderen in Verbindung steht. Das bedeutet, dass 10 000 Nervenzellen von einer Nervenzelle beeinflusst werden (Prinzip der Divergenz) und dass jede Nervenzelle von 10 000 Nervenzellen beeinflusst wird (Prinzip der Konvergenz). Diese Kontakte können erregend (Prinzip der Exzitation) oder hemmend (Prinzip der Inhibition) sein. Für Erregung und Hemmung sind jeweils unterschiedliche chemische Botenstoffe, sogenannte Transmitter, verantwortlich.

Eine solche Struktur kann recht unübersichtlich sein, das beschreibt auch Hans Magnus Enzensberger in seinem Gedicht »Neuronales Netz«. Und er empfiehlt am Ende, lieber auf das Denken über das Denken zu verzichten, um nicht verrückt zu werden; aber immer wieder wird man dazu verführt, sich doch Gedanken zu machen.

Neuronales Netz
Denk dir einen Baobab-Baum,
riesenhaft reich verzweigt,
und bevölkere ihn, in Gedanken,
mit abertausend winzigen Affen;
stell dir vor, wie sie klettern,
baumeln, wie sie sich, aneinander-
geklammert, hangeln von Ast zu Ast;
bis sie sich fallen lassen,
verhoffen, sich paaren, dösen –
denk es, o armer Denker!

Dann wieder springen sie,
rasend behände, wimmeln elektrisch,
taumeln und stürzen ab;

oder sie sitzen da, einfach so,
schlaff, und kratzen sich träumerisch,
bis zur nächsten Attacke. – Weh dem,
der all das beschreiben wollte!

Lach, erschrick, wundere dich,
doch hör auf, bevor du verrückt wirst,
über das Nachdenken nachzudenken.

Hans Magnus Enzensberger

Mit den strukturellen Prinzipien von Divergenz und Konvergenz und den funktionellen Prinzipien von Exzitation und Inhibition sind jene grundlegenden Randbedingungen angesprochen, die für alle Gehirne gelten. Der Mensch macht hier keine Ausnahme, obwohl wir uns gerne als etwas Besonders ansehen.

Das neuronale Parlament

Um zu verstehen, wo hier nun die Dummheit begraben ist, müssen wir uns noch ein bisschen tiefer in die Funktionsweise des Gehirns hineinarbeiten. Wir haben also festgestellt, dass es sehr viele Nervenzellen im Gehirn gibt, die die Aufgabe haben, hineinkommende und hinausgehende Informationen zu verbinden. Zahlenmäßig sind damit die weitaus meisten Nervenzellen beschäftigt. Die Verarbeitungsmechanismen des Gehirns sind aber auch durch »das starke Gesetz der kleinen Zahl« gekennzeichnet. Jede Nervenzelle ist nicht weiter als maximal vier Umschaltstationen von jeder anderen im Gehirn entfernt. Diese strukturell bedingte funktionelle Nähe bedeutet in der Sprache der Datenverarbeitung, dass das Gehirn durch massivste Parallelität gekennzeichnet ist; alles ist mit allem engstens verbunden, auch wenn es natürlich unterschiedliche Gewichtungen in den Verbindungen gibt und sogar Umwege vorkommen. Das bedeutet: Gehirne arbeiten prinzipiell anders als vom Menschen konstruierte Computer, die im Wesentlichen durch sequentielle Informationsverarbeitung gekennzeichnet sind. Das Gehirn als einen Computer zu bezeichnen ist allein wegen der grundlegend verschiedenen Architektur töricht.

Aufgrund der engen Vernetzung der Nervenzellen miteinander ergibt sich eine neue Schwierigkeit für das Gehirn, nämlich Aktivitäten voneinander zu trennen. Es geht in Gehirnen nicht nur darum, räumlich verteilte Aktivitäten für die Gestaltung subjektiver Zustände – unser Seelenleben also – miteinander zu verbinden, sondern Aktivitäten müssen auch eingegrenzt und entbunden werden. Grenzen sind wichtig, damit nicht alles durcheinandergerät. Durch die Eingrenzung von neuronalen Aktivitäten kann eine geordnete Kommunikation zwischen einzelnen Bereichen organisiert werden, was nicht möglich wäre, wenn alles durcheinanderfeuert. Es ist wie in einem Parlament, wo Vertreter jeder Partei zu Wort kommen möchten, um dann eine gemeinsame Entscheidung zu treffen (oder sich durchzusetzen). Das Gegenstück zu einem gut funktionierenden neuronalen Parlament wäre, dass alle schweigen, weil alle derselben Partei angehören, oder dass alle durcheinanderreden und so nichts mehr beschlossen werden kann. Beide Zustände sorgen auch in unserem Hirn für Probleme.

Aus der Architektur des Gehirns und insbesondere der funktionellen Nähe seiner Elemente leitet sich eine Schlussfolgerung ab, die für unser Selbstverständnis grundlegend ist und die Ursache für die Macht der Dummheit ist. Und diese lautet: Es gibt keine Unabhängigkeit der einzelnen psychischen Zustände! Jeder Seelenzustand ist immer auch auf andere Aktivitäten bezogen, die im Augenblick des Erlebens nicht im Fokus der Aufmerksamkeit stehen! Es kommt also im Gehirn nicht vor, dass man nur etwas sieht, nur etwas riecht, sich nur an etwas erinnert, nur eine Gefühlsregung hat, nur etwas will oder nur einen Gedanken denkt. Das Betrachten eines Bildes ohne einen gleichzeitigen Bezug auf im Gedächtnis gespeicherte Inhalte und ohne eine emotionale Bewertung ist nicht möglich. Die Erinnerung an ein Erlebnis ohne einen gleichzeitigen Bezug auf ein Gefühl ist nicht möglich. Die gedankliche Analyse eines komplexen Sachverhaltes ohne einen gleichzeitigen Bezug auf im Gedächtnis gespeicherte Information und eine emotionale Bewertung des Problems – undenkbar. Alles ist mit allem engstens verwoben und beeinflusst sich gegenseitig auf eine nicht berechenbare Weise. Und damit sind wir uns selbst in einer unkontrollierbaren Weise ausgeliefert. Da wir nicht berechenbar sind, sind wir unberechenbar.

Dieser relativ einfache Sachverhalt der Architektur unseres Gehirns hat erhebliche Konsequenzen für das menschliche Selbstverständnis, und er wird leider meist übersehen. Kluge (oder vielleicht doch nicht so kluge) Experten empfehlen, in bestimmten Situationen nur seine Gefühle sprechen zu lassen oder sich bei Entscheidungen ganz auf seine Rationalität zu verlassen. Das mag zwar gut gemeint sein, ist aber aufgrund unserer Hirnarchitektur gar nicht umsetzbar. Eine solche Auftrennung in das nur Rationale und das nur Emotionale ist eine Illusion.

Komplexitätsreduktion

Aber es ist wohl eine nicht vermeidbare Illusion. Wir sind unserem evolutionären Erbe in mehrfacher Hinsicht ausgeliefert. Denn obwohl auf der neuronalen Ebene alle Prozesse engstens miteinander verbunden sind, müssen auf einer anderen Ebene offenbar einfache Kategorien gebildet werden, damit man sich zurechtfindet. Ein Hauptgeschäft des Gehirns ist die Reduktion der Komplexität von Informationen – anders müssten wir auf der Ebene des Lebens und Erlebens im Sumpf der Abermillionen Einzeldaten versinken. Leider geschieht bei manchen Patienten mit Störungen des Gehirns gerade dies, sie halten alle Detailinformationen fest, die auf sie einstürzen, ohne sie sinnvoll einordnen zu können. Wie bei einem Patienten des russischen Neurologen Alexander Lurija, einem der Paten der modernen Hirnforschung, den wir Ihnen in Kapitel 1 vorgestellt haben. Der Mann, den Lurija in seiner Studie beschrieb, konnte nicht vergessen und trat sogar als Gedächtniskünstler auf. Doch dieses besondere Können hatte seinen Preis, in der Bewältigung des täglichen Lebens nämlich war der Patient alles andere als erfolgreich, weil es ihm schwerfiel, sich auf die jeweils anstehenden Aufgaben zu fokussieren.

Das Ergebnis der Komplexitätsreduktionen sind Abstraktionen. Wenn wir über das Erlebte nachdenken, entdecken oder erfinden wir vermeintlich unabhängige phänomenologische Bereiche, indem wir Begriffe wie Wahrnehmung, Erinnerung, Gefühl, Bewusstsein oder Vernunft verwenden. Im gegenwärtigen Erleben gibt es diese Trennung nicht, denn Abstraktionen führen noch lange nicht dazu, dass das Abstrahierte sich von allen anderen neuronalen Prozessen unabhängig macht. Dass wir manchmal meinen, nur zu denken oder völlig von einem Gefühl überwältigt zu sein, und dass dieser eine Zustand uns ganz beherrscht, heißt nicht, dass in solchen Augenblicken alle anderen Funktionen abgeschaltet wären. Es geht sehr viel mehr in uns vor, als uns bewusst werden kann.

Eine Unabhängigkeit einzelner Seelenregungen anzunehmen ist vermutlich in der philosophischen Tradition des Abendlandes begründet, die eine Aufspaltung des Psychischen in verschiedene Bereiche nahelegt. Diese Segmentierung des Psychischen hat zu vielen Irrläufern der Selbstinterpretation des Menschen geführt, und sie ist Ausdruck eines Missverständnisses, wie wir als biologische Wesen gemeint sind.

Wir leben mit Vorurteilen, wir brauchen sie und tun doch so, als hätten wir keine

Strukturelle Festlegung des Hirns

Ein Vorurteil ist ein meist schnell gefälltes, häufig abwertendes Urteil oder eine Voreingenommenheit. Das Vorurteil hat bei uns keine gute Lobby, und wir streben als aufgeklärte Menschen danach, möglichst vorurteilsfrei zu denken und zu handeln. Aber gelingt uns das? Und soll es überhaupt gelingen?

Aus neurowissenschaftlicher Sicht leben wir zwei verschiedene Leben, nämlich ein Leben der neuronalen Plastizität in den frühen Phasen der Biografie und darauffolgend ein Leben mit einer festgelegten neuronalen Matrix. Bei unserer Geburt sind wir mit einem Überangebot möglicher Verbindungen von Nervenzellen ausgestattet. Diese genetisch vorgegebene Potenzialität wird aber erst wirksam, wenn in den ersten Lebensjahren die zahlreichen Verbände von Nervenzellen und ihre genetisch angebotenen Verknüpfungen tatsächlich genutzt werden. Erst durch den Gebrauch der neuronalen Verbindungen wird die genetische Potenzialität zur Faktizität und damit langfristig verhaltenswirksam und lebensbestimmend. Die funktionelle Bestätigung der Verbindungen legt die detaillierte Struktur des Gehirns überhaupt erst fest. Was nicht genutzt wird, das wird abgeschaltet; potenzielle Verbindungen zwischen Nervenzellen bleiben nicht das ganze Leben erhalten. Anstrengungsloses Lernen, wie etwa der Erwerb mehrerer Sprachen in der frühen Kindheit, ist später nicht mehr möglich, da die Lernprozesse dann in bereits festgelegten Hirnstrukturen ablaufen müssen.

Diese strukturelle Festlegung des Gehirns ist auch für das Prinzip des Vorurteils bedeutsam, denn sie gilt für das gesamte Repertoire des Psychischen, also für unsere Wahrnehmungen, Gefühle, Erinnerungen und auch für unsere motorische Kompetenz, also die zahlreichen Bewegungsmuster, die wir im Alltag abrufen. Und sie gilt vor allem für die Entwicklung unserer Wertesysteme, insbesondere für unsere religiöse Einbettung. Überspitzt kann man sagen, dass ein religiöser Glaube zur Struktur unseres Gehirns wird. Dass dies eine besondere Verantwortung für gesellschaftliche Systeme mit sich bringt, ist offenkundig.

Diese Erkenntnisse der Hirnforschung und die sich daraus ableitenden Überlegungen machen deutlich, dass ein Wissen über neuronale Prozesse und deren Plastizität in der frühen Kindheit wesentlich für alle Bereiche des Zwischenmenschlichen ist. Wenn man beispielsweise sagt, dass Männer und Frauen sich einfach nicht verstehen können, so lässt sich das in der Tat durch unsere unterschiedlichen Prägungen erklären. Wenn man das weiß, dann hat man bereits ein Instrument zur Hand, um nicht sich selbst oder dem Gegenüber vollständig ausgeliefert zu sein.

Dieses Wissen um unser Geprägtsein gilt vor allem auch für die interkulturelle Kommunikation und sich daraus ableitende pädagogische Maßnahmen. Menschen unterschiedlicher Kulturen sind nicht unterschiedlich veranlagt, sondern unterschiedlich geprägt. Trotz aller anthropologischen Universalien gibt es eben auch kulturelle Spezifika, und die drücken sich üblicherweise in Vorurteilen gegenüber Vertretern anderer Kulturen aus.

Verschiedene Sichtweisen

Die dahinterliegenden neuronalen Mechanismen lassen sich an bestimmten Merkmalen der Wahrnehmung, besonders anschaulich am Sehen, erläutern. Auch wenn manche Denker behaupteten (und manche Forscher immer noch daran glauben), dass »nichts ist im Geiste, was nicht vorher in den Sinnen war« (»Nihil est in intellectu, quid non ante fuerit in sensu« – Thomas von Aquin), so bedeutet dies nicht, dass unsere Wahrnehmung nur

Mann oder Maus?
In Kippbildern kann man nie beides gleichzeitig sehen.

durch passive Rezeption des Geschehens um uns herum gekennzeichnet ist: Wir konstruieren oder besser rekonstruieren unsere Umwelt. Das Gehirn mit seinen Informationsverarbeitungssystemen arbeitet nicht mit einem passiven Filter für Reize, die von außen kommen und aufgenommen werden, sondern das Gehirn hat gestaltende Kraft.

Ein einfacher Beleg für diese These sind die doppeldeutigen Figuren, bei denen man je nach Einstellung verschiedene Dinge sehen kann, etwa einen Mann mit Brille und geringem Haarwuchs oder eine Maus. Man kann nie beides gleichzeitig sehen, wie man überhaupt immer nur einen Inhalt im Brennpunkt der bewussten Aufmerksamkeit haben kann. Aber man kann willentlich zwischen den beiden Sehweisen wechseln und sich das jeweils andere bewusst machen.

Manche Menschen können nicht auf Anhieb zwischen den beiden Sehweisen hin und her wechseln, sondern sehen nur die Maus oder nur den Mann. Nur Geduld, nach einiger Zeit taucht das alternative Bild von selbst auf, und dann gibt es ein neues Problem: Wenn man im Prinzip beides sehen kann, also zwischen beiden Bildern willentlich hin und her wechseln kann, dann ist es nicht mehr möglich, nur noch das eine zu sehen, denn automatisch tritt nach wenigen Sekunden die jeweils andere Alternative in das Bewusstsein. Der Wahrnehmungsgegenstand ist also nicht eindeutig durch eine gegebene Reizkonfiguration bestimmt. Dies gilt für alle Sinnessysteme, nicht nur für das Sehen. Wenn man die Silbenfolge »KU BA KU BA KU …« hört, dann zwingt sich als Höreindruck entweder »KUBA« auf oder nach wenigen Sekunden »BAKU«, und dieser Wechsel erfolgt automatisch und ist nicht zu unterdrücken. Das Gehirn fragt nach durchschnittlich drei Sekunden: »Was gibt es Neues in der Welt?«, und wenn das Neue die andere Sichtweise auf eine doppeldeutige Figur ist, dann kommt diese ins Bewusstsein. Das bedeutet, dass wir mit einer merkwürdigen Eigenschaft des Gehirns konfrontiert sind: Einerseits können wir »von innen heraus« selbst bestimmen, was wir bei solchen nicht eindeutigen Reizen sehen, andererseits haben wir aber keine absolute zeitliche Kontrolle darüber: Was jeweils gesehen, gehört oder empfunden wird, ist wesentlich gesteuert durch das, was vorher geschehen ist und was danach geschehen könnte. Zeitliche Rückwärtskontrolle und Vorwärtserwartung kennzeichnen alle unsere Wahrnehmungssysteme.

Wenn man sich auf den einen Aspekt konzentriert, dass wir also kontrollieren können (sei es bewusst oder unbewusst), was jeweils im Zentrum unserer Aufmerksamkeit steht, dann kann man über Wahrnehmungs- und auch über Denkprozesse als allgemeines Gesetz festhalten: Das Wahrgenommene oder das Gedachte, die Entscheidung oder das Urteil ist jeweils eine Bestätigung oder Zurückweisung einer Hypothese (eines Vor-Urteils) innerhalb eines geistigen Bezugssystems, das in einem gegebenen Augenblick vorherrschend ist. Alles Psychische steht immer schon in einem Erwartungsrahmen, und dieser Rahmen, der das Wahrnehmen und Denken bestimmt, ist in jedem Augenblick wirksam. Hier liegt eine Automatik von Hirnprozessen vor, der sich niemand entziehen kann. Mentale Hypothesen, der jeweilige Rahmen der expliziten oder impliziten Erwartung also, gehören zu uns wie das Atmen.

In diesem Mechanismus drückt sich das Ökonomieprinzip des Bewusstseins aus, insbesondere des Wahrnehmens und Denkens. Normalerweise ist es nicht notwendig, in jedem Augenblick die wahrgenommene Welt neu zu konstituieren, denn aufgrund von »Hysterese-Effekten« – wie es die Physiker nennen – kann man von einer Kontinuität und Homogenität von Weltzuständen ausgehen: Die Welt um uns und auch die Welt in uns ändert sich nicht von Sekunde zu Sekunde. An die Kontinuität und die Homogenität der Welt hat sich das Gehirn in der Evolution sinnvollerweise angepasst. Und hier sind wir bei den Vorurteilen angelangt. Wenn wir uns ein bestimmtes Bild von der Welt und ihren Bewohnern machen, dann erleichtert uns dies das Leben. Das ist der positive Aspekt von Vorurteilen.

Doch offenbar hat sich das Gehirn in dieser bequemen Zone zu gut eingerichtet. Es ist zwar gierig nach neuen Eindrücken, aber Überraschungen, die bestehende Erkenntnisse auf den Kopf stellen, hat es gar nicht gern. Es ist in seiner weiteren Bewertung und Verarbeitung von Informationen überfordert, wenn Unerwartetes eintritt oder ein Urteil in einem nicht etablierten Rahmen zu fällen ist. Die Inhalte dieser Rahmen werden durch biologische Bedürfnisse sowie durch individuelle Erfahrungen beeinflusst. Solche Bewertungen, die auf Erfahrungen beruhen, müssen nicht notwendigerweise bewusst sein. Der Großteil des psychischen Geschehens ist sowieso impliziter Natur, und nur ein kleiner Teil kann explizit und damit bewusst werden. Hier eröffnet sich also das weite Feld der Vorurteile, die uns in der Tat meist nicht bewusst sind.

Vorurteile sind zwar ein notwendiger Teil unserer Natur, aber auch ein verhängnisvolles evolutionäres Erbe. In ihnen drückt sich die offenbar erforderliche Komplexitätsreduktion der Welt aus, sei es der physischen oder der sozialen Welt. Das wäre an sich noch kein Problem, wenn es in der Lebenswelt nicht auch darauf ankäme, möglichst zügig zu agieren. Komplexitätsreduktion dient auch dem Zweck, schnell zu handeln und damit anderen gegenüber im Vorteil zu sein. Vorurteile sind nämlich eine bestimmte Form dieser Komplexitätsreduktion, sodass man schnell zu Aussagen und Bewertungen kommt. Das führt dann aber auch zu feststehenden Meinungen, die politisch nicht korrekt sind, weil sie in der Tat meist falsch oder auch dumm sind: »Chinesen sind ... Japaner sind ... Bayern und Preußen sind ... Muslime sind .... Blondinen sind ... Männer sind vom Mars, Frauen von der Venus und so weiter.« Alles Blödsinn. Blödsinn deshalb, weil wir auf Grund unseres missglückten Denkapparates in der Falle missverstandener Schnelligkeit sitzen.

Das Repertoire des Psychischen: Was uns alles bewusst werden kann – oder auch unbewusst bleibt

Der Sinnsucht verfallen

Ausgehend von der Beobachtung, dass unser Erleben von einem Nervensystem gestaltet wird, das durch hochgradige Vernetzung der einzelnen Nervenzellen gekennzeichnet ist, so sind wir dennoch auf einer praktischen Ebene herausgefordert, die verschiedenen Bereiche zu kategorisieren und begrifflich zu fassen. Auf dieser abstrakten Ebene der Betrachtung – der Reflexion über das, was uns in unserem Seelenleben bewegt – lässt sich das Repertoire des Psychischen durch nur vier Funktionsbereiche beschreiben: Was uns bewusst werden kann, sind Wahrnehmungen, Erinnerungen, Gefühle und Absichten. Mehr ist es nicht. Vielleicht wollen Sie jetzt einwenden, dass wir doch auch »denken«? Doch dann möchte ich Ihnen entgegnen, dass alles Denken auf den genannten Kategorien beruht, denn diese bestimmen den Inhalt dessen, was immer wir »denken«.

Als wesentlicher Befund der Hirnforschung sei nochmals betont, dass elementare Funktionen im Gehirn örtlich repräsentiert sind. Die Verfügbarkeit solcher lokaler Programme in neuronalen Modulen ist Voraussetzung dafür, dass wir überhaupt ein psychisches Repertoire besitzen. Diese lokalen Programme sind notwendig, aber nicht hinreichend, damit uns etwas bewusst werden kann. Sie sind nicht »hinreichend«, weil alles miteinander vernetzt ist, sodass Module für bestimmte Funktionen keine »Monaden« sind, die völlig isoliert agieren, sondern stets mit anderen in Verbindung treten können.

Ein paar Beispiele: Ein Modul des Gehirns ist dafür zuständig, dass wir Bewegungen von Gegenständen im Raum erkennen. Dies lässt sich aus der Untersuchung von Patienten schließen, die nach einer bestimmten Schädigung des Gehirns offenbar noch alles sehen, aber die Bewegungen von Objekten im Raum nicht mehr erkennen. Dies hat katastrophale Konsequenzen, über die man sich bei dem »Hersteller« des Produkts Gehirn nur beklagen kann: Wenn man keine Bewegungen mehr erkennen kann, dann verliert das Gehirn seine Fähigkeit, anstrengungslos die Identität von etwas sich Bewegendem nachzuvollziehen. Etwas ist hier und dann plötzlich woanders – doch ist es dann noch dasselbe? Und noch schlimmer: Durch eine solche Schädigung verlieren Menschen auch die Fähigkeit, kausale Verknüpfungen herzustellen, da einzelne Ereignisse ohne Bezug zueinander im neuronalen Gewebe repräsentiert sind, die Verbindung zwischen ihnen aber nicht mehr hergestellt wird.

Dieses Phänomen eines Verlustes von kausalen Bezügen beobachtet man auch bei der Korsakow-Psychose. Die Patienten verlieren die Fähigkeit, Zeitmarken von Ereignissen im Gedächtnis zu behalten, und beginnen zu konfabulieren, also Geschichten ohne Bezug zur Realität zu erfinden, weil die innere Bewegung von Denkinhalten nicht in einer zeitlichen Ordnung festgehalten werden kann. Diese konfabulierten Geschichten zeigen, auch wenn sie völlig unsinnig sind, dass trotz dieser Störung immer noch das Bedürfnis besteht, durch – wenn auch falsche – kausale Bezüge Sinn für die eigene Erlebniswelt zu erzeugen. Man kann geradezu von einer »Sinnsucht« des Menschen sprechen, die Ausdruck einer höheren Dummheit ist.

Andere Beispiele: Patienten mit einer Verletzung im visuellen Gehirn können beispielsweise keine Farben mehr sehen, obwohl im Auge selbst die Sinneszellen noch funktionstüchtig sind. Eine Störung an einer anderen Stelle führt dazu, dass Gesichter nicht mehr unterschieden werden können. Ein solcher Patient weiß zwar noch, dass es sich um ein Gesicht handelt, das er sieht, doch sind alle Gesichter für ihn gleich. Eine Lehrerin mit dieser neuronalen Störung, einer Prosopagnosie, konnte ihre Schüler und Schülerinnen nicht am Gesicht erkennen. Sie half sich mit einem Sitzplan. Wenn sich die Klasse umsetzte, war die Lehrerin verloren und konnte ihre Schüler allenfalls noch nach der Stimme oder anhand bestimmter Äußerlichkeiten erkennen. Derartige Störungen sind für die Hirnforschung sehr aufschlussreich. Sie zeigen: Elementare Funktionen sind tatsächlich modulär im Gehirn repräsentiert, wobei jeweils ein umschriebener Bereich für eine oder mehrere Funktionen zuständig ist.

Lernen und Erinnern

Die moduläre Informationsverarbeitung gilt für alle Bereiche unseres Gehirns, auch für jene des Lernens und Behaltens. Wenn wir Informationen aufnehmen und längerfristig in Gedächtnissystemen speichern, dann ist die Einspeicherung neuen Wissens ihrerseits abhängig von der Verfügbarkeit an bestimmten Orten repräsentierter neuronaler Programme. Bei der Einspeicherung von referentiellem Wissens, also von Wissensinhalten, auf die man sich bewusst beziehen kann, sind die Innenseiten der Schläfenlappen (Hippocampus) wichtig. Werden diese Strukturen geschädigt, etwa durch einen Unfall oder eine Verletzung, dann kann ein solcher Patient keine neue Information mehr aufnehmen. Er hat sein Gedächtnis für das jeweils Neue verloren.

Ein berühmter, inzwischen historischer Fall ist Henry M. Er litt seit seiner Kindheit unter schweren epileptischen Anfällen. In der Hoffnung auf Erleichterung ließ er sich im Jahr 1953 operieren, dabei wurden die beiden Hippocampi mitsamt den angrenzenden Strukturen abgetragen. Damals war er 27. Seitdem wurde Henry kaum noch von epileptischen Anfällen geplagt. Doch tragische Berühmtheit erlangte er wegen seines fehlenden Lernvermögens. Man konnte mit Henry M. recht angeregt ein Gespräch führen, bei dem er problemlos auf früheres Wissen zurückgriff. Doch schon nach einer Stunde konnte er sich an nichts mehr erinnern, nicht an den Gesprächspartner, nicht an die Gesprächsinhalte. Und so lebte er 55 Jahre, ohne neue Erinnerungen bilden zu können. Der Patient war zeitlich und räumlich fixiert; er konnte sich in neuen Umgebungen nicht mehr orientieren und war auch zeitlich auf einen bestimmten Punkt seines Lebens festgelegt. Er lebte in einer ewigen Gegenwart. Aus solchen und ähnlichen Fällen lernen wir, welche Bereiche des Gehirns für bestimmte Gedächtnisleistungen und Erinnerungen verantwortlich sind.

Aktive Hemmung der Emotionen

Auch unsere Gefühle sind modulär im Gehirn repräsentiert, auch hier gibt es zuständige Bereiche. Dies ist ebenso aus neuronalen Störungen wie auch aus tierexperimentellen Beobachtungen bekannt. Wenn jemand qualvoll an Essgier leidet, dann funktionieren die neuronalen Programme, die Hunger und Sättigung regulieren, nicht mehr angemessen. Wenn Patienten an chronischem Schmerz leiden, dann ist eine andere spezifische Konstellation modulärer Aktivität gegeben.

Auf der Grundlage vergleichender Studien in verschiedenen Kulturen vermutet man, dass es sechs Grundemotionen gibt, die sich überall mit einem besonderen Gesichtsausdruck feststellen lassen. Diese Emotionen sind in allen Kulturen gleich, daher nimmt man an, dass sie in unseren Genen verankert sind. Es handelt sich hierbei, und man mag sich in jedem Fall seinen eigenen Gesichtsausdruck vorstellen, um: Freude, Überraschung, Furcht, Ärger, Ekel und Trauer.

Die Repräsentation der Gefühle im Gehirn kann man sich in der folgenden Weise vorstellen: Alle Gefühle sind als neuronale Programme stets im Gehirn vorhanden, doch sie werden aktiv gehemmt. Tritt eine besondere Situation auf, sei es durch ein Ereignis um uns oder durch eine Änderung unserer eigenen Seelenlage, dann wird die Hemmung aufgehoben. Das Gefühl, das neuronale Programm, befreit sich aus seiner Zwangsjacke und wird zu einer Empfindung, die wir bewusst erleben. Der Trick des Gehirns besteht also darin, eine Hemmung aufzuheben, und dies geschieht, indem die Hemmung selbst gehemmt wird.

Das gilt im Übrigen nicht nur für die Gefühle, sondern für das gesamte Repertoire des Psychischen: Was im Gehirn gespeichert ist, unsere Erinnerungen, verschiedene Bewegungsmuster, muss aktiv gehemmt sein, damit der Fortgang des inneren Geschehens nicht dauernd in unvorhersehbarer Weise unterbrochen wird. Erst wenn »es passt«, wenn also etwas für den Fortgang des psychischen Geschehens gebraucht wird, kann es aus der Hemmung entlassen werden, indem eine Hemmung der Hemmung angeschaltet wird. Es muss also eine Instanz geben, die darüber Bescheid weiß, was im Gehirn an Informationen gespeichert ist, und die darüber hinaus aussucht, was jeweils für den sinnvollen Fortgang des psychischen Geschehens herangezogen wird. Niemand hat eine Ahnung, wie dieses »Bescheid wissen« funktionieren könnte.

Neuronale Hemmung ist also die Grundoperation des Gehirns, damit wir nicht dauernd von Quergedanken überschwemmt werden. Doch trotzdem geschieht dies manchmal. Wenn man diese Quergedanken nicht unterdrücken kann, bestimmte Denkhemmungen also nicht mehr funktionieren, dann gerät man in ein geistiges Chaos. Das ist besonders störend in Gesprächen – etwa wenn jemand nicht in der Lage ist, sich zu konzentrieren, und unvermittelt von einem Punkt zum nächsten springt. So ein gedankliches Hüpfen kann manchmal ganz kreativ sein, doch meist zerbricht es den gemeinsamen gedanklichen Weg.

Wollen und Handeln

Der vierte Funktionsbereich, der das psychische Repertoire ausmacht, ist jener des Wollens und Handelns; neuerdings spricht man von »exekutiven Funktionen«. Hier sind jene Module des Gehirns angesprochen, in denen unsere sprachliche Kompetenz liegt und in denen Gestik, Mimik oder auch Entscheidungen hervorgebracht werden. Schauen wir uns dies einmal anhand des Beispiels Sprache an.

Um sprechen zu können, stellt unser Gehirn verschiedene Kompetenzen bereit. Zunächst brauchen wir einen Wortvorrat, um mit Sprache zu kommunizieren. Dies nennen wir die lexikalische Kompetenz. Auf der Basis von Wörtern können wir grammatikalisch richtige Sätze bilden. Das wiederum ist nur möglich durch syntaktische Kompetenz, die bei bestimmten Störungen im Gehirn, vor allem auf der linken Seite, verloren gehen kann. Einen syntaktisch oder grammatisch korrekten Satz zu sagen heißt aber noch nicht, dass er sinnvoll ist; wir brauchen also noch eine semantische Kompetenz, die dem Satz Bedeutung verleiht. Auch die semantische Kompetenz kann selektiv verloren gehen, was ebenfalls für die moduläre Repräsentation von elementaren Funktionen spricht. Um sprechen zu können, produziert unser Sprechapparat außerdem Sprachlaute, also Konsonanten und Vokale, die in allen Sprachen deutlich von anderen Geräuschen zu unterscheiden sind. Diese sprachlautliche (oder phonetische) und zusätzlich die prosodische Kompetenz machen es möglich, dass sich Gefühle durch das Intonationsmuster der Sprache zum Ausdruck bringen lassen. Dies alles ist uns von Natur aus mitgegeben, die Kompetenzen gehören also offenbar zu unserem genetischen Repertoire.

Aber damit noch nicht genug: Wie man spricht, hängt immer auch von der gegebenen Situation ab, auf die man sich mithilfe der pragmatischen Kompetenz einstellt; man spricht mit seinem Geschäftspartner anders als mit der oder dem Geliebten – oder sollte es zumindest tun. Des Weiteren: Wenn man mit jemandem kommuniziert, dann setzt man stillschweigend voraus, dass der Bezug auf das Gemeinte jeweils gleich bleibt; der Gedanke bleibt derselbe Gedanke, das Gesehene oder Gehörte bewahrt seine Identität. Dies ist jedoch keine Selbstverständlichkeit, wie man bei manchen Patienten mit formalen Denkstörungen beobachten kann.

Weiterhin benötigen wir zum Sprechen eine temporale Kompetenz. Alle Menschen dieser Erde sprechen in etwa mit derselben

Geschwindigkeit, und auch wenn sie manchmal schneller sprechen, sagen sie nicht unbedingt mehr, und wenn sie langsamer sprechen, sagen sie vielleicht nicht weniger. Grundlage dieser temporalen Kompetenz ist das Drei-Sekunden-Fenster der subjektiven Gegenwart. Das Drei-Sekunden-Fenster lässt sich in allen Sprachen beobachten und zeigt sich auch in Gedichten: Die Sprechdauer eines Verses beträgt üblicherweise etwa drei Sekunden, und man spricht automatisch etwas langsamer, wenn zum Beispiel nicht zehn, sondern sechs Silben in einer Verszeile enthalten sind. Ein Beispiel für ein Gedicht, in dem die Dauer jedes Verses etwa drei Sekunden beträgt, ist Joachim Ringelnatz' »Logik«. Die Zeilen drücken außerdem eine gewisse Ratlosigkeit aus, die den Dichter bei einer ungewöhnlichen Konstellation überfällt:

Logik
Die Nacht war kalt und sternenklar,
Da trieb im Meer bei Norderney
Ein Suahelischnurrbarthaar. –
Die nächste Schiffsuhr wies auf drei.

Mir scheint da mancherlei nicht klar,
Man fragt doch, wenn man Logik hat,
Was sucht ein Suahelihaar
Denn nachts um drei am Kattegatt?

Joachim Ringelnatz

Gedichte sind eine Fundgrube für ungewöhnliche Denkfiguren, dies zeigen auch viele Gedichte des »schlesischen Schwans« Friederike Kempner. Folgende Strophen aus dem abenteuerlichen Gedicht »Arglos und harmlos« kann man in Hinblick auf die semantische Kompetenz lesen und sich fragen, ob sie nun besonders gescheit oder besonders töricht sind:

Aus: Arglos und harmlos

Arglos und harmlos,
Durchs Leben hin,
Kommt mir das Böse
Nicht in den Sinn!

Arglos und harmlos,
Glücklich ich bin,
Hör' ich das Böse,
Denk ich nicht hin!

Friederike Kempner

Welch eine großartige Leistung, dort nicht »hinzudenken«, wo es das Böse oder anderes Unerfreuliches gibt. Leider scheint gerade dieses bewusste nicht Hindenken unmöglich zu sein. Der geneigte Leser sei ermutigt, beim Weiterlesen möglichst nicht an einen Esel zu denken, das tierische Symbol der Dummheit.

Das Gehirn unterscheidet zwischen Inhalt und Form, zwischen dem »Was« und dem »Wie«

Wissen, wann Schluss ist

Die vier bezeichneten Funktionsbereiche, deren einzelne Funktionen modulär im Gehirn repräsentiert sind, kennzeichnen also das Inhaltliche des Seelenlebens. Wahrgenommenes, Erinnertes, Gefühltes, Gewolltes bestimmen das Repertoire möglicher Erfahrung. Damit diese Inhalte subjektiv verfügbar sind, wir also etwas in unserem Bewusstsein haben, bedarf es weiterer verwaltender bzw. logistischer Funktionen.

Will man das Psychische besser begreifen, muss man zwei Funktionsdomänen unterscheiden, die neuronal im Gehirn unterschiedlich verankert sind, nämlich die inhaltlichen oder »Was-Funktionen« und die logistischen oder »Wie-Funktionen«. In einer traditionellen Sprechweise handelt es sich um Inhalt und Form; um diese grundlegende Unterscheidung kommt auch das Gehirn nicht herum.

Die logistischen Funktionen lassen sich wieder unterteilen, und zwar in die drei Bereiche Aktivation, Aufmerksamkeit und zeitliche Organisation. Die Aktivation ist sozusagen die »Stromversorgung« des Gehirns, damit Psychisches verfügbar wird, sodass wir also überhaupt ein Bewusstsein von etwas haben können. Ohne diese Stromversorgung gibt es kein Hören oder Sehen, keine Erinnerungen, keine Gefühle, keine Absichten oder Hoffnungen; einfach nichts.

Jeder kennt die Schwankungen der Aktivation im Verlauf eines Tages. Die morgendliche Frische wird abgelöst von einem Absacken der mentalen Leistungsfähigkeit um die Mittagszeit, sehr häufig gefolgt von einem abendlichen Anstieg, bis man dann Stunden später im Schlaf versinkt. Überlagert ist diese tagesperiodische Schwankung von einem kürzeren Zyklus, der etwa 90 Minuten dauert. Deswegen ist es sinnvoll, eine konzentrierte Arbeit nach etwa eineinhalb Stunden zu unterbrechen. Der Zeitverlust durch solche Pausen zahlt sich als Zeitgewinn aus, weil man danach wieder sehr viel fokussierter und frischer ans Werk gehen kann. Wer aus Angst vor Zeitverlust gegen diesen natürlichen Rhythmus ankämpft, macht nicht nur seine Arbeit schlechter, sondern steuert geradewegs auf einen Burnout zu. Denn bei einer Überbeanspruchung der Aktivation wird sozusagen pausenlos zu viel Strom vom Netz abgezapft. Die neuronalen Systeme werden verstärkt beansprucht, bis schließlich gar nichts mehr geht. Dies macht sich in Form einer Erschöpfungsdepression bemerkbar. Dann sind alle »Was-Funktionen« eingeschränkt: Man kann sich nur noch schlecht erinnern, die Gefühle werden schwächer, man hat zu nichts mehr Lust und ist in seinem Antrieb gehemmt. In einer solchen Situation hat das Gehirn ein Signal ausgesendet, dass mit dem eigenen Zeitmanagement etwas nicht stimmt. Verstehen Sie das bitte als freundliche Botschaft Ihres Gehirns, etwas zu verändern. Wer bei extremer Überforderung nicht krank wird, der ist nicht gesund.

Ohne Frage gibt es eine genetische Disposition für Depressionen – wer diese besitzt, dessen Wahrscheinlichkeit, depressiv zu werden, ist erhöht. Bei einer Erschöpfungsdepression muss keine genetische Ursache vorliegen, damit sie ausbrechen kann. Es ist wie beschrieben: Aufgrund zu intensiver Arbeit wird das Reservoir der Aktivation zu stark ausgeschöpft. Besonders auffällig ist, dass Erschöpfungsdepressionen relativ häufig bei Künstlern, Wissenschaftlern und anderen intensiv geistig arbeitenden Menschen auftreten. Manche geraten durch die geistige Tätigkeit in einen intellektuellen oder kreativen Rausch, der nicht mehr gebremst wird; bei solchen Tätigkeiten gibt es offenbar keinen Mechanismus der Sättigung. Wenn wir dagegen primären Bedürfnisbefriedigungen wie dem Essen nachgehen, dann gibt es irgendwann einmal das Gefühl der Sättigung, zumindest beim Gesunden. Gleiches gilt für das Trinken, die Sexualität und auch für die Aggression. Anders ist es hingegen bei geistiger Tätigkeit. Damit der geistig Arbeitende nicht in eine Erschöpfungsdepression hineingerät und nicht zum »Workaholic« wird, sind bestimmte Lebenstechniken erforderlich:

- Arbeit darf nur ein bestimmtes Zeitsegment des Tages einnehmen, so muss man sich bei nicht fertiggestelltem Tagewerk dazu zwingen können, eine Arbeit vorübergehend zu beenden. Wem dies gelingt, der ist weniger gefährdet.
- Geistige Arbeit muss zudem zeitlich strukturiert werden, um einer Erschöpfungsdepression vorzubeugen. Es ist nicht nur wichtig, rechtzeitig aufzuhören, sondern auch nach etwa 90 Minuten eine geistige Pause einzulegen.

Die beiden besten Methoden gegen eine Depression – egal ob es sich um einen Burnout oder um eine genetisch veranlagte Depression handelt – sind regelmäßige körperliche Bewegung und viel Tageslicht, vor allem das energetisch reichere Morgenlicht. Hinzu kommen vernünftige Ernährung und die Einhaltung von Zeitrhythmen im Laufe eines Tages. Diese Maßnahmen sind sehr hilfreich, auch wenn sie normal und wenig spektakulär klingen. Dies heißt aber natürlich nicht, dass eine echte Depression nicht auch medikamentös behandelt und psychotherapeutisch begleitet werden sollte.

Den Aufmerksamkeitsfokus steuern

Für ein geregeltes Seelenleben ist es außerdem wichtig, dass die Aufmerksamkeit gesteuert und fokussiert wird. Wir können uns nur auf jeweils einen Sachverhalt konzentrieren; deshalb ist es notwendig, das auszublenden, was im Augenblick nicht in den Fluss des psychischen Geschehens passt. Mit unseren Aufmerksamkeitssystemen können wir gut spielen, indem wir beispielsweise die Blicklinie von dem Fokus der Aufmerksamkeit entkoppeln. Das heißt, wir können jemanden anschauen und so tun, als würden wir ihr oder ihm zuhören, doch in Wirklichkeit richten wir den inneren Blick und das innere Ohr auf eine andere Person oder auf uns selbst.

Bei gesellschaftlichen Veranstaltungen kann diese Entkoppelung von Blickrichtung und Aufmerksamkeitsfokus, die man auch trainieren kann, sehr nützlich sein. Die neuronalen Mechanismen ermöglichen, auf eine besondere Weise zu »lügen«, also mit den Gedanken und der Zuwendung woanders zu sein, als es den Anschein hat. Allerdings muss man aufpassen, dass man hierbei keinen »glasigen Blick« bekommt. Der entsteht dann, wenn man seine Augen nicht auf die Augen des anderen fokussiert, sondern die Augenachsen sich nach außen drehen lässt, so als würde man ins Weite schauen. Ein glasiger Blick verrät dem anderen dann doch, dass der Fokus der Aufmerksamkeit von der Blicklinie entkoppelt ist.

Schließlich gehört auch die zeitliche Koordination der räumlich verteilten Aktivitäten im Gehirn zu den logistischen Funktionen. Jeder psychische Zustand – wenn wir also sehen, hören, nachdenken, rechnen, planen, sprechen – ist dadurch gekennzeichnet, dass gleichzeitig an verschiedenen Stellen des Gehirns Nervenzellen in ihrer Aktivität verstärkt oder auch selektiv gehemmt sind, sich also von der Durchschnittsaktivität abheben. Dies ist auf einer allgemeinen Ebene einer der wichtigsten Befunde der modernen Forschung mit bildgebenden Verfahren, in denen funktionelle Kernspintomographie (fMRT), Elektroenzephalographie (EEG), Magnetoenzephalographie (MEG) oder Positronenemissionstomographie (PET) eingesetzt werden. Es wäre falsch zu glauben, dass ein bestimmter Seelenzustand durch erhöhte neuronale Aktivitäten in nur einem Areal des Gehirns gekennzeichnet wäre. Viele Wissenschaftler, die mit bildgebenden Verfahren ins Gehirn schauen, hoffen dies, weil die Forschung dann sehr viel eindeutiger wäre. Doch die »Seele« geht im Gehirn nicht von Ort zu Ort spazieren, sie ist überall.

Wenn wir beispielsweise lesen, dann ist die lokale Hirndurchblutung, über die man auf die Tätigkeit von Nervenzellen schließen kann – etwa im Schläfenlappen, wo die semantische Kompetenz der Sprache bevorzugt verarbeitet wird, und im Frontalbereich, mit dem syntaktische Kompetenz assoziiert wird –, deutlich erhöht. Zusätzlich findet man Aktivitätserhöhungen dort, wo offenbar die Sprechbewegungen repräsentiert sind. Hinzu kommt Aktivität im visuellen Verarbeitungsgebiet, von wo aus die Information über eine Umschaltstelle in die Sprachzentren weitergeleitet wird. Die neuronale Aktivität ist dann gleichzeitig an verschiedenen Stellen erhöht. Solche gleichzeitige und räumlich verteilte Aktivität gilt für alle psychischen Funktionen, wobei jeder psychische Zustand durch ein spezifisches raumzeitliches Muster neuronaler Aktivitäten gekennzeichnet ist. Das ist übrigens die experimentelle Herausforderung für die Neurowissenschaften in der Zukunft, diese spezifischen Muster jeweils für definierte psychische Zustände zu identifizieren.

Einheit des Erlebens

Wir haben jetzt mehrfach gelesen, dass das Gehirn an verschiedenen Orten gleichzeitig aktiv ist. Doch wie gelingt es ihm, trotz der verteilten Aktivität von Nervenzellen dem Bewusstsein einen einheitlichen Eindruck zu vermitteln? Wir machen schließlich die Erfahrung, dass jeder psychische Akt durch seine Geschlossenheit, seine einheitliche Gestalt gekennzeichnet ist. Wenn wir einem Menschen zuhören, haben wir nicht den Eindruck, dass die Ohren etwas wahrnehmen und die Augen auch, sondern die Sinneserlebnisse vereinheitlichen sich zu einem Gesamteindruck. Wie ist das möglich? Es muss offenbar Mechanismen des Verbindens geben, die die räumlich verteilten Aktivitäten zusammenbringen, um eine Einheit des Erlebens zu ermöglichen.

Bevor ich im folgenden Unterkapitel 8.10 dazu eine Hypothese vorstelle, möchte ich auf eine informatische Herausforderung bei der Beschreibung von psychischen Zuständen hinweisen. Nehmen wir einmal an, wir besäßen 100 verschiedene Module, die elementare Funktionen im Gehirn repräsentieren (vermutlich sind es sehr viel mehr), und nehmen wir an, die Module könnten zwei funktionelle Zustände einnehmen, wie etwa aktiviert und nicht aktiviert. Wenn wir weiterhin berücksichtigen, dass verschiedene Module gleichzeitig aktiv sein können, dann errechnen sich etwa 10^{30} mögliche raumzeitliche Muster von Funktionszuständen. Ein kaum lösbares Problem, eine derartige Menge von Zuständen eindeutig zu identifizieren. Darüber hinaus besagt die Zahl auch, dass jeder Mensch durch absolute Individualität gekennzeichnet ist, denn es ist unvorstellbar, dass sich identische raumzeitliche Muster bei zwei Menschen finden lassen oder sich bei einem Menschen jemals wiederholen. Des Weiteren zeigt uns diese Überlegung, welch gewaltigen Herausforderungen das Gehirn gegenübersteht. Trotzdem ist es offenbar in der Lage, einheitliche und eindeutige Zustände des Erlebens zu erzeugen, an die wir uns sogar später erinnern können. Die Einengung auf singuläre Zustände des Gehirns ermöglicht eine Markierung von bestimmten Ereignissen oder Erlebnissen, wie wir sie in unseren Erinnerungen wiederfinden können. Und das ist bekanntlich keine Selbstverständlichkeit, denn wie häufig geschieht es, dass wir uns an etwas erinnern wollen und nicht mehr darauf zugreifen können. Das ist auch eine Merkwürdigkeit des Gehirns: Man weiß genau, dass man etwas weiß, kann es aber im Moment nicht finden. So etwas kann geradezu quälend sein – man sucht verzweifelt nach dem Namen einer Person in seinem Gedächtnis, man weiß, dass man ihn kennt, aber er taucht einfach nicht auf. So ist man der Dummheit neuronaler Prozesse ausgeliefert.

Innere Uhren bestimmen den Gleichklang, aber auch die Missklänge zwischen uns und der Welt

Unser innerer Dirigent

Welche Möglichkeit bietet sich für die Integration der räumlich verteilten neuronalen Aktivitäten, damit einzelne psychische Zustände herausgefiltert werden können? Eine Überlegung ist, dass neuronale Schwingungen oder Oszillationen eingesetzt werden, um eine zeitliche Ordnung herzustellen, die es dann ermöglicht, psychische Inhalte zu bestimmen. Die Hypothese ist, dass das Gehirn eine Art innere Uhr nutzt, die wie ein Dirigent den Takt vorgibt und dadurch eine zeitliche Koordination zwischen verteilten neuronalen Aktivitäten erlaubt. Solche oszillatorischen Prozesse kann man in Neuronenpopulationen in der Tat beobachten. Die Periode dieser Oszillationen liegt experimentellen Beobachtungen zufolge bei etwa dreißig bis vierzig Tausendstel Sekunden, wobei eine Periode jeweils einen Systemzustand des Gehirns repräsentiert.

Auffallend ist, dass innerhalb eines Systemzustandes die »Vorher-nachher-Beziehung« von neuronaler Information nicht bestimmt und auch nicht bestimmbar ist. Solche Systemzustände sind also »atemporal«. Sie stellen einen formalen Rahmen bereit, innerhalb dessen es zu einer Bündelung räumlich und zeitlich verteilter Information kommen kann. Diese Vorgehensweise reduziert die ansonsten nicht überschaubare neuronale Komplexität. Systemzustände sind somit zeitlose Zonen, innerhalb derer trotz physikalischer Ungleichzeitigkeit von neuronaler Information eine erfahrbare oder eine bewusst zugängliche zeitliche Ordnung nicht möglich ist. Alles in einem solchen »Zeitfenster« erscheint gleichzeitig. Weil es gleichzeitig oder cotemporal ist, kann alles in einem Zeitfenster als ein atemporaler Zeitblock angesehen werden.

Zeitliche Kontinuität

Wie aber ist es auf der Grundlage isolierter Ereignisse möglich, die aus dem Strom der neuronalen Aktivitäten herausgefischt wurden, dass in unserem Erleben dennoch der Eindruck einer zeitlichen Kontinuität entsteht? Wie werden aufeinanderfolgende Ereignisse zeitlich integriert? Dies geschieht vermutlich durch andere neurale Mechanismen als der Integration räumlich verteilter Aktivitäten zur Bestimmung von »Ur-Ereignissen«. Im Prinzip gibt es zwei Möglichkeiten, wie eine Integration aufeinanderfolgender Ereignisse ablaufen könnte. Eine Möglichkeit wäre, dass die Integration von Ereignissen auf der Bedeutungsebene, also semantisch, erfolgt. Damit verketten sich die Ereignisse selbst gemäß ihres Inhalts. Man könnte sogar meinen, dies sei die einzige Möglichkeit, denn wie sollte es sonst funktionieren? Aber diese Lösung birgt eine Schwierigkeit: Eine semantische Integration, die offenbar vor allem in der Informatik bevorzugt wird, setzt ein intern repräsentiertes Schema voraus, mit dem die jeweils aufgenommene Information verglichen werden muss. Bestätigt die Information das interne Schema, ist damit der Prozess der Integration abgeschlossen, das heißt, es gibt bei diesem Modell der Integration keine zeitlichen Vorgaben; der Prozess dauert so lange, bis er fertig ist. Aber woher kommen solche Schemata? Wenn man von einem solchen Modell ausgeht, dann könnte man eigentlich nie etwas Neues erfahren, denn das Neue hätte keinen Vergleichsmaßstab.

Das Gehirn macht es offenbar anders, nämlich auf eine zunächst dümmer erscheinende Weise, die sich aber als die klügere Wahl herausstellt. Alternativ zu einer semantischen Integration ohne vorgegebene Zeitbegrenzung ist nämlich auch eine präsemantische Integration denkbar, die unabhängig von einem internen Schema, anhand dessen die Reize überprüft werden, abläuft. Untersuchungen legen eine solche automatische, vor aller inhaltlichen Bestimmung ablaufende Integration tatsächlich nahe, obwohl ein solcher Mechanismus der intuitiven Erwartung widerspricht. Ereignisse werden bis zu wenigen Sekunden automatisch aneinandergekettet, ohne dass hierauf willentlich Einfluss genommen werden kann. Die Grenze für die zeitliche Integration von Ereignissen liegt bei etwa zwei bis drei Sekunden. Das ist ein operativer Bereich, der nicht als eine physikalische Konstante missverstanden werden darf.

Ein einfaches Beispiel für diesen Integrationsprozess im Bereich weniger Sekunden: Wenn man zwei Reize hinsichtlich ihrer Intensität miteinander vergleichen will, beispielsweise ob etwas schwerer oder leichter, heller oder dunkler, lauter oder leiser als etwas anderes ist, dann müssen diese beiden Reize innerhalb dieses Zeitfensters von etwa drei Sekunden gegeben werden, damit wir zu einem korrekten Urteil kommen. Eine längere Pause zwischen den beiden Reizen führt dazu, dass die neuronale Repräsentation des jeweils ersten verblasst und somit der zweite Reiz hinsichtlich seiner Intensität überschätzt wird. Die im Geiste vorgenommene Operation des Vergleichens ist also an einen bestimmten zeitlichen Rahmen gebunden, der uns in unserem evolutionären Erbe mitgegeben ist. Hier stellt sich natürlich die Frage, warum es gerade diese wenigen Sekunden sein müssen. Hätte Mutter Natur nicht auch andere Zeitfenster wählen können, längere oder kürzere oder besser noch flexible, die an die jeweilige Situation angepasst werden? Theoretisch wäre das möglich gewesen. Wir sind aber gefangen in diesem Zeitmechanismus, dem wir nicht entfliehen können.

Wie kommt nun auf einer weiteren Ebene des Erlebens jenes Gefühl der zeitlichen Kontinuität zustande, welches über die Grenze der wenigen Sekunden hinausgeht? Mit den Mechanismen der Komplexitätsreduktion von 30 bis 40 Millisekunden und der zeitlichen Integration von zwei bis drei Sekunden sind logistische Randbedingungen angesprochen, die notwendig, aber nicht hinreichend sind, damit seelische Inhalte entstehen können; die Zeitfenster selbst sind inhaltslos, sie ermöglichen aber Inhalt. Anschauliche Kontinuität kommt dadurch zustande, dass das, was jeweils in den einzelnen Zeitfenstern von wenigen Sekunden repräsentiert ist, mit den Inhalten der vorhergehenden und der folgenden Zeitfenster verbunden wird. Diese Verbindung wird getragen von der Bedeutung des jeweils im Bewusstsein repräsentierten Inhalts. Auf diese Weise entsteht der Eindruck von Dauer.

Hierzu hat sich auch der Dichter Robert Gernhardt Gedanken gemacht:

Nachdem er durch Metzingen gegangen war
Dich will ich loben: Hässliches,
du hast so was Verlässliches.

Das Schöne schwindet, scheidet, flieht –
fast tut es weh, wenn man es sieht.

Wer Schönes anschaut, spürt die Zeit,
und Zeit meint stets: Bald ist's so weit.

Das Schöne gibt uns Grund zur Trauer.
Das Hässliche erfreut durch Dauer.

Robert Gernhardt

Dass es sich bei der Herstellung von Dauer um einen aktiven neuronalen Prozess handelt, lernen wir von Patienten, bei denen eine solche semantische Verbindung zusammengebrochen ist, wie bei manchen Schizophrenen, die an formalen Denkstörungen leiden. Einen solchen »Fadenriss« kann man auch erleben, wenn man zu viel Alkohol getrunken hat. Die zeitliche Kontinuität kann auch bei extremer Erschöpfung oder bei zu großer Anspannung unterbrochen werden.

Der kontinuierliche Fluss der Zeit, wie er uns normalerweise erscheint, ist nämlich eine Illusion, bedingt durch die Verbindung von Inhalten in voneinander getrennten, aber unmittelbar aufeinanderfolgenden Zeitfenstern. Der Fluss der Zeit, wie wir ihn empfinden, die gefühlte Kontinuität der Zeit hat nichts zu tun mit dem Zeitbegriff der Physik, der von der Kontinuität der Zeit in der Natur ausgeht. Doch wäre es für die Natur möglich gewesen, eine Illusion des zeitlichen Ablaufs zu konstruieren, die dem physikalischen Gesetz widerspricht? Die Begrenztheit unserer Denkmöglichkeiten hätte dies wohl verhindert, doch sicher kann man sich mit einer solchen These nicht sein. Der Philosoph Ludwig Wittgenstein hat in seinem Werk »Tractatus logico-philosophicus« in dem Satz 6.4311 einen Gedanken versteckt, der eine andere Zeiterfahrung eröffnen könnte: »Wenn man unter Ewigkeit nicht unendliche Zeitdauer, sondern Unzeitlichkeit versteht, dann lebt der ewig, der in der Gegenwart lebt.«

Weil wir eine Fehlkonstruktion sind, gibt es im Gehirn zahlreiche Störungen

Was alles schiefgehen kann

Auf der Grundlage des missglückten Aufbaus und der merkwürdigen Funktionsweise des Gehirns lässt sich voraussagen, welche Erkrankungen und Störungen im Prinzip möglich sind. Und das sind zahlreiche. Sollte ein Schöpfer dies so gewollt haben, kann man ihn nur als Sadisten bezeichnen. Warum sollte ein Schöpfer Lebewesen, einschließlich des Menschen, so konstruiert haben, dass sie an sich selbst und an anderen immerzu leiden müssen? Doch ich bin nicht der Ansicht, dass eine fremde Instanz uns erschaffen hat und für die Fehlkonstruktion verantwortlich ist, sondern meine, dass wir aufgrund evolutionärer Prozesse in eine Sackgasse geraten sind und daher gefährdet sind, an verschiedenen neurologischen oder psychiatrischen Störungen zu erkranken.

Solche Störungen können bei der Informationsaufnahme in den einzelnen Sinnessystemen oder bei der Umsetzung der im Gehirn verarbeiteten Informationen auftreten. Oder der Kommunikationsfluss zu den Effektoren, also der Muskulatur oder den inneren Organen, kann gestört sein, sodass diese vom Gehirn nicht mehr mit Informationen versorgt werden. Außerdem kann es zu Störungen im großen intermediären Netz selbst kommen, wenn die Fortleitung zwischen den Nervenzellen eingeschränkt ist, die Übertragung zwischen Nervenzellen mithilfe von chemischen Botenstoffen (den Transmittern) gestört ist oder es zu einem übermäßigen Verlust von Nervenzellen kommt. Besondere Störungen liegen dann vor, wenn das Gleichgewicht zwischen den erregenden und den hemmenden Transmittern in umschriebenen Arealen des Gehirns, in denen bestimmte Funktionen repräsentiert sind, nicht mehr gegeben ist.

Da Funktionen aber auch durch die Module repräsentiert sind, in denen sich Nervenzellen in ihrer Aktivität zu einem System verbinden, ergeben sich hier weitere Ansätze für mögliche Störungen. Wenn die modulären Bereiche voneinander entkoppelt sind, kann es zu Ausfällen kommen, die sich möglicherweise in psychischen Erkrankungen äußern. Ist die zeitliche Synchronisation der verschiedenen Module nicht mehr gewährleistet, zeigen sich weitere Störungsmuster. Schließlich ist das Gehirn wie jedes andere biologische System auf Energie, also »Stromversorgung«, angewiesen. Auch im Bereich der im Hirnstamm verankerten Aktivationsmechanismen, die diese energetische Versorgung gewährleisten, kann es zu Ausfällen kommen. Katastrophen sind also vorgezeichnet.

Beginnen wir mit dem Einfachen: Wenn die Antennen fehlen, wenn also bestimmte Sinneszellen nicht vorhanden sind, dann fehlt ein möglicher Ausblick in die Welt, und jene zentralen Hirnmechanismen, die für die Verarbeitung dieser Informationen vorgesehen sind, liegen brach oder werden für andere Aufgaben verwendet. Wenn also aufgrund eines genetischen Problems jemand nicht sehen oder nicht hören kann oder wenn im Laufe des Lebens die Sinneszellen degenerieren, bleibt der unmittelbare Ausblick in die Welt über diesen Sinneskanal verschlossen. Das Weltbild – das Bild also, das sich jemand von der Welt macht – wird sich anders aufbauen, und es wird anders strukturiert sein als das Weltbild des Sehenden oder Hörenden, denn es wird vor allem vom unmittelbaren sinnlichen Zugriff auf Informationen bestimmt.

Hätte man bei der Konstruktion des Menschen nicht wenigstens auf den Schmerz verzichten können?

Auf den chronischen Schmerz hätte man gut verzichten können, nicht aber auf den akuten Schmerz. Warum? Eine der größten persönlichen Katastrophen unter den Sinnesausfällen ist die angeborene Schmerzblindheit, wenn jemand also ohne Sinneszellen für Schmerzreize (ohne Nozizeptoren) auf die Welt kommt. Man möchte zunächst meinen, dass jemand glücklich darüber sein müsste, keine Schmerzen zu fühlen. Doch Schmerz hat natürlich eine funktionelle Bedeutung, sonst gäbe es ihn nicht; alles, was in der Evolution entwickelt wurde, hatte einen Sinn und hat diesen Sinn immer noch. Wer keine Schmerzsensoren besitzt, erhält keine Informationen darüber, wo etwas verletzt ist und behandelt oder geschont werden sollte. Schmerz dient dem Zweck, sich nach einer Verletzung ruhig zu verhalten, damit der Heilungsprozess in Gang gesetzt und unterstützt werden kann. Eine weitere Bedeutung des Schmerzes, und die scheint aus der evolutionären Sicht besonders wichtig zu sein, liegt darin, Überlastungen der Gelenke und der körperlichen Kontaktflächen zu vermeiden. Wer keine Schmerzrezeptoren hat, der nimmt auch keine Körperverlagerungen vor, die aber notwendig sind, um eine zu starke Belastung der Gelenke oder der Auflageflächen des Körpers zu vermeiden; schmerzblinde Patienten sterben relativ jung wegen chronischer Entzündungen ihrer Gelenke. Wenn Patienten von sich aus keine Lageveränderungen mehr vornehmen können, kommt es zu Entzündungen, sodass sie regelmäßig umgelagert werden müssen. Schmerz ist also das Signal, sich in eine neue Position zu begeben. Plötzlich auftretender Schmerz ist daher sinnvoll – doch der chronische Schmerz ist sinnlos. Warum sollte man unausgesetzt an Schmerzen leiden? Im Fall eines chronischen Schmerzleidens hat sich der Schmerz aufgrund einer neuronalen Fehlkonstruktion verselbstständigt. Es fehlen die schmerzhaften Reize, doch der Schmerz bleibt.

Anstrengungslos Bewegungen ausführen zu können ist überhaupt nicht selbstverständlich

So wie sich Störungen oder Erkrankungen in den Sinnessystemen voraussagen lassen, gilt dies in gleicher Weise für unsere Bewegungen. Nur wenige Millionen Nervenzellen sind dafür verantwortlich, dass die Peripherie unseres Organismus, also die Muskulatur und die inneren Organe, kontrolliert wird. Alles, was sich an neuronaler Informationsverarbeitung in den mehreren Hundert Millionen Sinneszellen und den über Hundert Milliarden Nervenzellen im Gehirn abspielt, hat nur ein Ziel: nämlich in Handlung, Bewegung und auch in Steuerung der inneren Organe umgesetzt zu werden. Die überwältigende Zahl jener Zellen, die den sensorischen Input und die zentrale Verarbeitung repräsentieren, steht im Dienste der sehr viel geringeren Anzahl von Zellen, die für den Output verantwortlich sind.

Man muss sich immer wieder vergegenwärtigen, dass es im Gehirn nur darum geht zu gewährleisten, was wir tun können, nicht was wir aufnehmen oder was wir bedenken können. Die Natur hat uns zum Ausführen erfolgreicher Bewegungen konzipiert, alles andere sind Dienstleistungen für gelungenes Agieren. Doch hier kann es wie überall in unserem Gehirn Störungen geben. Beispiele: Wenn ein chemischer Botenstoff, der Transmitter Acetylcholin, nicht mehr hinreichend produziert wird, dann kann es zum Krankheitsbild der Myasthenia gravis kommen, bei der die neuronale Aktivität aus dem Gehirn nicht mehr ausreichend auf die Muskulatur übertragen werden kann, sodass es schließlich zum Ausfall der Bewegungskontrolle kommt. In anderen Fällen mag zwar die Übertragung der neuronalen Information auf die Muskulatur noch funktionieren, doch die motorischen Nervenzellen selber sind in ihrer Funktion beeinträchtigt oder jene Nervenzellen, die ihrerseits diese motorischen Nervenzellen steuern, fallen aus. Liegt eine solche Störung vor, dann kann ein Krankheitsbild wie das der amyotrophischen Lateralsklerose (ALS) entstehen. Eine Sonderform der ALS scheint der berühmte englische

Physiker Stephen Hawking zu haben, der sich mit den »Schwarzen Löchern« im Universum befasst.

Störungen im Kleinen, auf der Mikro-Ebene, führen zu Einschränkungen im Großen, auf der Makro-Ebene

Weitere Voraussagen: Eine ganz andere Störung liegt vor, wenn die Weiterleitung von Informationen zwischen Nervenzellen gestört ist. Normalerweise läuft die neuronale Information entlang eines Kabels, des »Axons«, von einer Nervenzelle zur nächsten. Wenn die Myelinscheiden der Axone degenerieren, dann tritt das Krankheitsbild der Multiplen Sklerose (MS) auf. Der Ausfall der Myelinscheiden bewirkt, dass die Weiterleitung zwischen Nervenzellen verlangsamt wird. Damit gelangt die Information aus verschiedenen Zentren des Gehirns nicht mehr rechtzeitig dorthin, wo sie für die Kontrolle von Funktionen benötigt wird. Besonders katastrophal ist dies für die Organisation von Bewegungen; ein koordinierter Ablauf von Bewegungen ist aufgrund der veränderten zeitlichen Verarbeitung der Information nicht mehr möglich. Doch die Erkrankung betrifft nicht nur jene Bereiche des Gehirns, die für die Bewegungskoordination zuständig sind, sondern auch die Wahrnehmungssysteme. Häufig deutet sich eine Multiple Sklerose durch Sehstörungen an. Das liegt dann daran, dass die zügige Fortleitung der Information aus der Netzhaut ins Gehirn über die normalerweise myelinisierten Fasern des optischen Nervs eingeschränkt ist.

Nervenzellen können auch selber betroffen sein. Der natürliche Verlust von Nervenzellen führt dazu, dass es bei älteren Menschen zu funktionellen Änderungen kommt, die aber differenziert zu betrachten sind. Das »Was« der Funktionen, die Inhalte unseres Erlebens bleiben bei den meisten Menschen erhalten und können sich manchmal sogar noch entfalten. Das heißt, ältere Menschen haben mehr Inhalte, abgespeicherte Lebenserfahrungen und Überlegungen, im Kopf als jüngere, sodass man bei ihnen von Weisheit sprechen kann. Aber das »Wie« der Funktionen, die operativen Abläufe, unterliegt Einschränkungen. Neuronale Prozesse beim älter werdenden Menschen laufen langsamer ab, ihre Koordination von Bewegungen ist verzögert, oder Entscheidungsfunktionen sind verlangsamt. Ein 40-Jähriger ist gewissermaßen schon alt, bleibt er doch bei sportlichen Leistungen wie dem 100-m-Lauf oder dem Tennisspiel hinter den Jungen zurück.

Kommt es aber zu einem beschleunigten Abbau der Nervenzellen und damit zu einer Einschränkung mentaler Leistungsfähigkeit in einem Lebensalter, in dem man normalerweise noch voll funktionsfähig sein sollte, dann kann die Alzheimer'sche Erkrankung vorliegen. Die Krankheit führt dazu, dass in weiten Bereichen der Gehirnoberfläche, vor allem im Scheitel- und Schläfenlappen, und bei einem bestimmten Krankheitsbild auch im frontalen Bereich des Gehirns Nervenzellen degenerieren. Warum gehen Nervenzellen zugrunde? Interessanterweise ist der Mechanismus der Zellzerstörung bei der Alzheimer'schen Erkrankung ähnlich wie bei der Epilepsie und dem Schlaganfall: Bei diesen Erkrankungen kommt es zu einer vermehrten Produktion eines chemischen Botenstoffes, des erregenden Transmitters Glutamat; vermehrte Glutamatproduktion bewirkt einen übermäßigen Einstrom von Calcium-Ionen in die Nervenzellen, die nicht mehr herausgepumpt werden können, und der unkontrollierte Einstrom zerstört dann die Zellen.

Wenn das Gleichgewicht von Erregung und Hemmung zwischen Nervenzellen gestört ist

Weil das Gehirn nun einmal so aufgebaut ist, wie es ist, kann es auch Störungen geben, wenn Erregung und Hemmung innerhalb eines umschriebenen Bereiches in ein Ungleichgewicht geraten. Es kommt zu diesem Ungleichgewicht, wenn an einer Stelle zu viel Erregung oder zu wenig Hemmung vorliegt und das Gesamtsystem aus den Fugen gerät. Dies ist beispielsweise bei der Parkinson'schen Erkrankung, der Schüttellähmung, der Fall. Die Parkinson'sche Erkrankung beruht darauf, dass an einer bestimmten Stelle in der Tiefe des Gehirns, in den sogenannten Basalganglien, in der Substantia nigra, zu wenig von dem chemischen Botenstoff Dopamin ausgeschüttet wird. Ein Patient mit der Parkinson'schen Erkrankung ist dadurch gekennzeichnet, dass er neben seinem augenfälligen Muskelzittern Bewegungen nicht mehr wie üblich anstrengungslos ausführen kann. Normalerweise ist es so, dass in unserem Gehirn die Bewegungsprogramme gespeichert sind. Damit diese nicht unkontrolliert ablaufen, werden sie von hemmenden Transmittern unter Kontrolle gehalten. Um ein bestimmtes Bewegungsprogramm zu starten, muss diese Hemmung gehemmt werden; dann erst kann es zu einer geordneten Bewegung kommen. Fehlt der Transmitter Dopamin, ist die Hemmung der Hemmung und damit der Start einer Bewegung eingeschränkt.

Die Epilepsie ist eine Erkrankung, bei der ebenfalls das Gleichgewicht zwischen Erregung und Hemmung von chemischen Botenstoffen gestört ist. Aufgrund einer Störung im Haushalt der Transmitter kann es zu unkontrollierten Ausbreitungen neuronaler Erregungen im Gehirn kommen, da in einem bestimmten Bereich, oft im Schläfenlappen, zu wenig Hemmung oder zu viel Erregung vorhanden ist. Neue Erregungsherde können dann an anderen Stellen des Gehirns gebildet werden, sodass das Gehirn sich gleichsam selbst vergiftet. Ein Grund für diese positive Verstärkung epileptischer Aktivität liegt an einem strukturellen Merkmal des Gehirns: Die beiden Gehirnhälften sind spiegelsymmetrisch über den sogenannten Balken, das Corpus callosum, miteinander verbunden. Liegt an einer Seite des Gehirns ein epileptischer Herd vor, kann sich dieser auf der spiegelsymmetrischen Seite des Gehirns verdoppeln.

Störungsmuster lassen sich auch für die moduläre Ebene der Repräsentation von Funktionen voraussagen. Damit uns etwas bewusst werden kann, müssen Module des Gehirns miteinander in Verbindung gebracht werden. Aus dieser Bautechnik lassen sich Störungsmuster ableiten, die wir bei verschiedenen Hirnerkrankungen beobachten. Einzelne Module können ausfallen, sodass bestimmte Funktionen bei einem Patienten nicht mehr verfügbar sind, oder die Wechselwirkungen zwischen Modulen und den verschiedenen Domänen des Psychischen können gestört sein. Im Krankheitsbild der Schizophrenie kommt es vermutlich zu einer Entkopplung der neuronalen Bewertungen von Wahrnehmungen und Erinnerungen, also zu einer Einschränkung der Wechselwirkung zwischen einzelnen Hirnarealen, die die integrierte Aktivität sicherstellen. Der schizophrene Patient ist dadurch auffällig, dass er emotional inadäquat, also einer Situation nicht entsprechend, reagiert. Dies ist für andere, die mit einem Schizophrenen zu tun haben, oft eine besondere Belastung: zu spüren, dass kein angemessener emotionaler Bezug mehr gegeben ist. Das Denken, Wahrnehmen und Handeln des Schizophrenen scheint nicht in die normale emotionale Bewertung eingebettet zu sein, was auch Ursache für die typischen formalen Denkstörungen sein mag. Es fehlt offenbar der neuronale »Klebstoff«, der die verschiedenen modulären Bereiche zusammenheftet. Der Grund hierfür ist vermutlich, dass bestimmte chemische Botenstoffe, die normalerweise für dieses Verbinden verantwortlich sind, dem schizophrenen Patienten nicht mehr in ausreichendem Maße zur Verfügung stehen. Hierbei spielen insbesondere die frontalen Regionen des Gehirns eine wichtige Rolle; ein Merkmal der schizophrenen Erkrankung ist die »Hypofrontalität«, also die verminderte neuronale Aktivität in den vorderen Bereichen des Gehirns.

Weil wir mit einem missglückten Gehirn ausgestattet wurden, sind wir versklavt

Wenn man sich vor Augen führt, was alles aus dem Ruder laufen kann, dann kann man nur den Kopf schütteln. Hätte ein höheres Wesen mit dem Menschen gute Absichten gehabt, dann hätte es uns nicht in dieser missglückten Weise geschaffen. Man hätte das Recht, sich zu beklagen. Wir sind im Laufe der Erdgeschichte einfach zu kompliziert geworden, sodass sich überall Einfallschneisen für das Versagen gebildet haben. Wir sind Opfer und Sklaven unserer eigenen Geschichte.

Und Sklaven sind wir noch in einer anderen Weise: Wenn man sich einmal in die Außenperspektive begibt, sich gleichsam neben sich stellt und sich selbst beobachtet, dann entdeckt man eine weitere Merkwürdigkeit: nämlich, dass einem nicht nur *etwas* bewusst ist, sondern dass einem *immer* etwas bewusst ist. Es vergeht keine Sekunde, in der wir nicht etwas sehen, hören, riechen, denken, erinnern, fühlen oder wollen. Wir verarbeiten ununterbrochen Informationen, und dann stellen wir mit Schrecken fest, dass wir »versklavt« sind: Unsere Antennen müssen immer offen sein. Unser Gehirn muss fortwährend Informationen aufnehmen und diese im Hinblick auf das abwägen, was gut und was weniger gut für uns ist. In jedem Augenblick sind wir durch das, was auf uns einströmt, fremdbestimmt. Wir sind in diesem Sinn nicht frei und können es auch gar nicht sein. Diese besondere Art der Versklavung ist ein Wesensmerkmal des Lebens und somit auch des Menschseins.

Wenn aber das Bewusstsein notwendigerweise versklavt ist, was ist dann eigentlich das Ich? Kann man überhaupt von einer Autonomie des Selbst sprechen? Im Rahmen dieser Versklavung ist das jedenfalls nicht möglich. Man kann sich natürlich mit der Versklavung einverstanden erklären oder sogar mit diesem Freiheitsentzug zufrieden sein. Doch wenn man es möchte, ist es dann überhaupt möglich, sich aus der Versklavung zu befreien?

Ein Versuch der Befreiung ist die Forschung selbst, und vielleicht betreiben Wissenschaftler nur deshalb Forschung, um nicht mehr der Ödnis des Alltäglichen ausgeliefert zu sein. Man begibt sich als Hirnforscher in eine »Schleife der Selbstreferenzialität« und untersucht die Gründe, warum es zu dieser Art von geistiger Versklavung kommen musste, und wie man ihr vielleicht entgehen könnte. Diese Suche nach Selbsttransparenz führt zum Verständnis der Motivationsstrukturen, die einen beherrschen. Ein Befreiungsversuch ganz anderer Art sind künstlerische Tätigkeiten. Indem man sich in eine eigene kreative Welt einwebt, mag es möglich sein, der dauernden Besetzung des Bewusstseinsstroms durch Geschehnisse in der Welt zu entgehen. Eine weitere Befreiungsmöglichkeit bietet die Konzentration: Durch die fokussierte Aufmerksamkeit auf einen Bewusstseinsinhalt verhindert man, dass dauernd etwas anderes durch das Bewusstsein wandert, das sich der eigenen Kontrolle entzieht. Die Meditation (auch dies eine Form der fokussierten Aufmerksamkeit) ist ein weiterer Weg aus der Versklavung des Bewusstseins. Durch den meditativen Prozess versucht man, die evolutionären Randbedingungen hinter sich zu lassen, die uns in den kontinuierlichen Strom der Informationsverarbeitung hineinzwingen.

Eine Form der Selbstversenkung, die jedem jederzeit offensteht, ist eine Zeitreise in die eigene Vergangenheit, auch als Introspektion bezeichnet. Dabei ruft man sich Bilder aus seiner Erinnerung vor das geistige Auge. Von solchen Bildern haben wir in unserem episodischen Gedächtnis eine große Zahl aufbewahrt, die wir durch eine Zeitreise besuchen können. Dieser psychische Akt, den jeder bereits gewollt oder ungewollt vorgenommen hat, ist mit Konzentration und Anstrengung verbunden, doch man nimmt hierbei Kontakt zu sich selbst auf. Das ist durchaus wörtlich gemeint, denn häufig entdeckt man sich selber in den Bildern der eigenen Vergangenheit. Man ist sein eigener Doppelgänger und sieht sich selbst vor dem geistigen Auge. Indem man sich als Doppelgänger entgegentritt, bestätigt man sich selbst. Das Gehirn bietet also auch Chancen der Selbstfindung oder Selbsterfindung.

»Das soll ich sein?«

Dass man mit seinem Gehirn ziemlich überfordert sein kann, das thematisiert auch Hans Magnus Enzensberger:

Unter der Hirnschale
Was da unaufhörlich tickt
und feuert, das soll ich sein?

Woher denn. Es ist nur
diese graue Masse da drinnen.
Sie beobachtet mich,
ich beobachte sie.
Wir überraschen einander.
Nicht immer macht mein Gehirn,
was ich will. Missverständnisse,
Kräche bleiben nicht aus.
Wenn es dunkel wird,
versuche ich, es ganz einfach
abzuschalten. Vergebens.
Es arbeitet weiter, erzeugt
Erfindungen, auf eigene Faust,
von denen ich nichts weiß,
für die ich nicht hafte.
Oft, ohne es zu fragen,
denke ich mir mein Teil.
Nur ganz zuletzt hören wir auf,
einander zu belauern,
und lassen es gut sein.
Dann herrscht endlich Ruhe.

Hans Magnus Enzensberger

Mehr muss man zu der Last, die unser Gehirn darstellen kann, wohl wirklich nicht mehr sagen.

Ein Lichtblick: Unser evolutionäres Erbe macht auch Angebote, manche Konsequenzen seiner Fehlkonstruktion einzudämmen

Monokausalitis

Das größte Problem des Menschen, das es ihm oft schwer macht, sich einigermaßen in der Welt zurechtzufinden, ist durch eine Krankheit bedingt, an der wir alle leiden: der »Monokausalitis«. Immer suchen wir nach Gründen und sind erst zufrieden, wenn wir eine Ursache gefunden haben. Die »Krankheit« hat somit zwei Aspekte, nämlich die Sehnsucht nach dem Warum (es muss immer alles begründet werden) und die Befriedigung dieser Sehnsucht, wenn eine – und nur eine – Ursache gefunden wurde. Dies zeigt sich im täglichen Leben. Es ist das Geschäft der Wissenschaften, etwas hinreichend zu erklären und zu verstehen. Naturwissenschaftler machen Experimente, und sie erklären oft anhand statistischer Verfahren, was die Ursachen für eine Beobachtung waren. Man ist immer auf der Jagd nach den Komponenten im Ursachengewirr und ist schon zufrieden, wenn man einzelne Faktoren aus den Datenmengen herausgefiltert hat. Geisteswissenschaftler gehen zwar mit den hermeneutischen Verfahren anders vor, doch auch beim Verstehen eines Phänomens geht es um die Aufklärung von Ursachen; das nennt man dann Interpretation. Diese Reduktion auf möglichst nur eine Ursache oder die nur allein gültige Interpretation, das ist ein gutes Beispiel für Monokausalitits und wissenschaftliche Dummheit.

Man soll zwar Sachverhalte möglichst einfach erklären – aber zu einfach auch wieder nicht. Eine gute Orientierung für diese Regel der Einfachheit bietet Wilhelm von Ockham, der gesagt hat: »Entia praeter necessitatem non sunt multiplicanda.« (Man soll Sachverhalte nicht über das Notwendigste hinaus zu erklären suchen.) Das Einfachste also gilt. Diese Regel ist auch als Ockham's Rasiermesser, »Occam's Razor«, bekannt. Wenn Ockham's Rasiermesser und der philosophische Satz vom zureichenden Grunde »Nihil est sine ratione« (Nichts ist ohne Grund) miteinander verbunden werden, dann entsteht eine irreführende Denkbehinderung. Man erhält den Eindruck, Sachverhalte seien dann gut erklärt, wenn sie einfach erklärt sind – und am einfachsten sind sie monokausal erklärt. Dies ist für komplexe Systeme wie Lebensprozesse, neuronale Abläufe im Gehirn oder alle Wirkungsgefüge, in denen mehrere Variablen in Wechselwirkung stehen, falsch oder zumindest irreführend.

Allerdings ist die Monokausalitis ein geradezu notwendiges Übel unseres evolutionären Erbes. An diesem Übel kann man die Fehlkonstruktion des menschlichen Geistes besonders deutlich erkennen. Um seine Ziele zu erreichen, muss der Organismus schnell handeln können; Schnelligkeit wird im evolutionären Prozess belohnt, denn wer schneller ist als der andere, der hat einen Vorteil. Größere Schnelligkeit kann – wie wir gesehen haben – dann erreicht werden, wenn für eine gegebene Situation eine umfassende Komplexitätsreduktion vorgenommen wird. Diese ist dann erfolgreich, wenn alles Geschehen in einem klaren Bild zusammengefasst wird. Notwendigerweise fallen dabei viele Details unter den Tisch. Dieses eine Bild mag eine Ursache für die Erklärung eines komplexen Geschehens sein. Und die eine Ursache erlaubt dann schnelles Agieren. Daraus folgt: Es sind jene glücklich, bei denen sich die Krankheit der Monokausalitis nicht voll entfaltet hat, und das sind die Dummen. Und es gilt bekanntlich ja auch, dass Dumme durch eine gewisse Langsamkeit gekennzeichnet sind.

Wenn nun Dummheit nicht für jeden als das höchste Ziel angesehen wird, das man erreichen möchte, was kann man dann gegen die globale Krankheit tun? Als Gegenmittel wird die Idee der »Komplementarität« vorgeschlagen. Diese Komplementarität ist nichts Neues, sie wurde schon zu Beginn der abendländischen Geistesgeschichte gefordert. Es war der griechische Philosoph Heraklit vor etwa 2 500 Jahren, der offenbar als Erster über Komplementarität als generatives Prinzip nachdachte. Heraklit hatte die Idee, dass alles eins sei und dass Gegensätze zusammenfallen: Das eine ist nie ohne das andere, wie Leben und Tod, Wachen und Schlafen, Entstehen und Vergehen, alt und jung, männlich und weiblich, gut und böse oder sogar Lust und Schmerz. Die Welt der Gegensätze wird harmonisch vereint durch die Annahme, die Pole, die sich auszuschließen scheinen, bedingten sich gegenseitig.

Ein ähnlicher Gedanke kommt aus dem alten China mit dem Konzept des Yin und Yang. Vor allem im Daoismus ist dieses Prinzip wichtig: Das Yin repräsentiert das Dunkle, Weiche, Weibliche und auch Ruhe; das Yang steht für das Helle, Harte, Männliche und auch Aktivität. Und beide bedingen einander, sind komplementär aufeinander bezogen.

Auch hier sind es die Dichter, die mit anderen Worten Gedanken einfangen, die sich dem Gehirn des Naturforschers nur widerwillig entringen. So beginnt das Gedicht »Zeitwende« von Hermann Kasack mit den Versen:

Aus: Zeitwende
Als der Himmel sich zur Erde beugte,
Als sich einte Yin und Yang,
War die Welt das Ungezeugte,
Das zur Liebesschöpfung drang.

Hermann Kasack

Es sind Komplementaritäten, die unser Erleben und Verhalten bestimmen. Wenn wir diese berücksichtigen, dann ist es möglich, uns selber besser zu verstehen. Komplementaritäten machen es möglich, scheinbar Gegensätzliches zusammenzufügen. Sie sind die Grundlage für eine schöpferische Tätigkeit, und die Nichtbeachtung von Komplementaritäten ist auch ein Grund für vermeidbare Dummheit. Wie zeigt sich das Komplementäre? Wie wir in komplementärer Weise gemeint sind, als Individuum, als Mensch oder als Lebewesen überhaupt, zeigt sich auf vielfache Weise.

Komplementär sind etwa das explizite und das bildliche Wissen. Es wäre ein Irrtum zu meinen, Wissen sei nur in Sprache repräsentiert. Manches Wissen lässt sich sinnvoll nur in Bildern zeigen, manches Wissen besser nur in Worten. Beide Formen des Wissens ergänzen sich und sind aufeinander bezogen. Wir machen uns Bilder von Worten und finden Worte für Bilder.

Komplementär sind außerdem die verschiedenen seelischen Regungen wie Wahrnehmungen, Gefühle oder Erinnerungen. Psychische Vorgänge entstehen nicht aus dem Nichts, sondern werden aus neuronalen Aktivitäten erzeugt. Komplementär auf neuronaler Ebene selbst sind jene Prozesse, die sich auf der Ebene des Erlebens verwirklichen, und jene, die als informatischer Müll beseitigt werden.

Inhalte des Erlebens und logistische Funktionen des Gehirns sind ebenfalls komplementär, beide zusammen erst ermöglichen das »Was« und das »Wie«. Ohne Inhalte laufen die logistischen Funktionen leer; ohne Logistik finden die Inhalte keinen Rahmen. Diesen Gedanken der Komplementarität hat bereits Immanuel Kant vertreten. Er schrieb in der »Kritik der reinen Vernunft«: »Gedanken ohne Inhalt sind leer, Anschauungen ohne Begriffe sind blind. Daher ist es ebenso notwendig, seine Begriffe sinnlich zu machen, (...) als seine Anschauungen sich verständlich zu machen.«

Komplementär beim Sehen sind das Was und das Wo: Etwas ist immer irgendwo, und irgendwo ist immer etwas. Das Gehirn hat sich hierbei allerdings eine besondere Strategie »ausgedacht«, indem bestimmte Areale sich mehr mit dem »Was«, andere mit dem »Wo« befassen. Doch beide sind engstens miteinander verzahnt. Beim »Wo« spielen vor allem tiefer liegende Strukturen des Gehirns, insbesondere im Mittelhirn (im Colliculus superior), eine wichtige Rolle. Beim »Was« ist der »corticale Mantel«, insbesondere ein Bereich im Schläfenlappen, wichtig. Komplementäre Funktionsverteilung scheint überhaupt ein Grundprinzip des Gehirns zu sein.

Komplementär sind darüber hinaus unmittelbares Erleben einerseits und die Reflexion darüber, was man erlebt, andererseits. Wie bereits gezeigt, haben wir mindestens zwei Zustände des Bewusstseins, die sich einerseits im gegenwärtigen Erleben und andererseits in der Abstraktion zeigen. Man kann dies auch als »Innenperspektive« kennzeichnen, in der sich ein empathischer Bezug zu anderen herstellt, und als »Außenperspektive«, in der man Abstand von sich und anderen nimmt.

Diese Form der Komplementarität veranschaulicht Robert Gernhardt in einem seiner späten Gedichte:

Welt im Wandel
Ich bin nicht mehr, der ich mal war.
Das wird mir täglich schmerzhaft klar.
Doch dass ich weiß, wer ich mal war,
verdank ich dem, der ich heut bin:
Die Zeit macht dich nicht nur zur Sau,
sie macht auch schlau, macht sogar Sinn.

Robert Gernhardt

Ebenfalls komplementär sind identitätserhaltende und identitätsablösende Prozesse des Gehirns. Für eine gewisse Zeit bleibt ein Gedanke oder eine Wahrnehmung mit sich identisch, doch nicht für immer; Stationarität und Dynamik bedingen sich gegenseitig. Das Gehirn verhindert, dass wir immer nur denselben Bewusstseinsinhalt haben (Stationarität), indem in Abschnitten von wenigen Sekunden ein neuer Inhalt zugelassen wird (Dynamik).

Diesen Gedanken der Stationarität und Dynamik hat die Dichterin Marie Luise Kaschnitz in der folgenden Weise ausgedrückt:

Am Strande
Heute sah ich wieder dich am Strand
Schaum der Wellen dir zu Füßen trieb
Mit dem Finger grubst du in den Sand
Zeichen ein, von denen keines blieb.

Ganz versunken warst du in dein Spiel
Mit der ewigen Vergänglichkeit
Welle kam und Stern und Kreis zerfiel
Welle ging und du warst neu bereit.

Lachend hast du dich zu mir gewandt
Ahntest nicht den Schmerz, den ich erfuhr:
Denn die schönste Welle zog zum Strand
Und sie löschte deiner Füße Spur.

Marie Luise Kaschnitz

Komplementär sind auch Autonomie oder Selbstbestimmung und das Eingebundensein in einen sozialen Kontext. Wir sind nicht nur für uns, und wir sind nicht nur für andere. Die Bestimmung unserer Identität verlangt beides. Ohne andere kann es einen selbst nicht geben; aber es sind auch nicht nur die anderen, die uns in unserer Identität bestimmen. »Ich« ist immer »ich und du«.

Komplementär sind unser evolutionäres Erbe und die Prägung durch die Umwelt, nachdem wir in die Welt eingetreten sind. Die genetischen Programme, die wir in uns tragen, machen der Welt ein Angebot – welche Programme auf der epigenetischen Ebene wirksam werden, das wird durch bestimmte Bedingungen in der Umwelt bestimmt, vor allem auch durch kulturelle Randbedingungen. Aufgrund dieser Komplementarität wird Kultur zur Struktur des Gehirns.

Und komplementär sind auch Wissen und Dummheit, dies aber auf eine besondere Weise: Wenn man einen Begriff von Dummheit hat, dann hat man auch den Gegenbegriff des Wissens. Man kann jedoch vom Schicksal durch Dummheit so begünstigt worden sein, dass man keinen Begriff von Dummheit hat. Was aber kann es Besseres geben? Man hat keinen Begriff von Wissen und kann in Zufriedenheit sein Schicksal genießen, ohne den Fallstricken eines allzu komplizierten Denkens ausgeliefert zu sein.

9

Ein ungewöhnliches Literaturverzeichnis: Was sonst noch über Dummheit geschrieben wurde

Mit Dummheit scheinen die Menschen in jedem Zeitalter und Kulturkreis geschlagen zu sein, wenn man denjenigen glauben darf, die sich vor uns schon mit dem Thema beschäftigt haben. Wir haben viele Werke über Dummheit gelesen, einige stellen wir Ihnen hier vor. Lassen Sie sich inspirieren, diese Bücher selbst zu lesen, oder benutzen Sie unsere Zusammenfassungen für Ihre persönliche »Kompetenzsimulation« (siehe Kapitel 6). Nur weil sie ein Kennzeichen sogenannter Experten ist, heißt das nicht, dass Sie sich nicht auch damit schmücken dürfen.

Austin, James H.: Chase, Chance, and Creativity. The Lucky Art of Novelty. MIT Press, Cambridge 2003.
Dieser Autor hat sich überlegt, wie man seine Dummheit überwinden kann, indem man seine kreativen Potenziale anzapft. Er beschreibt, wie ein solcher kreativer Prozess normalerweise abläuft, und hat festgestellt, dass er einer Reise gleicht. Dumme machen sich nicht auf diese durchaus anstrengende Reise. Zunächst muss man Interesse an einer Sache haben; Dumme haben keine Interessen. Gibt es Interesse, dann bereitet man sich vor, also man lernt; Dumme lernen nicht. Durch Lernen sammelt sich Wissen im Gehirn an, und es kommt zu einer Phase der »Inkubation« – Es denkt also in einem; in Dummen denkt Es nicht oder nur schattenhaft. Wenn man Glück hat, kommt es zur Erleuchtung, dem Erlebnis des »heureka!«, wie es von dem griechischen Mathematiker Archimedes beschrieben wird, als er das Gesetz des spezifischen Gewichts in der Badewanne sitzend entdeckte; Dumme sitzen vielleicht in der Badewanne, aber sie misstrauen ihren Einfällen, insbesondere dann, wenn diese Einfälle etwas noch nie Dagewesenes signalisieren, und vor allem, wenn sie den Einfall in der Badewanne hatten. Mit dem Einfall ist aber der kreative Prozess noch nicht beendet; nun gilt es zu bestätigen, was einem eingefallen ist; Dumme überprüfen nicht. Wenn die Bestätigung eines Einfalls erfolgreich war, dann sollte man zur Innovation schreiten, also den kreativen Gedanken umsetzen, ihn ausbeuten; Dumme wenden nicht an. Was sind also Merkmale eines kreativen gegenüber einem dummen Menschen? Natürliche Neugier und eine gewisse Aufgeschlossenheit für ungelöste Probleme; ein ungehemmter Gedankenfluss, der sich nicht durch Banales unterbrechen lässt; die Fähigkeit, sich zu konzentrieren und mit ganzem Herzen bei der Sache zu sein; die geistige Kraft, Dinge zusammenzufassen und sich nicht zu sehr in Einzelheiten zu

verlieren; Flexibilität, um seine Ziele zu erreichen, also nicht krampfhaft an einem Weg festzuhalten; die Fähigkeit zur Abstraktion und zur Analyse eines Sachverhalts; eine lebendige Vorstellungswelt, denn häufig entwickeln sich kreative Gedanken in einer bildlichen Welt. Und was ganz wichtig ist: Man muss an sich selbst glauben, man muss unabhängig sein, und man muss eine hohe Frustrationstoleranz haben – denn alles Neue wird zunächst von anderen als störend abgelehnt.

Bacon, Francis: Neues Organon. Felix Meiner, Hamburg 1990 (orig. 1620: Novum Organum).
Dieses Werk ist ein Markstein für den Aufbruch der modernen Wissenschaft, und was wohl das Erstaunlichste ist: Es beginnt nicht mit der übertriebenen Beschreibung dessen, was wir schon alles wissen oder wissen sollten. Stattdessen findet sich zu Beginn die Warnung, bestimmte Dummheiten zu vermeiden, denen wir alle ausgeliefert sind, wenn wir etwas verstehen oder erklären wollen. Wichtig ist, sich mit den möglichen Fehlern des eigenen Denkens, mit seiner eigenen Dummheit vertraut zu machen.

Was sind die Fehler, auf die Francis Bacon hinweist, welchen Dummheiten sind wir geradezu mit Notwendigkeit ausgeliefert? Erstens: Wir machen Fehler aufgrund unseres evolutionären Erbes, einfach deshalb, weil wir nun einmal Menschen sind. Wir können die Begrenztheit unserer geistigen Möglichkeiten nicht einfach überspringen, auch wenn wir vielleicht die Sehnsucht haben, »alles« zu wissen und »Beliebiges« möglich zu machen.

Wir machen zweitens Fehler aufgrund unserer individuellen Prägungen, die vor allem auch Grundlage unserer Vorurteile sind. Niemand kann sein bisheriges Leben einfach abstreifen und hinter sich lassen. Wir sind blind und dumm durch das, was unser bisheriges Leben bestimmt hat.

Drittens machen wir Fehler, weil wir das, was wir denken und glauben, nicht so in Sprache ausdrücken können, wie wir es eigentlich wollen; häufig ist das, was Es in uns denkt, nicht identisch mit dem, was dann in Worte gefasst aus unserm Mund kommt.

Und viertens: Wir machen Fehler, weil wir immer schon Theorien mit uns herumtragen und häufig gar nicht wissen, dass wir theoretisch »durchseucht« sind. Das ist vor allem eine Botschaft an Wissenschaftler. Aber nicht nur diese sind durch vorgefasste Theorien gefährdet; das gilt genauso für Eltern, die ihre Kinder besonders gut erziehen wollen, für Manager, die immer schon alles über richtige Entscheidungen zu wissen meinen, für Politiker, Fußballtrainer oder Psychotherapeuten. Es gilt für jeden.

Neben diesen Hinweisen über Ursachen, wie sich menschliche Dummheit äußert, beschreibt Francis Bacon in diesem epochalen Werk auch die Methode der »Induktion« – wie wir also auf der Grundlage vieler Beobachtungen zu Erkenntnissen durch Schlussfolgerungen kommen. Wissenschaftliche Arbeit beruht ganz wesentlich auf einer solchen »Induktionskompetenz«. Und hier kann sich menschliche Dummheit auf ganz andere Weise austoben, indem beispielsweise statistische Aussagen falsch oder gar nicht verstanden werden. Leider hat es Mutter Natur verpasst, uns mit einem »statistischen Sinn« auszustatten.

Descartes, René: Von der Methode des richtigen Vernunftgebrauchs und der wissenschaftlichen Forschung. Felix Meiner, Hamburg 1990 (orig. 1637: Discours de la Méthode).
Dieses Buch steht am Anfang des wissenschaftlichen Denkens in der Neuzeit, hier wird auch erstmals auf den methodischen Zweifel, das berühmte »Ich denke, also bin ich« hingewiesen. Im Anhang entwickelt Descartes die »analytische Geometrie«, auf die heute kein Forscher verzichten kann. Sie ist die Grundlage dafür, dass wir Diagramme erstellen können, in denen Beziehungen zwischen Funktionen dargestellt werden. Ein Beispiel: Die waagerechte Achse (die Abszisse) könnte die Körpertemperatur repräsentieren, die senkrechte Achse (die Ordinate) die Intelligenz, und dann könnte man prüfen, ob man gescheiter oder dümmer ist, wenn man wärmer oder kälter ist. Sie ahnen es schon: Die Beziehung zwischen Intelligenz und Körpertemperatur ist völlig unklar.

Allgemein bekannt ist das Werk von Descartes aber vor allem wegen der vier Regeln des Denkens, die man in jeder Lebenslage beherzigen sollte:

1. klar und deutlich (und ohne Hast und Vorurteile) denken;
2. Probleme in Teile zerlegen und
3. vom Einfachen zum Schwierigen voranschreiten;
4. nichts zu vergessen (Forderung nach Vollständigkeit).

So einfach die Regeln von Descartes klingen, so schwierig sind sie einzuhalten. »Schwierig« ist das falsche Wort: Es ist unmöglich, sich ihnen entsprechend zu verhalten. Das klare und deutliche Denken ist immer eine Illusion – wir machen uns dabei etwas vor, denn es schwebt immer Unausgesprochenes mit. Es ist unmöglich, keine Vorurteile zu haben. Doch Descartes' Rat, nicht hastig zu sein, ist vielleicht der beste Rat überhaupt: Wir müssen uns »entschleunigen«. Ein Problem in seine Teile zu zerlegen und vom Einfachen zum Schwierigen voranzuschreiten setzt voraus, dass man vom gesamten Problem bereits eine Vorstellung hat, denn sonst könnte man es nicht zerlegen. Und alles zu berücksichtigen überfordert einen auch: Woher kann man wissen, was »alles« ist?

Die Regeln sind sicher gut gemeint, und sie können bei einer Steuererklärung eingesetzt werden. Doch zu glauben, dass sie auf allen Ebenen der geistigen Herausforderungen Gültigkeit haben, ist eher ein Zeugnis menschlicher Beschränktheit. Wer sich nur auf solches »explizites Wissen« verlässt, der scheitert. Ein bedeutender Wirtschaftsführer, dessen Namen hier nicht genannt sei, meinte im persönlichen Gespräch, er würde sich nur auf den klaren Verstand verlassen und er versenke mit dieser Grundeinstellung viele Milliarden an Börsenwert seines Unternehmens.

Ehrenreich, Barbara: Bright-Sided. How the Relentless Promotion of Positive Thinking has Undermined America. Henry Holt, New York 2009.
Dieses Buch thematisiert, warum es dumm ist, andauernd glücklich sein zu wollen. Dabei ist der Anspruch auf ein »glückliches Leben« sogar in der amerikanischen Verfassung festgeschrieben. Als Konsequenz müsste man sich also dauernd fragen, ob man denn nun gerade »glücklich« ist. Diese Frage können wir aber nicht beantworten, denn sie beruht auf einem grundsätzlichen Missverständnis darüber, wie unser Bewusstsein aufgebaut ist: Wir können nicht in einem permanenten Zustand der Selbstkontrolle leben. Man muss sich auch einmal hingeben können, ohne darüber nachzudenken, wie es einem im Augenblick geht.

Das Buch von Barbara Ehrenreich ist damit auch eine herbe Abrechnung mit einem der Gurus der amerikanischen Psychologie, dem Erfinder der »positiven Psychologie« Martin Seligman. Dieser hat eine »Glücksgleichung« aufgestellt, die in der Tat ziemlich schwachsinnig ist: $H = S + C + V$. Sie besagt, dass das Glück (H: Happiness) sich summiert aus einer inneren Disposition (S: Set Size), den gegebenen augenblicklichen Umständen (C: Circumstances) und den Anstrengungen, die man unternimmt, um seine Lage zu verbessern (V: Voluntary Control). Kein Wunder, dass Psychologen von Mathematikern oder Personen mit gesundem Menschenverstand ausgelacht werden, wenn kategorial verschiedene Sachverhalte einfach addiert werden – das Problem der »Äpfel und Birnen«.

Ganz zu schweigen von der Frage, wie man nun für die einzelnen Variablen Zahlen finden soll, denn schließlich lassen sich nur Zahlen addieren, nicht Wörter. Man könnte allenfalls sagen, dass das, was man als »Glück« bestimmen will, von mehreren Variablen abhängig ist. Aber dann bleibt fraglich, ob die drei von Seligman bestimmten Klassen überhaupt hinreichend sind, um »Glück« zu beschreiben, oder ob sie nicht zu allgemein gewählt wurden, um zu sinnvollen Aussagen zu gelangen. Will man unbedingt »wissenschaftlich« erscheinen (daher wahrscheinlich die

»mathematische« Gleichung), dann sollte das Postulierte zumindest andeutungsweise richtig und die eigene Beschränktheit, in diesem Fall die eines ganzen Fachgebiets, nicht zu offenkundig sein. Ehrenreich deckt das alles auf intelligente Art auf und befreit damit die Leser auch von der Last, womöglich durch zu wenig positives Denken selbst schuld an Misserfolgen, Krankheiten und Schicksalsschlägen zu sein.

Enzensberger, Hans Magnus: Enzensbergers Panoptikum. Zwanzig Zehn-Minuten-Essays. Suhrkamp, Berlin 2012.
Dies sind unterhaltsame und kenntnisreiche Essays, eine Sammlung von Dummheiten, die uns mit einem angenehmen Zynismus die Absurditäten der Gesellschaft, Merkwürdigkeiten in der Politik und Beschränktheiten unseres Selbst vor Augen führen. In einem Essay zu »Rentenlust, Rentenangst und Rentenzwang« wird gezeigt, dass die Berechnung der späteren Rente von den wenigsten verstanden werden kann: »Die kompakte Majorität ist in einem dichten Netz von Regelungen gefangen, die sie nicht durchschaut.« In »Armer Orwell!« lesen wir, dass sich Orwell mit seinem Roman »1984« gründlich getäuscht habe: »Nicht im Traum wäre ihm eingefallen, dass sich manche dieser Ziele, vor allem die Überwachung aller Bürger, auch ohne Gewaltanwendung erreichen lassen; dass es dazu keiner Diktatur bedarf; dass auch eine Demokratie in der Lage ist, sie auf zivile, um nicht zu sagen pazifistische Weise durchzusetzen.«

Und in »Muss Sex sein, und wenn ja, wie?« lesen wir, dass die Frage leicht zu beantworten sei, »und zwar mit einem schallenden Ja. Sorgen muss man sich höchstens wegen der Zahl der Verweigerer machen. Es gibt Leute, die sich, aus welchen Gründen auch immer, strikten Keuschheitsgeboten unterwerfen und sich an alle möglichen Tabus klammern.« Ein Buch voller Weisheiten über menschliche Dummheit und Dummheiten.

Erasmus von Rotterdam: Lob der Torheit. Reclam, Stuttgart 2012 (orig. »Moriae Encomium« 1509/10).
Was für ein großartiges Werk, das im Grunde jeden weiteren Beitrag über menschliche Torheiten überflüssig macht. Erasmus widmete diesen relativ kurzen Text seinem Freund Thomas Morus, der wenig später (1515) den ebenfalls nicht sehr langen Text »Utopia« schrieb. Erasmus beginnt mit einem Wortspiel, indem er darauf verweist, dass »moria« im Griechischen Torheit bedeute, womit er sein Werk gleichzeitig dem Mann Morus wie der Torheit widmet – ein eleganter Seitenhieb.

Einige Kostproben: »Wie wenig (Philosophen) für irgendwelche Aufgaben des täglichen Lebens brauchbar sind, beweist Sokrates, der ja an Weisheit ein ganzes apollinisches Orakel in seiner Person verkörperte, aber für äußerst ungeschickt galt. (...) Was hat ihn schließlich anderes auf die Anklagebank und zum Schierlingsbecher geführt als die Weisheit? Während er den nebulösen Ideen nachsann, während er die Füße des Flohes nachmaß und die Stimme einer Mücke seine Bewunderung erregte, blieb er im Alltag ungeschickt. (...) Da soll man nun die vielberufene Ansicht Platons rühmen, daß Staaten glücklich wären, wenn Philosophen regieren und Feldherrn philosophieren! Wenn du die Geschichtsschreiber befragst, wirst du keine übleren Staatsführer antreffen als Afterphilosophen und Literaten in Regierungsstellen.«

Oder an einer anderen Stelle: »Was ist denn das menschliche Leben schon anderes als ein Schauspiel, in dem die einen vor den anderen in Masken auftreten und ihre Rolle spielen.«

Und später: »Zunächst steht doch fest, daß alle Leidenschaften der Torheit dienstverpflichtet sind. Das betrachtet man ja als Unterschied zwischen dem Toren und dem Weisen, dass jenen die Leidenschaften, diesen die Vernunft leiten.«

Aber dann schreibt Erasmus, diese Weisen seien nicht auszuhalten, weil das »menschliche Maß« verloren geht. Jene, die sich nur an der Vernunft orientieren, schaffen ein »marmornes Menschenbild«, das stumpf und ohne jegliches Gefühl ist. »Alle Welt meidet und verabscheut einen solchen Menschen, (...) der taub ist für alle natürlichen Regungen, für keine Leidenschaften empfänglich und von Liebe und Mitgefühl nicht mehr gepackt wird.«

Und schließlich: »Bei den unsterblichen Göttern, gibt es denn einen glücklicheren Menschenschlag als die im Volksmunde so genannten Narren, Dummköpfe, Blöden und Albernen? (…) Zunächst einmal kennen sie keine Todesfurcht. (…) Von Gewissensqualen sind sie frei und lassen sich durch keinerlei Ammenmärchen über die Unterwelt einschüchtern. (…) Alles in allem zermartern sie sich nicht mit tausend Sorgen, die dieses Leben beschweren. Sie kennen keine Scham, keine Scheu, keinen Ehrgeiz, keinen Neid und keine Liebe.«

Geyer, Horst: Über die Dummheit. Ursachen und Wirkungen der intellektuellen Minderleistungen des Menschen. Muster-Schmidt, Northeim 1999.
Dies ist eines der klügsten Bücher, die es über Dummheit gibt. Es preist viele Maßnahmen an, mit denen man etwas dagegen tun kann und die sich vor allem auch gegen die Volksverdummung wenden. Es verwundert nicht, dass gute schulische Ausbildung als Gegenmittel propagiert wird. Geyer bezieht sich besonders auch auf das »Lob der Torheit« von Erasmus von Rotterdam, und er berauscht sich an dessen Latein. Dies ist ohne exquisite Lateinkenntnisse nicht nachzuvollziehen, und man bekommt den Verdacht, dass der Autor hier die Leser »vorführen« und mit seiner eigenen Brillanz prahlen will.

Dass Dummheit und Torheit auch Vorteile haben und dass Intelligenz nachteilig sein kann, das zeigen einige seiner »Aphorismen zur Lebenstorheit«: »Die Vernichtung der Menschheit im eigentlichen Wortsinn droht von den Klugen. Die Dummen hätten die Atombomben ebenso wenig erfunden wie das Schießpulver.« – »Die dümmsten Bauern mit den dicksten Kartoffeln sind mir immer als Ausdruck der ausgleichenden Gerechtigkeit menschlichen Denkens vorgekommen.«

Hier kann man sich persönlich angesprochen fühlen, falls man – wie Ernst Pöppel – aus Pommern kommt; über Menschen aus diesem Teil des ehemaligen Deutschlands wird gerne gesagt: »Im Winter ist der Pommer noch dümmer als im Sommer.« Ein Trost mag Geyers folgende These sein: »Wer auf dem Wege der Reflektion sich selbst zum Problem werden kann, kann nicht dumm im eigentlichen Sinne sein. Wer Humor zeigt, wer insbesondere der Ironie oder gar der Selbstironie fähig ist, der ist zum wenigsten kein Dummkopf.«

Besonders gefällt ein Zitat des Mathematikers David Hilbert: »Ein Standpunkt ist ein Gesichtskreis vom Radius null.«

Geyer leistet auch einen therapeutischen Beitrag: »Die Voraussetzung für eine glückliche Ehe ist beiderseitige Resignationsfähigkeit. Es gibt so wenig glückliche Ehen, weil es so wenig kluge Menschen gibt; oder, um es noch einmal zu sagen, es gibt so viele unglückliche Ehen, weil es von männlichen und weiblichen Dummköpfen wimmelt.«

Dass die Dummheit etwas mit unserem Gehirn zu tun hat, wie es in unserem Buch behauptet wird, das meint auch Geyer: »Der physiologische Schwachsinn des Menschen ist Folge seiner cerebralen Organisation. Als eminente Klugheit vermag er sich nur zu tarnen in seinen am wenigsten dummen Exemplaren, in den Genies nämlich.«

Diese These ist allerdings nicht ganz schlüssig: Der Autor ist doch selber dem physiologischen Schwachsinn ausgeliefert – wie ist es dann möglich, ein solches Urteil abzuliefern? Nur dadurch wohl, dass man sich selber als »Genie« und sogar noch mehr als das ansieht. Aber dann wiederum sagt er auch: »Es ist dafür gesorgt, dass auch die Bäume der Erkenntnis nicht in den Himmel wachsen.« Hier wird das eigentliche Problem deutlich, das sich für jeden bei der Auseinandersetzung mit der Dummheit stellt: Wie kann man über etwas urteilen, über das man nicht urteilen kann, weil man zu dumm dazu ist? Ein nicht auflösbarer Widerspruch.

Hašek, Jaroslav: Die Abenteuer des braven Soldaten Schwejk. Zwei Bände. Aufbau, Berlin 2010.

Dies ist ein Buch über die Dummheit aus der Perspektive eines Alltagsphilosophen. Weil Schwejk seine Überlegungen so trocken und unschuldig auf den Punkt bringt, ist es auch ein Buch zur Befreiung des Geistes. Dies zeigt der Autor zum Beispiel am folgenden Gedankengang von Schwejk über den Unterschied zwischen »Soldaten« und »Offizieren«:

»Vor Jahren ham sie uns von den Fünfundsiebzigern einen gewissen Major Blüher versetzt. Der hat (...) mit uns nachgedacht, was das is: militärische Obrigkeit (...) Jeder Offizier, Soldaten, is von sich selbst das vollkommenste Geschöpf, was hundertmal soviel Verstand hat wie ihr alle zusamm, ihr könnt euch überhaupt nichts Vollkommeneres vorstelln, Soldaten, wie einen Offizier, nicht mal, wenn ihr euer ganzes Leben dran denken möchtet. Jeder Offizier is ein notwendiges Geschöpf, derweil ihr Soldaten nur bloß zufällige Geschöpfe seid. Ihr könnt existieren, aber ihr müßt nicht ... Der Offizier muß existieren, und ihr habt eure Existenz eigentlich nur von den Herren Offizieren geliehen: ihr stammt von ihnen ab, ihr könnt nicht ohne Offizieren bestehn, ihr könnt ohne eure militärische Obrigkeit nicht mal furzen. Für euch, Soldaten, ist der Offizier ein moralisches Gesetz, ob ihrs versteht oder nicht. (...)«

Und dann macht der »brave Soldat Schwejk« als Inbegriff kluger Naivität noch folgende Bemerkung: »Jeder kann nicht gescheit sein, Herr Oberlajtnant (...), die Dummen müssen eine Ausnahme machen, weil, wenn jeder gescheit wär, so wär auf der Welt so viel Verstand, daß jeder zweite Mensch davon ganz blöd wär. Wenn zum Beispiel (...) jeder die Naturgesetze kennen möcht und sich himmlische Entfernungen ausrechnen könnt, so möcht er nur seine Umgebung belästigen (...).«

In einer anderen Szene wird in der folgenden Weise auf die Dummheit Bezug genommen: »So wie in allen Gefängnissen und Strafanstalten, erfreute sich auch im Garnisonsarrest die Hauskapelle einer großen Beliebtheit. Es handelte sich nicht darum, die

Besucher durch den erzwungenen Besuch der Gefängniskapelle Gott näherzubringen oder den Arrestanten eingehende Kenntnisse über Sittlichkeit beizubringen. Von solchen Dummheiten kann nicht die Rede sein. Der Gottesdienst und die Predigten waren eine hübsche Unterbrechung der Langweile des Garnisonsarrestes. Es ging nicht darum, Gott nahezukommen, sondern um die Hoffnung, auf den Gängen und auf dem Weg über den Hof einen Zigaretten- oder Zigarrenstummel zu finden. Gott wurde vollkommen von einem kleinen Stummel verdrängt, der sich hoffnungslos in einen Spucknapf oder irgendwo auf dem Boden in den Staub verirrt hatte. Dieser kleine stinkende Gegenstand siegte über Gott und über die Erlösung der Seele.«

Krämer, Walter und Kaehlbrandt, Roland: Die Ganzjahrestomate und anderes Plastikdeutsch. Ein Lexikon der Sprachverirrungen. Piper, München 2007.
Die Autoren geben köstliche Beispiele moderner Sprachentwicklungen, die allzu oft auch Sprachverirrungen sind, da die Wörter nur Inhalt vortäuschen. Leser oder Zuhörer werden für dumm verkauft, lassen es sich aber offenbar gefallen, denn neue »Plastikwörter« vermitteln die Illusion »dazuzugehören«, wenn man sie versteht und benutzt.

Ein Begriff aus der Beraterwelt ist zum Beispiel »andenken« (»Wir wollen es mit dem Denken nur ja nicht zu weit treiben«) oder »andiskutieren«, was naturgemäß ohne Folgen bleiben kann. Im »denglischen« Neusprech bewähren sich auch solche Begriffe wie »durchgecastet«: »Dann erst werden Nägel mit Köpfen gemacht, wenn flächendeckend, systematisch und gnadenlos der gesamte weibliche Bevölkerungsteil der Republik auf Laufstegfähigkeit hin durchgecastet ist.« Aber was ist dann das »learning«? Und entspricht dieses Konzept wirklich dem »gender mainstreaming«? Dann könnte man auch in die »Gerechtigkeitsfalle« tappen, denn wenn es den »Girls Day« gibt, müsste es auch den »Boys Day« geben, aber das kann auch wieder nur einem »Gutmenschen« einfallen. Das alles funktioniert sowieso nur, wenn wir hinreichend »Mailverkehr« haben, um einen »Neuanfang« mit »Nachhaltigkeit« und mit »neuer Ernsthaftigkeit« »neu zu erfinden«. Dazu gehört geradezu ein »olympischer Spirit« mit »operativen Herausforderungen«, und ohne einen »Paradigmenwechsel« wird es sowieso nicht gehen, vor allem dann nicht, wenn man eine »Paketlösung« anstrebt. Dabei ist natürlich immer auf die »Performance« der »Player« zu achten und ob sie auf der richtigen »Plattform« agieren und ob sie erreichbare »Prioritäten setzen«.

Ohne »Public Leadership« geht es wohl auch nicht, denn gerade dort erwartet man »proaktives« Handeln, um den notwendigen »Quantensprung« zu erreichen. Man braucht selbstverständlich »Reale-Welt-Kenntnis«, um mit »ruhiger Hand« die notwendige »Schnittmenge« zu bestimmen und den »Schritt nach vorn« zu tun. Die Ergebnisse lassen sich dann in einem »Statement« verkünden, wobei vor allem auch auf den »Stellenwert« des Erfolges hingewiesen wird, der ohne die Kenntnis der »Stellschrauben« nicht möglich gewesen wäre. In dem »Szenario« konnten »Synergieeffekte« ausgenutzt werden, die »transdisziplinär« abgeschöpft wurden und die Grundlage eines »Umdenkungsprozesses« wurden, was die »Userschaft« auch schnell erkannt hat. Eine »Win-win-Situation« wurde bestätigt, weil das richtige »Zeitfenster« genutzt wurde.

Man kann über viele dieser Füllwörter die Nase rümpfen, doch andererseits sind sie auch kreativer Ausdruck des Zeitgeistes, und insofern sind gar nicht alle so »dumm«.

Loewenfeld, Leopold: Über die Dummheit. Eine Umschau im Gebiete menschlicher Unzulänglichkeit. Verlag von J. F. Bergmann, Wiesbaden 1909.
Dies ist das wunderbare Buch eines Münchner Nervenarztes über die menschliche Beschränktheit, und es zeigt sich, dass sich in einhundert Jahren nichts verbessert, aber im Prinzip auch nichts verschlechtert hat. Dummheit scheint ein konstanter Faktor in der Gesellschaft zu sein, und man kann annehmen, dass die Stabilität einer Gesellschaft vor allem auch dann gewährleistet ist, wenn

hinreichend viele in einem beschränkten Rahmen der Einsicht bleiben.

Aus heutiger Sicht ist der Abschnitt über »die Dummheit der Intelligenten« wertvoll, in dem zum Beispiel auf die merkwürdigsten Steckenpferde eingegangen wird oder auf »Folgen einseitiger intellektueller Beschäftigung«, was häufig zu »Kompetenzüberschreitungen« führt. Besonders hat der Autor es auf die Scholastik abgesehen, wenn er die »Dummheit in der Wissenschaft« schildert. »Über die absonderlichen und lächerlichen Fragen, welchen die Scholastiker Abhandlungen widmeten, erhält man in den Werken über Geschichte der Philosophie keine Auskunft.« Doch Loewenfeld hat dennoch einige gefunden: »Hat die Ziege Wolle oder Borsten? Steht oder liegt Gott Vater? Kann er einen Berg ohne Tal schaffen? War es Luzifer, der den ersten Purzelbaum schlug? Was man in der Hölle treibe und bis zu welchem Thermometergrade die Hitze gehe?«

Ein besonders eindrucksvolles Beispiel wissenschaftlicher Borniertheit kam von einem Medizinalkollegium in Bayern, als es um die Einführung der Eisenbahn als Verkehrsmittel ging. Es wurde in dem Gutachten betont, dass die Zulassung der Eisenbahn eine schwere Schädigung der öffentlichen Gesundheit bedeute. Es fragt sich nur, was für wissenschaftliche Gutachten heute erstellt werden, über die man in der Zukunft den Kopf schütteln wird. Wie schnell wird jemand auf Grundlage eines fragwürdigen Gutachtens in eine geschlossene psychiatrische Anstalt eingewiesen.

Möbius, Paul Julius August: Über den physiologischen Schwachsinn des Weibes. Matthes & Seitz, München 1990 (orig. Halle 1905).

Vor etwa 100 Jahren, also vor noch gar nicht so langer Zeit, betonte der Arzt Dr. Möbius die Inferiorität des weiblichen Geschlechts. Dieses Werk über den »Schwachsinn« ist selbst ein unsägliches Dokument menschlicher Dummheit. Ein paar Zitate mögen vor allem die Leserinnen nicht zu sehr aus dem psychischen Gleichgewicht werfen oder doch vielleicht erfreuen, dass sich seit einhundert Jahren vieles verändert hat: »Gleichmacherei ist überall vom Uebel, aber die Geschlechtsgleichmacherei ist ein besonders grosses Uebel.«

Oder: »Demnach ist also nachgewiesen, daß für das geistige Leben außerordentlich wichtige Hirnteile, die Windungen des Stirn- und Schläfenlappens, beim Weibe schlechter entwickelt sind als beim Manne und daß dieser Unterschied schon bei der Geburt besteht.«

Man muss es leider sagen – auch heute noch und obwohl man es besser weiß, wird die Größe eines Hirnareals mit geistiger Kompetenz in Zusammenhang gebracht. Doch weiter zu Möbius: »Einer der wesentlichsten Unterschiede ist wohl der, daß der Instinkt beim Weibe eine größere Rolle spielt als beim Manne. (...) Der Instinkt nun macht das Weib tierähnlich, unselbständig, sicher und heiter. (...) Mit dieser Tierähnlichkeit hängen sehr viele weibliche Eigentümlichkeiten zusammen. Zunächst der Mangel eignen Urteils. (...) Aller Fortschritt geht vom Manne aus.«

Und so weiter und so fort. Das Buch wurde, das sei betont, auch damals schon sehr kontrovers diskutiert, erhielt aber viel Zuspruch, auch von Frauen. Und es zeigt, dass man Experten nicht immer trauen darf. Auch heute nicht: Was sind eigentlich heute »schwachsinnige« Hypothesen, Dokumente der Dummheit, die man uns in 100 Jahren vorhalten wird? Ein Beispiel könnte die Altersdiskriminierung sein, also der Glaube, dass man jenseits der 50, der 60 sowieso und der 70 allemal dem »physiologischen Schwachsinn« ausgeliefert sei. Natürlich ist das Alter der größte Risikofaktor, um eine Demenz zu entwickeln, aber die meisten Menschen entwickeln keine Demenz. Gegenbeispiele hoher geistiger Kompetenz bei Künstlern, Wissenschaftlern, Politikern, Unternehmern – bei allen Menschen – gibt es viele.

Musil, Robert: Über die Dummheit. Alexander Verlag, Berlin 2011.
Musil unterscheidet zwei Formen von Dummheit. Zum einen gibt es die »normale« Geistesschwäche, die »mit Worten beschrieben wird wie: arm, ungenau, unfähig der Abstraktion, unklar, langsam, ablenkbar, oberflächlich, einseitig, steif, umständlich, überbeweglich, zerfahren«. Das kann man auch als »ehrliche« Dummheit bezeichnen, wenn man also schwer von Begriff ist und eine »lange Leitung« hat. »Zu dieser ehrlichen Dummheit steht nun die anspruchsvolle höhere in wahrhaft nur zu oft schreiendem Gegensatz. Sie ist nicht sowohl ein Mangel an Intelligenz als vielmehr deren Versagen aus dem Grunde, daß sie sich Leistungen anmaßt, die ihr nicht zustehen; und sie kann alle schlechten Eigenschaften des schwachen Verstandes an sich haben, hat aber außerdem auch noch alle die an sich, die ein nicht im Gleichgewicht befindliches, verwachsenes, ungleich bewegliches, kurz, ein Gemüt verursacht, das von der Gesundheit abweicht. (...) Diese höhere Dummheit ist die eigentliche Bildungskrankheit. (...) Sie reicht bis in die höchste Geistigkeit. (...) Die damit angesprochene Dummheit ist keine Geisteskrankheit, und doch ist sie die lebensgefährlichste, die dem Leben selbst gefährliche Krankheit des Geistes.«

Diese »höhere Dummheit« zeigt sich vor allem bei Experten, die innerhalb eines meist sehr eng umschriebenen Bereiches alles zu wissen glauben und sich daher anmaßen, über »alles« ein Urteil fällen zu können.

Nietzsche, Friedrich: Über Wahrheit und Lüge im außermoralischen Sinne. Sämtliche Werke, Kritische Studienausgabe in 15 Bänden. Hrsg. von Giorgio Colli und Mazzino Montinari. Verlag Walter de Gruyter, München 1980.
Als Naturforscher quält man sich mit den Grundlagen des menschlichen Erkennens ab, und man versucht zu analysieren, warum so vieles an der menschlichen Existenz nicht stimmig ist. Und dann entdeckt man eines Tages per Zufall, dass jemand an-

ders das alles schon auf seine Weise bedacht hat. Nietzsche beginnt den recht kurzen Text, der aus dem Nachlass herausgegeben wurde, mit den Worten:

»In irgend einem abgelegenen Winkel des in zahllosen Sonnensystemen flimmernd ausgegossenen Weltalls gab es einmal ein Gestirn, auf dem kluge Thiere das Erkennen erfanden. Es war die hochmüthigste und verlogenste Minute der ›Weltgeschichte‹: aber doch nur eine Minute. Nach wenigen Athemzügen der Natur erstarrte das Gestirn, und die klugen Thiere mussten sterben. – So könnte jemand eine Fabel erfinden und würde doch nicht genügend illustrirt haben, wie kläglich, wie schattenhaft und flüchtig, wie zwecklos und beliebig sich der menschliche Intellekt innerhalb der Natur ausnimmt; es gab Ewigkeiten, in denen er nicht war; wenn es wieder mit ihm vorbei ist, wird sich nichts begeben haben.«

Für die Autoren dieses Buches ist es ein Trost, mit der Meinung über die Bedeutungslosigkeit des menschlichen Seins nicht alleine zu stehen, wenn man es einmal unter einem kosmologischen Gesichtspunkt betrachtet. Und ein Trost hätte es auch sein können, wenn man dem Gedanken von Nietzsche folgt, dass die Dauer des irdischen Seins von Menschen recht kurz bemessen ist, sodass wir nicht zu störend in die Weltläufe eingreifen; doch dies erweist sich wohl als eine Illusion, wenn man sich die Vernichtung oder zumindest die Störungen der Lebensbedingungen ansieht, die wir der Umwelt beibringen, nur um es für die Dauer des irdischen Seins gemütlich zu haben. Der Mensch ist mit »Zukunftsblindheit« geschlagen, und dies ist ein besonders herausragendes Merkmal anthropologischer Beschränktheit.

Pöppel, Ernst: Grenzen des Bewusstseins. Wie kommen wir zur Zeit und wie entsteht Wirklichkeit? 3. Auflage, Insel-Verlag, Frankfurt 1997; Insel-Taschenbuch, 2000.
Hier beschreibt der Autor auf der Grundlage neurowissenschaftlicher Befunde, wie beschränkt unser Weltbild tatsächlich ist, wie eng unser Zugang zur Realität ist, was immer man unter »Reali-

tät« verstehen mag. Diese Begrenztheit ergibt sich allein aus der Tatsache, dass unsere Sinnesorgane nur kleinste Ausschnitte der Welt erfassen können. Für den größten Teil dessen, was uns umgibt, sind wir blind und taub, und unsere Kompetenz beim Riechen ist beschämend verglichen mit unserem Hund.

Forschung dient vor allem dem Zweck, diese Begrenztheit zu überwinden, aus der uns von Natur aus aufgezwungenen Dummheit auszubrechen, indem etwa Mikroskope und Teleskope erfunden werden. Trotz der offenkundigen Grenzen der Welterfassung finden wir uns aber irgendwie in der Welt zurecht. Dennoch sind wir zur Bescheidenheit gezwungen, wir sollten uns nicht der Dummheit hingeben zu meinen, dass wir »alles« erfassen, begreifen, verstehen, durchleuchten können; das glauben nur jene, die mit dem törichten Glauben geschlagen sind, Menschen könnten tatsächlich »absolute Wahrheiten« erfassen. Und man muss leider sagen, dass recht viele Menschen diesem Irrglauben unterliegen, oft verführt durch bestimmte Religionen, insbesondere jene, die monotheistisch geprägt sind.

Dieses Buch ist auch der Versuch, den Nutzen des interdisziplinären Denkens zu demonstrieren. Wenn man von Interdisziplinarität spricht, dann muss man zwei Formen unterscheiden: Es gibt so etwas wie eine »vertikale Interdisziplinarität«, in der versucht wird, die verschiedenen übereinandergeschichteten Ebenen miteinander zu verbinden (etwa: Wie kann man auf der Grundlage neuronaler Prozesse geistige Vorgänge erklären?). Bei der »horizontalen Interdisziplinarität« geht es darum, verschiedene Denkformen zu identifizieren und gegebenenfalls miteinander zu verbinden. Ein Beispiel hierzu wären die unterschiedlichen Zeitbegriffe in verschiedenen Wissenschaften wie der Physik, der Philosophie oder der Hirnforschung. Und es kann auch durchaus geschehen, dass aus einer »horizontalen« eine »vertikale« Interdisziplinarität wird, wie es in diesem Buch über das Zeiterleben ausgeführt wird.

Pöppel, Ernst: Der Rahmen. Ein Blick des Gehirns auf unser Ich. Hanser-Verlag, München 2006; Taschenbuchausgabe: dtv, München 2010.
Dieses Buch kann man in alle Richtungen lesen, es hat keine vorgezeichnete Ordnung. Jedes »normale« Buch gibt durch sein Inhaltsverzeichnis einen Rahmen vor, an dem man sich entlanglesen kann. Das dient der Orientierung, der Leser findet sich leichter zurecht, und ein Buch schreibt sich natürlich auch leichter, wenn man sich eine solche Ordnung vorgibt. Doch hinter dieser vermeintlichen Ordnung, mit der man seine eigene Dummheit verdeckt, verbirgt sich meist eine Theorie, die einem selber nicht bewusst ist. Man tut dann so, als sei das Wissen, das ausgebreitet wird, auch in dieser geordneten Reihenfolge entstanden.

Das ist natürlich Unsinn und ein Ausdruck wissenschaftlicher Dummheit. Forschung gleicht eher einem chaotischen Prozess, denn in einem Forscher folgt die Suche nach Erkenntnissen selten einem geraden Weg. Woher weiß man, was einem morgen einfällt? Der Prozess der Unordnung, des Zufälligen ist in diesem Buch simuliert worden. Ein zentraler Teil des Buches ist die Entwicklung des Gedankens, dass wir uns bei der Erklärung von Prozessen des Gehirns und Phänomenen des Erlebens von monokausalen Erklärungen verabschieden müssen. Nie hat etwas nur eine Ursache. Es gilt die »Komplementarität als generatives Prinzip«, und es geht darum, die Krankheit der »Monokausalitis« zu überwinden. Aber leider: So neu ist dieser Gedanke auch wieder nicht; schon vor 2500 Jahren hat Heraklit, einer der Begründer des modernen Denkens, diese Idee gehabt; sie ist nur nicht weiterentwickelt worden.

Pöppel, Ernst und Wagner, Beatrice: Je älter desto besser. Überraschende Erkenntnisse aus der Hirnforschung. Graefe und Unzer, München 2010; Taschenbuchausgabe: Goldmann 2012.
Dass das Älterwerden auch Vorteile mit sich bringt, ist sicher keine neue Einsicht. Diese Vorteile aber nicht zu sehen oder nicht wahrhaben zu wollen ist ein besonderer Ausdruck von Dämlich-